信息管理与信息系统专业系列丛书

互联网+创新型“十四五”精品教材

信息系统分析与设计

（微课版）

主　编　邹　宇　何丽萍　袁必策
副主编　李　枭　靳绍刚　刘双军
　　　　尚　洁　幸荔芸　黄　炎

哈爾濱工程大學出版社
Harbin Engineering University Press

内 容 简 介

本书全面系统地介绍了信息系统分析与设计的基本概念、基本方法和相关技术。全书共分为 8 章，主要内容包括信息系统概述、信息系统规划、结构化系统分析、面向对象分析、信息系统设计、信息系统实施、数据驱动型系统建设、信息系统项目管理。

本书可作为应用型本科、职业院校信息检索类课程的教材，还可作为信息管理人员、科技人员的参考书。

图书在版编目（CIP）数据

信息系统分析与设计 ： 微课版 / 邹宇， 何丽萍， 袁必策主编. -- 哈尔滨 ： 哈尔滨工程大学出版社， 2024. 8. -- ISBN 978-7-5661-4524-6

Ⅰ. G202

中国国家版本馆 CIP 数据核字第 2024BB0561 号

信息系统分析与设计（微课版）

XINXI XITONG FENXI YU SHEJI（WEIKE BAN）

策划编辑 张林峰
责任编辑 张林峰

出版发行 哈尔滨工程大学出版社
社　　址 哈尔滨市南岗区南通大街 145 号
邮政编码 150001
发行电话 0451-82519328
传　　真 0451-82519699
经　　销 新华书店
印　　刷 唐山唐文印刷有限公司
开　　本 787 mm×1 092 mm　1/16
印　　张 14.5
字　　数 371 千字
版　　次 2024 年 8 月第 1 版
印　　次 2024 年 8 月第 1 次印刷
书　　号 ISBN 978-7-5661-4524-6
定　　价 49.80 元
http://www.hrbeupress.com
E-mail:heupress@hrbeu.edu.cn

前　言

党的二十大报告指出，“坚持尊重劳动、尊重知识、尊重人才、尊重创造，实施更加积极、更加开放、更加有效的人才政策”“着力形成人才国际竞争的比较优势，加快建设国家战略人才力量”“深化人才发展体制机制改革……把各方面优秀人才集聚到党和人民事业中来”。

随着信息技术的高速发展和信息系统的广泛应用，社会对信息化人才的需求越来越强烈。尤其面对更为丰富的数据获取与采集手段、全新的数据分析和处理模式以及不断增长的应用需求，信息系统的体系架构和服务模式必须产生重大变革。本书作为软件工程专业的一门技术课程，可以使学生掌握信息系统项目的系统规划、系统分析、系统设计以及系统实施等多方面的高阶工程技术知识与专业技能，培养学生具有复杂信息系统的分析与设计能力，并能够从事大型信息系统开发以及项目管理等工作。

本书是一本实用型书籍，既强调信息系统自身原理和方法的科学性、系统性和先进性，又注重其可操作性和实用性，注重方法与案例的结合，同时通过吸收国内外教材的先进教学思想与教学内容，阐述了这一领域的新发展。全书内容致力于教会读者如何做信息检索。

本书由邹宇（惠州市西湖技工学校）、何丽萍（广东司法警官职业学院）、袁必策（新丰县中等职业技术学校）担任主编，由李枭（莱芜技师学院）、靳绍刚（南开大学出版社有限公司）、刘双军（郑州科技学院）、尚洁（国家税务总局德州市税务局）、幸荔芸（重庆三峡职业学院）、黄炎（武警江苏总队无锡支队）担任副主编。本书的相关资料和售后服务可扫封底二维码或登录 www.bjzzwh.com 下载获得。

本书所采用的图片、模板、音频、视频和创意等素材，均为所属公司、网站或个人所有，本书引用仅为说明（教学）之用，绝无侵权之意，特此声明。

由于编者水平有限，书中难免有不足之处，恳请广大读者批评指正。

编　者

目 录
CONTENTS

第1章　信息系统概述

本章导读

当今时代，信息及信息技术与人们的生活密切相关，信息系统已渗透到社会生活的各个领域，它能不断提升企业的管理水平，而且在互联网环境下已成为连接企业与用户的利器。信息系统是管理理论、系统方法和信息技术不断融合的产物，是信息资源开发利用的主要形式。从不同的角度认识信息系统的内涵，有利于人们对其进行有效地开发和管理。本章主要介绍了信息的基本知识、系统思想及信息系统概述。

学习目标

◆ **知识目标**

1. 了解信息的内涵、特性、分类、结构等相关知识。
2. 熟悉系统的概念、类型、特性。
3. 了解信息系统的概念及应用。

◆ **能力目标**

1. 能用信息处理方法更好地指导决策。
2. 能预判信息系统的发展趋势。

◆ **素质目标**

1. 培养学生独立思考、综合分析问题的能力。
2. 使学生能理论结合实际，成长为实用型人才。

◆ **思政目标**

1. 培养学生的社会责任感、服务意识和担当、奉献精神。
2. 弘扬开拓创新、砥砺奋进的时代精神。

1.1 信息的基本知识

信息是客观事物存在方式和运动状态的反映，是客观事物之间相互联系、相互作用的表现。其表现的是客观事物运动状态及变化的内容。

信息也是一种消息，通常以文字、声音或图像的形式表现，是含有一定意义的数据。信息以数据为存储载体，是数据的具体内容。

1.1.1 信息的特性

信息的特征是由信息的实质所决定的，信息具有如下特征。

1. 无穷性

信息是物质存在的一种方式、形态或活动状况，而物质处于无穷的活动之中，这就决定了信息具有无穷性。物质和能量是无穷的，信息也取之不尽、用之不竭。人类依赖物质、能量和信息这三大资源生存、发展。

2. 可识别性

人们可以通过感官直接识别信息，也可以用各种手段、工具间接识别信息。因为信息的载体样式是多样化的，因此不同的信息可以用不同的方法识别。

3. 可转换性

信息可以从一种信息载体转移到另一种信息载体，也可以从一种形式变换为另一种形式。例如，物资信息可以转换为语言、文字、图形、记号、代码、信号等。

4. 可存储性

人类可以将信息存储在大脑中，并可以运用内部语言在大脑中重现信息，这属于隐性存储。信息也可以将机器设备，如磁盘、光盘、录音机、录像机等，作为存储载体来存储。

5. 可压缩性

事物不断运动，信息总量在不断增加，但人们通过对信息进行处理、加工、归纳和分类，可以大大压缩信息量，提高信息存储和传输效率。

6. 可传递性

信息经过信息载体的传递，可以从信源到达信宿，并被信宿接收和利用，而信息也只有通过传递，才能实现其应有的价值。也就是说，信息的功能与作用是通过传递来实现的。

7. 可共享性

信息可以被共享。除了一些特定的信息和人群外，在规定的范围内传递的信息可以被该范围内的每一个个体共享。

8. 时效性

信息的使用价值与信息所经历的时间有关，即信息越及时，其使用价值就越大。信息的时效性还表现为滞后性，这是因为作为客观事实的反映，信息是对事物运动状态和变化的记录，总是先有事实，后产生信息。因此，只有加快信息的传输，才能减少信息的滞留时间。

9. 价值性

信息也是商品，具有一定的价值。信息的价值是指凝聚在信息产品中人类付出的劳动，这也是信息的商品特性。它体现了信息生产者和信息需求者之间的联系，也就是他们之间交换劳动的关系。

10. 不完整性

任何信息都不可能也没必要反映客观对象的各个方面，它只是对事物的某一方面的某一种变化的反映。

1.1.2　信息的分类与结构

1. 信息的分类

信息的类型取决于其分类方式。一般来说，信息有以下几种分类方式。

（1）按照信息的性质分类。按照信息的性质，可以将信息分为语法信息、语义信息和语用信息。

（2）按照信息的地位分类。按照信息的地位，可以将信息分为客观信息和主观信息。

（3）按照信息的价值分类。按照信息的价值，可以将信息分为有用信息、无用信息和有害信息。

（4）按照信息的应用领域分类。按照信息的应用领域，可以将信息分为工业信息、农业信息、军事信息、政治信息、科技信息、文化信息、经济信息、市场信息和管理信息等。

（5）按照事物的运动方式分类。按照事物的运动方式，可以将信息分为概率信息、偶发信息、确定信息和模糊信息。

（6）按照信息的社会性分类。按照信息的社会性，可以将信息分为社会信息和自然信息。

（7）按照信息的空间状态分类。按照信息的空间状态，可以将信息分为宏观信息、中观信息和微观信息。

（8）按照信息的时间性分类。按照信息的时间性，可以将信息分为历史信息、现时信息和预测信息。

（9）按照信息的载体分类。按照信息的载体，可以将信息分为文字信息、声像信息和实物信息等。

2. 信息的结构

信息的结构即信息的组织结构，是收集、传递、处理、存储、检索和分析数据的机制与渠道。

信息结构的任务就是在信息和用户之间建立一个通道，使用户能够获取其想要的信息。一种有效的信息结构，能够根据用户在完成任务时的实际需求来指引其一步一步地获得所需的信息。

1.1.3 信息与决策

信息应用是信息管理的目的和归宿，支持决策是信息应用的目的。只有准确把握信息和决策的关系，理解信息在决策过程中的作用，掌握信息处理方法，才能更好地指导决策。

1. 决策信息的特性

决策信息是指决策主体在决策过程中做出正确决策所依据的信息，包括组织外部信息和组织内部信息。它具有以下几个特性。

（1）真实性

决策信息的真实性是指决策信息必须能够真实反映客观事物的现状和变化。信息失真，会导致判断失误、决策错误，进而酿成不良后果。

（2）及时性

在决策活动中，决策者只有及时掌握信息，才能迅速对不断变化的环境做出反应，及时采取对策。及时性就是要求缩短信息的流动时间，信息收集、整理和传递的速度都要快，以迅速得到信息，尽快利用信息。在信息应用的过程中，人们获得信息越及时，信息的价值就越大。

（3）适用性

信息在决策应用的过程中，要选择对决策有直接意义、参考价值和实际作用，能体现最新变化的高质量的信息。这既包括正面信息，也包括反面信息。

（4）系统性

信息的系统性是指在一定的环境条件下能够为某种决策活动服务的信息所组成的有机整体。

2. 决策信息的分类

（1）按照信息源分类

按照信息源分类，决策信息可以分为外部信息和内部信息。

① 外部信息。外部信息是来源于组织外部的信息。这类信息的特点是量大且零散，变化较快，并有一定的随机性。

② 内部信息。内部信息是反映一个组织内部活动的信息，通常可以分为固定信息和加工信息。前者是在事务处理过程中直接记录的信息，后者是指通过一定的数学方法和技术手段加工处理所获得的信息。

（2）按照信息对决策的适用程度分类

按照信息对决策的适用程度分类，信息可以分为描述性信息（descriptive information）和控制性信息（control information）。

① 描述性信息。描述性信息是对系统的过去、现在和未来发展进行客观记录、归纳、分析与推理所得出的信息。描述性信息具有客观性，是制定决策的基础。例如，面向信息集成的异构信息描述、基于语义网描述语言的信息检索系统、ML+RDF+Ontology 实现 Web 信息的语义描述、基于 XML Schema 的诊断模型信息描述、基于 ATML 标准的测试信息描述、基于 PSL 的制造过程信息描述等。

② 控制性信息。控制性信息是指反映决策者的意志，对系统具有规范、调节等功能的信息。控制性信息是系统决策和执行的有效工具。控制性信息随着组织战略目标的不同而不同。

3. 决策对信息的要求

决策者要进行决策，就必须掌握大量的信息资料，并组织人力、物力对这些信息资料进行分析和整理。决策信息的生成就是要按照决策者的要求，按照某种需要对信息进行排列、计算和选择，去伪存真，去粗取精，选取决策所需要的信息。

（1）有明确的收集目标

要根据决策问题的性质和目标来确定收集信息的目标，并按照信息的收集目标划分信息的收集范围。

（2）全面地收集信息

信息的分布是不均匀的，因此在收集信息时要根据决策目标，不断拓宽信息收集的领域，从多方面收集信息，保证信息收集的全面性。

（3）保持信息收集的连续性和持久性

某些统计资料，如时间序列资料，需要经过一定的时间才能反映出一定的规律，如果忽视了信息收集的连续性和持久性，则往往会功亏一篑。

（4）保持信息收集的系统性

在收集信息时，所收集的信息要能够系统地反映决策对象和环境在一定时期内变化的概貌和特征。

（5）保持信息收集的主动性

信息收集者必须熟悉信息的来源、范围和特征，能够运用各种收集方法和检索手段，针对不同的对象和条件，通过各种方式积极地、主动地收集信息。

4. 决策信息和决策质量的关系

美国计算机科学家、心理学家、经济学家，管理学“决策理论学派”（decision theory school）的创始人赫伯特·西蒙曾经说过，决策过程中至关重要的因素是信息联系，信息是合理决策的生命线。我国古代著名的军事著作《孙子兵法》中也有著名的论断：“知己知彼，百战不殆；不知彼而知己，一胜一负；不知彼不知己，每战必殆。”

决策信息的质量决定着决策的质量，决定着决策的有效性，甚至决定着决策的成败。在决策过程中，从诊断问题、确定目标，一直到方案的评选和确定，都需要有相应的信息做支撑，决策过程实际上也是信息收集与处理的过程。

事实上，一些决策之所以出现失误就是因为决策者在收集信息和识别信息方面存在这样或那样的问题。因此，要提高决策的质量，就要在收集信息时了解决策者需要掌握什么样的信息、需要掌握多少信息，以及如何鉴别已掌握的信息。提高决策信息的质量要依靠信息的鉴别、分析和处理。

1.2 系统思想

近几十年来，系统思想、理论和方法极大地影响并促进了信息科学的发展，而信息系统作为信息科学与管理科学交叉融合的产物，尤其离不开对系统思想的研究与应用。

1.2.1 系统的定义与特性

1. 系统的定义

系统是由相互作用、相互依赖的若干组成部分结合而成的具有特定功能的有机整体，而且这个有机整体又是它所从属的更大系统的组成部分。

下面从三方面来理解系统。

（1）系统的组成

系统是由若干要素（部分）组成的，组成系统的要素可以是元素、个体，也可以是系统（或称为子系统）。例如，计算机软件系统由系统软件、支撑软件和应用软件组成，而软件系统又是计算机系统的一个子系统。

信息系统的组成和功能

（2）系统的结构

一个系统是一些相互联系、相互制约的要素的集合，系统的结构是系统内部各要素之间相对稳定的联系方式、组织层次以及控制关系的内在表现形式。例如，运算器、控制器、存储器、输入 / 输出设备组成了计算机的硬件系统，但是如果将运算器、控制器、存储器、输入 / 输出设备随意放在一起，则无法构成计算机的硬件系统。

（3）系统的功能

系统的功能是指系统在与外部环境相互联系和相互作用的过程中表现出来的能力，或者说系统要实现一定的目标。例如，管理信息系统的功能是要进行信息的收集、传递、存储、加工、维护和利用，辅助决策者进行决策，帮助企业实现目标。

2. 系统的类型

系统是普遍存在的。从社会到个人，从无机界到有机界，从自然科学到社会科学，系统无所不在。按照宏观层面分类，系统可以大致分为自然系统、人工系统和复合系统。

（1）自然系统

自然系统是指系统中的个体按照自然法则存在或演变，产生或形成一种群体。自然系统包括生态平衡系统、生命机体系统、天体系统和社会系统等。

（2）人工系统

人工系统是指系统中的个体根据人为的、预先编排好的规则或计划好的方向运作，以实现或完成系统内各个个体不能单独实现的功能、性能与结果。人工系统有立体图像系统、生产系统、交通系统、电力系统、教育系统、医疗系统和企业管理系统等。

（3）复合系统

复合系统是自然系统和人工系统的组合。常见的复合系统有导航系统、交通管理系统和人机系统等。

3. 系统的特性

在实际应用中系统总是以特定系统出现的，如消化系统、生物系统、教育系统等，其前面的修饰词描述了研究对象的特性。人们对某一具体对象的研究，既离不开对其特性的描述，也离不开对其系统特性的描述。一般来说，系统具有以下特性。

（1）系统的目标性

任何系统都有明确的目标，系统的目标决定了系统的基本作用和功能。系统是为了达到其目标而去完成其所需实现的功能的。

（2）系统的整体性

系统的整体性是系统实现总体功能、总目标的基础。在系统中，组成系统的各个个体相互联系，有机地组织在一起去服从系统的整体目标和要求，实现系统的所有功能。

（3）系统的层次性

系统的层次性是指系统由子系统组成，子系统又由更小的子系统组成，层层分解，形成一个有层次的、具有树形结构的系统。

（4）系统的相关性

系统不是孤立存在的，系统与系统之间、系统内部各子系统之间是有关联的，是相互影响的。

（5）系统的动态性

系统总是处在不断的变化之中，系统的动态性是永恒的，而稳定性是相对的。当系统的变化达到一定程度时，系统就会想办法从一种状态进入另一种状态。

（6）系统的环境适应性

任何系统都存在于一定的环境中。系统一方面会受到环境的影响和制约，另一方面必须随时对环境的变化做出相应的反应。系统对环境的反应称为响应。系统只有适应不断变化的环境，才能发挥其作用，实现系统目标。

（7）系统的稳定性

系统的稳定性是指系统利用负反馈机制进行自我调节、自我稳定。也就是说，在一定范围内，能够保持系统原有的次序和功能结构，从而使系统保持整体性和目标性。系统的稳定是相对的，不是绝对的，即有时系统整体是稳定的，但可能存在局部的不稳定性。

（8）系统的边界性

系统的边界是指一个系统区别于外部环境和另一个系统的界限。确定了系统的边界，就可以把系统从所处环境中分离出来，从而明确系统的功能和目标。

（9）系统的自组织性

系统的自组织性是指开放系统在系统内外因素的作用下自发组织起来，使系统从无序到有序。只有开放的系统才有自组织。系统的自组织包含系统的进化和优化，它强调在系统自发运动的过程中形成一定的组织结构。

（10）系统的相似性

系统的相似性体现了系统的统一性。该特性是指系统具有同构和同态的性质，表现为系统的结构、存在方式和演化过程具有共同性。

1.2.2 系统思想与系统方法

1. 系统论

系统论研究系统的一般特征、模式、结构和规律，并用数学方法定量地描述其功能，寻求并确立适用于一切系统的原理、原则和数学模型，是一门具有逻辑和数学性质的科学。

系统论是由理论生物学家贝塔朗菲（Bertalanffy）创立的。他于 1932 年提出了系统论的思想；于 1937 年提出了一般系统论原理，奠定了系统论的理论基础；于 1945 年发表了论文《关于一般系统论》。但是，系统论到 1948 年才得到学术界的重视。确立这门科学学术地位的是贝塔朗菲于 1968 年出版的专著《一般系统理论基础、发展和应用》（*General System Theory*：*Foundations*，*Development*，*Applications*），这部专著被公认为是系统论的代表作。

系统论反映了现代科学的发展趋势、现代社会化大生产的特点和现代社会生活的复杂性，所以它的理论和方法能够得到广泛的应用。系统论不仅为现代科学的发展提供了理论和方法，也为解决现代社会政治、经济、军事、科学、文化等领域中的各种复杂问题提供了方法论基础，系统观念渗透到了各个领域。

系统论创始人贝塔朗菲将系统论分为狭义系统论与广义系统论两部分。狭义系统论是指对系统本身进行分析研究；广义系统论则包括以下三方面的内容。

（1）系统科学和数学系统理论。

（2）系统技术，涉及控制论、信息论、运筹学和系统工程等领域。

（3）系统哲学，包括系统的本体论、认识论和价值论等方面的内容。

值得关注的是，我国学者林福永提出和发展了一种新的系统论，即一般系统结构理论。一般系统结构理论为一个新的一般系统概念体系，在数学上证明了系统环境、系统结构和系统行为之间存在固有的关系及规律。在给定的系统环境中，系统行为仅由系统基础层次上的系统结构决定和支配。这一结论为系统研究提供了精确的理论基础。

系统论目前已经显现出以下几个值得注意的趋势。

（1）系统论与控制论、信息论、运筹学、系统工程、计算机和通信技术等学科相互渗透、紧密结合的趋势。

（2）系统论、控制论和信息论正朝着“三归一”的方向发展，现已明确系统论是控制论和信息论的基础。

（3）耗散结构论、协同论、突变论和模糊系统理论等科学理论，从各个方面丰富和发展了系统论的内容，系统的基础科学理论——系统学应运而生。

（4）系统科学的哲学和方法论问题越来越受到人们的重视。相关研究表明，不久的将来系统论将以崭新的面貌屹立于科学之林。

2. 系统方法

系统方法主要包括以下几个方面的内容。

（1）系统的分析和综合

首先，要识别某一领域（全集 U），了解系统 S 是 U 的子集，明确 S 的补集是环境 E。其次，要把 S 从 U 中分离出来，确定 S 与 E 的界限，再分离出 S 的主要成分，据此研究系统结构与功能的特性，找出成分之间以及成分与环境之间的相关性。最后，还要综合分析它们是如何组合成有机整体的。

在科学研究中，系统方法把研究对象当作一个整体，着重研究该系统的整体功能；同时，从物质、能量和信息三个方面来认识和控制系统运动，使系统达到人们能确定的最佳状态。此外，需要充分运用数学手段对系统进行定量描述，建立系统的模型以对其进行模拟实验。因此，在运用系统方法来思考和处理问题时，应首先从整体出发，进行系统综合，形成可能的系统方案；其次分析系统各要素及其之间的相互关系，建立模型；最后进行系统选择（最优化）并将其重新综合为一个整体。在思维方式上，系统方法把分析和综合作为出发点与归宿，并将其贯穿于系统分析的整个过程，这正是系统方法在思维方式上的重大突破。

（2）系统模型的建立

系统模型是指对系统的各个要素或子系统进行适当的筛选，用一定的表现规则将系统变换成简明的映像。系统模型可以用说明系统构成、行为的数学方程和图像甚至物理形式来表达。利用模型可以有效地求得系统的设计参数，确定各种制约条件。模型建立以后，还要采用一定的仿真方法（借助于计算机）或物理方法测试和计算模型，并根据测试和计算结果改进模型，力求准确反映系统的客观实际，消除定性分析中的主观臆测成分，以确切掌握系统各个功能之间的关系，了解并确定系统存在的价值以及价值之间的关系。

（3）系统的优化

从数学上讲，优化是指在若干约束条件下选择目标函数，并使它们取得极大值或极小值。系统的优化是指选择一个优化的系统，使之能够有效工作且具有优良的功能。对于一个大系统而言，要想对其进行总体优化是相当困难的。因为大系统结构复杂、因素众多、功能综合，评价指标有很多，甚至有的评价指标之间还有矛盾，所以不可能选择一个所有评价指标都是最优的系统。因此，需要采用分解和协调的方法，以在系统的总目标下，各个子系统能够相互配合，实现系统的总体优化。

（4）系统的分解

系统的分解是指把一个大系统分解为许多子系统；子系统将信息反馈给大系统，大系统在总目标下对这些信息加以权衡，然后再将指示下达给各个子系统。在大系统与子系统之间如此反复交换若干次信息，就可以求出系统的优化解。

1.3 信息系统的应用

信息系统是一个处理数据的系统，包括数据的存储与管理。也就是说，信息系统与其他系统的最主要区别是数据的存储和管理。另外，为了迅速、准确和方便地操纵与管理数据，需要具有相应手段——交互功能或人机对话功能。计算机具有强大的数据处理能力和巨大的数据存储量，因而被广泛用来构筑各式各样的信息系统。

信息系统中的数据存储和数据处理功能都是由计算机承担的。数据存放在存储介质

（如硬盘等）上；数据管理则主要由软件完成；交互功能既涉及软件系统，也涉及硬件系统。这样，信息系统的功能组成除了一般系统的组成外，还包括人（使用者或管理者）、交互功能、数据、硬件和软件，如图 1-1 所示。

由此，可得出结论：信息系统是一个由人、计算机硬件系统、软件系统和数据资源组成的人造系统，目的是及时、正确地收集、加工、存储、传递和提供信息，实现组织中各项活动的管理、调节和控制。

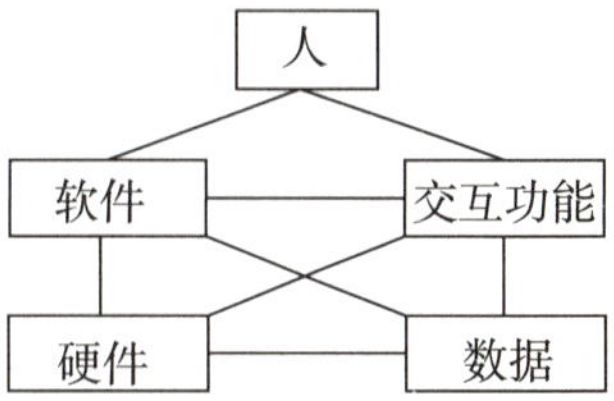

图 1-1　信息系统模型

信息系统的发展主要经历了三个阶段：电子数据处理系统（electronic data processing system，EDPS）阶段、管理信息系统（management information system，MIS）阶段和决策支持系统（decision support system，DSS）阶段。EDPS 的特点是数据处理的计算机化；MIS 的特点是能将组织中的数据和信息高度集中起来；DSS 则是把数据库处理与经济管理数学模型的优化计算结合起来，是具有管理、辅助决策和预测功能的管理信息系统，可看成 MIS 功能的延伸。

1.3.1　信息系统的功能

一个完整的信息系统通常具有以下功能。

1. 数据收集和输入功能

信息系统的首要任务是把分散在各处的数据收集并记录下来，整理成信息系统要求的格式和形式，用不同的输入工具将数据输入计算机。

2. 数据存储功能

信息系统的数据存储是指将数据流加工过程中产生的临时文件，或者需要查找的信息，以某种格式记录在计算机内部存储器或外部存储介质上。数据存储反映了系统中的静止数据，表现出数据的静态特征；数据流反映了系统中流动的数据，表现出数据的动态特征。

3. 数据传输功能

信息系统为了收集和使用信息，把信息从一个子系统传送到另一个子系统，或者从一个部门传送到另一个部门，即数据传输。

4. 数据加工处理功能

从简单的数据查询、排序、合并、计算，到复杂经济模型的仿真、预测、优化计算等，都属于信息系统的数据加工处理。数据仓库、数据挖掘就是典型的数据加工处理方法。

5. 数据输出功能

信息系统根据不同的需要，将经过加工处理的数据，以不同的形式和格式从不同的通信端口输出。

6. 数据查询功能

信息系统具有各种查询功能，包括单项查询、组合查询和模糊查询等功能。利用查询功能既可以查询本地信息，也可以通过网络系统查询远程信息。

7. 统计分析功能

信息系统一般都具有运用统计理论和概率理论对大量数据进行统计与分析的功能。

8. 预测决策功能

信息系统可以根据统计和分析的结果，以及历史数据，应用数学模型对业务活动进行预测，并建立决策支持系统或智能决策支持系统，以针对某一个问题为使用者提供一个或多个参考方案。

9. 系统管理功能

信息系统管理功能主要包括系统维护，以及数据备份和恢复功能。

1.3.2 信息系统的应用

随着信息技术的快速发展，人们生活的各个角落都离不开信息系统的支持，它的应用已从企业扩展到政府，从单项业务应用发展为多项业务集成，从脱机处理发展到实时控制。这不仅是一个应用数量的积累，更是一个质的飞跃。

1. 信息系统在企业中的应用

信息技术被引入企业管理起源于 20 世纪 60 年代，当时的信息技术正处于起步阶段，生产资料稀缺现象日益严重，生产制造企业面临着由于规模逐渐扩大而造成的管理工作日趋复杂等问题，因此信息技术与企业管理的结合是从制造企业开始的。

不同类型（行业）企业的管理模式有各自的特点，它们有自己的经营思想和管理理念，并用于指导企业的全部经营管理实践。由于信息在企业管理实践中的重要地位，因此现代企业管理必须与信息技术紧密地结合在一起。企业信息管理模式包含企业的管理思想、软件产品和信息系统三个方面的内容。其中，管理思想是核心；通过信息技术实现其标准的管理模式，即软件产品；在企业中实施软件时引入企业原有的管理经验、业务流程、基础数据等，从而形成企业信息系统。在管理思想、软件产品和信息系统这三个层次中，信息系统是企业最终收益的体现形式，也是管理思想和软件产品所服务的对象，因此企业信息系统是企业实现其管理思想并进行科学管理的坚实而可靠的基础。

（1）物料需求计划

物料需求计划（material requirement planning，MRP）是西方企业管理中逐步发展起来的管理技术的精华。它于20世纪60年代中期由美国生产管理和计算机应用专家Oliver W. Wight 与 George W. Plosh 首先提出，而 IBM 公司最先在计算机上实现了 MRP 软件产品。MRP 方法用来克服早期库存控制中提出的订货点法的缺陷，其核心是根据生产计划表上何时需要什么物料进行订货，解决未来的物料短缺现象，而且通过预测投料情况进行生产安排，避免库存量过多而造成资金积压。它是建立在以下两个假设条件基础之上的：一是采用无限能力计划，即假设有足够的生产设备和工时保证生产计划的实施；二是假设物料采购计划是可行的，即认为有足够的进货能力保证采购计划的实现。这样就容易产生生产计划与生产能力的不匹配和不平衡问题。

因此，20 世纪 70 年代，MRP 又增加了能力需求计划等内容，将物料需求计划与能力需求计划进行有机结合，通过相互的信息沟通解决上述问题。但是，MRP 的一个关键问题是，它还不能覆盖整个生产过程，仅涉及生产中的物流方面，而与物流密切相关的还有资金流（即财务管理）以及技术管理、销售管理等方面。

（2）制造资源规划

20 世纪 80 年代，随着计算机网络技术的发展，企业内部信息共享的技术条件逐渐成熟，针对 MRP 理论的缺陷，管理专家在其基础上将企业的生产、财务、销售、技术、采购等各个业务环节结合成一个一体化的系统，并由此形成制造资源规划（manufacturing resource planning，MRP Ⅱ）理论。MRP Ⅱ理论一经产生便受到企业界的重视，已被欧美等先进国家的制造业广泛使用，成为制造业最现代化的管理信息系统。

MRP Ⅱ是一套适合于制造企业的先进管理方法。在这套管理方法中，主生产计划（master production schedule，MPS）和 MRP 是其核心功能。借助产品和部件的构成数据（即物料单）、工艺数据和设备状况数据，将市场对产品的需求转变为对加工过程和外购原材料、零部件的需求，用计算机完成主生产计划、物料需求计划、能力平衡计划、采购和库存控制、生产成本核算等，从而实现对企业复杂的生产过程在一定意义上的优化科学管理，从管理角度确保企业的市场应变能力。

因此根据 MRP Ⅱ管理思想建立的 MRP Ⅱ软件及信息系统具有如下特点：它是一个一体化集成系统，把企业中的各个子系统有机地结合起来，特别是财务与生产两个子系统之间的关系尤为密切；它的所有数据来源于企业的中央数据库，各个子系统在统一的数据环境下工作；它具有模拟仿真功能，能根据不同的决策方针模拟出各种未来将会发生的结果，因此是企业上层管理机构的决策工具。

（3）计算机集成制造系统

计算机集成制造系统（computer integrated manufacturing system，CIMS）在 20 世纪 70 年代初由美国的 Dr. Joseph Harrington 提出，其核心内容是提高企业竞争力的系统观点和信息观点，即使用计算机并采取信息集成的方式实现现代化的生产制造，求得企业的整体效益。企业生产经营的各环节是密不可分的，正所谓牵一发而动全身，市场、产品开发、加工制造、管理、销售及服务作为一个整体需要统一考虑，而整个制造生产过程实质上是信息的采集、传递和加工处理的过程。

CIMS 正是在这种系统观点和信息观点的指导下，通过多种管理方法和各种技术的集成进而实现技术与经营管理的集成、人和组织的集成，以及物流、信息流和资金流的集成。

CIMS 一般包含管理信息子系统、产品设计与制造子系统、制造自动（柔性自动化）子系统和质量保证子系统等。管理信息子系统通常以 MRP Ⅱ为核心，而产品设计与制造子系统将 CAD/CAPP/CAM 集成为一体，在网络和数据库的支持下，优化或改善企业的设计过程、管理决策过程和加工制造过程，从而进一步提高企业的市场竞争能力和应变能力。

（4）企业资源规划

企业资源规划（enterprise resource planning，ERP）是 20 世纪 90 年代由美国著名的信息技术咨询和评估集团 Gartner Group 提出的一整套企业管理系统体系标准，其实质是将主要面向企业内部资源全面规划管理的 MRP Ⅱ思想逐步发展为有效利用和管理整体资源的 ERP 管理思想。ERP 强调供应链的管理，除了传统的 MRP Ⅱ系统的制造、财务、销售等功能外，还增加了分销管理、人力资源管理、运输管理、仓库管理、质量管理、设备管理、决策支持等功能。ERP 是一种先进的企业管理理念，它将企业各方面的资源充分调配和平衡，为企业提供多重解决方案，并以客户为导向，将企业与市场连成一体。ERP 软件系统预先包含大量优化的决策方案供选择，为企业的管理者提供更大的决策空间。因此，ERP 软件是一种现代企业管理工具，世界 500 强企业中有 80% 的企业用它作为决策工具及进行日常工作流程管理。

MRP、MRP Ⅱ、CIMS、ERP 等只是先进管理思想的一部分，世界各国都存在适合自己国情的先进的企业管理思想，每种理论的产生都有其产生的市场需求和应用环境。事实上，每种理论从思想到产品再到具体实施都需要根据每个企业的具体情况，进行从理想模式到现行模式再到改进模式的不同程度的概念转换，从而使企业运作真正从中得到回报。

2. 信息系统在政府机关中的应用

政府机关的事务工作通常按一个个流程安排或进行，每个流程又分为多个步骤，不同的步骤常由不同的人完成。因此，信息系统在政府机关中的应用主要体现在工作流程的规范管理方面。传统的管理信息系统是以一些相对独立的功能实现这些步骤，不能很好地处理步骤以及流程之间的关联，这在政府机关的工作形式下是不恰当的，增加了用户的使用负担。集成工作流技术与信息系统技术的解决方案不仅解决了这一问题，还具有其他优点。

（1）降低劳动强度，提高工作效率。信息系统在使用时不需要像在传统数据库应用软件中那样在许多不同的窗口、菜单及对话框中寻找和查询，只需要在一个统一的收件箱中就可以找到所有尚待完成的各种不同类型的工作。这一点对于领导特别有用，因为领导往往需要审批多种类型的工作文书。打开邮件后，所要做的工作会以最合适的形式呈现出来，可以包括相关信息；如果有必要，还可以直接调用有关的数据库应用软件进行进一步的查询或统计。

（2）高度自动化和协作化，大大减少重复劳动。通过邮件传递信息，数据库存储信息，不再需要人工传递文书。此外，前一阶段工作输入的信息可以自动被后一阶段利用。

（3）无纸化。许多电子邮件软件（如 Outlook、Lotus Notes）具备数字加密和数字签名功能。经过数字签名的邮件可以保证其内容的不可更改性和来源的真实性。实际上，数字签名可以实现远比普通印章更为可靠的证明功效，而且更容易验证。数字签名可以构成一个分级体系，用更为权威的，比如组织的数字签名去验证个人的数字签名，也可以实现多重签名，类似于章上盖章和多重公章。使用数字签名的文件存储在计算机中，可以随时复制，快捷传递，永不褪色。另外，数字签名还具有时限，也就是说数字签名本身已经注明其时限。

（4）易学易用。只要学会使用电子邮件软件，就能够使用工作流管理信息系统。这大大减少了培训工作量，对用户和开发商都有利。

同时，通过工作流的监控机制可以发现流程的瓶颈，从而为重新整合企业的业务流程提供依据，使之更为有效。

上述这种工作流管理信息系统即工作流＋信息系统（Workflow ＋ IS，WIS）是把工作流技术与管理信息系统集成起来，其特点是数据库应用流程化。政府机关内的行政事务工作是由一系列环节的业务流程组成的，因此这样的组织需要其软件系统不仅能够解决独立环节的业务问题，而且要自动把这些环节串联起来。它们希望一个环节所做的工作能够自动被下一个环节利用，这是最基本工作流的需求。同时每一个环节常常又需要数据库技术来解决，这样就提出了在工作流中应用数据库技术的要求。也就是说，每个业务处理单位内部需要信息系统的功能进行数据的整理、检索、统计、输出等，但是各个业务处理单位之间必须用工作流的方式串联起来，将各个业务处理单位的工作结果在组织中按照一定的程序流转，并可以进行流程的监督和控制等。

目前一种流行的工作流管理信息系统的解决方案是：电子邮件＋数据库 = 工作流信息系统。

用电子邮件串联一项工作的不同阶段，把各个阶段的工作用相应的表格进行体现，这些表格包含完成它们所需的信息（如当前环节的前面各阶段中所完成的工作情况），然后列出它们当前阶段所应填写的各个输入选项。当一个表格的各个输入完成后，就被以电子邮件的形式发送给下一阶段的工作人员。下一阶段的工作人员将会在他们的邮箱中看到他们应做的所有工作的当前完成情况，对其中任意一项工作（邮件）可以通过人工选择或系统自动的方式断了下一步，也就是说进行下一步工作所应填写的表格。这样，一项协作性的工作表现为一系列的邮件，是一个信息流（邮件流或工作流）。不仅如此，在这些电子邮件中显示和输入的数据都来自数据库，其意味着必须把电子邮件系统和数据库系统集成起来。

最新的工作流技术结合了数据库技术和基于电子邮件的流程管理技术，既能在邮件中访问企业的业务数据，又能在数据库软件中生成相关邮件。例如，计划人员可以在企业管理信息软件（管理信息系统）中，也可以在电子邮件软件（如 Outlook）中生成采购申请邮件，然后发给有关负责人。负责人收到邮件后，即可在邮件上答复申请，同时还可以超链接到管理信息系统中查看有关细节。一旦申请邮件被答复，计划人员不仅能在管理信息系统中看到批准情况，还可以在邮箱中看到答复意见。此外，负责人在答复的同时可以根据申请自动产生一些相关的协同工作，分派给其他人。

3. 信息系统在社会经济生活中的应用

在社会经济生活中，管理信息系统普遍应用于人们日常的文化、教育、社会保障等各种组织。在这些组织中，管理信息系统的应用是各式各样的。这些应用主要以文档管理为主，并且普遍需要多媒体信息的支持。在这些管理信息系统中，除了一般管理信息系统中应包括的财务信息管理、人力资源管理、公共财产管理等功能外，还要包括这些组织的一些特殊功能。

（1）医院信息系统

医院信息系统（hospital information system，HIS）是目前管理信息系统领域中发展十分迅速的一个分支，其最重要的功能是以病人为中心，给医务人员提供临床数据通信支持，以辅助医护人员的临床医学决策工作以及医院每天正常运转的信息处理工作。该系统的主要功能包括门诊信息管理、住院信息管理、药剂信息管理、医嘱信息管理、病案信息管理等。门诊信息管理主要包括挂号和收费两个子系统，挂号子系统包括挂号业务、号表处理、统计与报表、信息通信等功能；而收费子系统包括划价处理、收费处理以及收款报账的各项统计（公费、自费等）的管理等功能。住院信息管理包括对住院部的病区、科室、床位等基本信息的管理，对病人的入、出、转的各种基本信息和医疗信息的管理，以及进行来院探视登记、电话预约登记等。药剂信息管理包括药库管理、药房管理、药房计价、药房发药、制剂管理、试剂管理、临床药学、商业情报等。医嘱信息管理包括住科管理、首页管理、医嘱管理以及各种查询等。病案信息管理主要包括病人主索引、病案追踪、首页管理、质量控制等。

（2）学校管理信息系统

学校管理信息系统也是目前管理信息系统应用中的一个主要部分，这个系统以学生为中心，围绕学校教学工作提供教学管理的所有功能。该系统的主要功能包括教学计划管理、排课管理、学籍管理、教材管理、图书管理、教学辅助系统等。教学计划管理包括对教学总计划、学期教学计划、课程进度计划等的管理。排课管理主要是根据教师、不同类型的教室、实验室、体育场地、课程分布、时间分配、分合班、单双周、教师要求等多方面约束条件安排每个学期各个班级的具体课程表。学籍管理包括对基本信息、学生信息、成绩信息以及毕业生分配等的管理。教材管理包括对学校教材的库存情况、每个课程教材的使用等的管理。图书管理包括对学校图书馆的采购、借阅等的管理，以及通过数字图书馆技术提供远程多媒体阅览等功能。教学辅助系统包括网络教室、专家答疑、网上讨论、网上作业批阅以及其他一些远程教育的功能。

（3）城市环境管理信息系统

城市环境管理信息系统的主要功能包括数据采集、数据检索、环境评价、环境预测等。数据采集主要包括通过传感器技术进行的自动传输、键盘录入以及数据编辑等功能。数据检索主要包括分类检索、测点分布、环境标准等功能。环境评价主要包括分类统计、图形分析、指标超限检查、空气质量评价等功能。环境预测主要包括时间序列预测和回归预测等功能。通过这些功能可以输出大气报表、降水报表、地面水质报表、降尘报表、交通噪声报表、环境噪声报表等。

（4）地理信息系统

地理信息系统（geographic information system，GIS）是一种基于计算机的工具，它可以对地球上存在的东西和发生的事件进行成图与分析。GIS 技术把地图这种独特的视觉化效果和地理分析功能与一般的数据库操作（如查询和统计分析等）集成在一起。这种能力使 GIS 与其他信息系统相区别，使其在解释事件、预测结果、规划战略等方面具有实用价值。GIS 用来存储有关世界的信息，这些信息是可以通过地理关系连接在一起的所有主题层集合。这个简单却非常有分量和通用的概念对于解决许多现实世界的问题具有巨大的作用，这些问题包括跟踪传输工具、记录计划的详细资料、模拟全球的大气循环等。

（5）社会保险管理信息系统

所谓社会保险制度，主要是指养老保险、医疗保险、失业保险、工伤保险和生育保险制度（简称“五险”）。运用计算机网络手段建立统一的覆盖全国的社会保障技术支持系统有利于实现社会保险的现代化管理，加快统一、规范和完善的社会保障体系的建设。统一的社会保险管理信息系统可为政府宏观决策提供准确的分析数据，为确保养老金社会化发放提供基础性的技术保障，减少企业漏缴、少缴和欠缴社会保险费的现象，加强对个人账户记账和基金监督的管理，提高社会保险经办机构的工作效率。从其他各国社会保险制度发展的历史也可以看到，健全完善的社会保险体系除了要具备科学的制度、严密的组织和精细的管理外，还要采用先进的技术手段建设统一的信息系统。统一的覆盖全国的技术支持体系是社会保险事业发展的客观要求。

本章小结

本章介绍了信息、系统思想、信息系统的相关知识，包括信息的内涵与特性、信息的分类与结构、信息与决策、系统的概念与特性、系统思想与系统方法、信息系统的概念、信息系统的应用。本章内容多是概念性介绍，其中信息系统的概念及应用需要学生重点掌握，学习好本章的相关知识能为以后章节的学习做好铺垫。

思 考 练 习

1. 列举信息的特征。
2. 名词解释：MIS、DSS、MRP、MRP Ⅱ、ERP。
3. 什么是信息系统？信息系统的发展主要经历了哪三个阶段？
4. 请列举出三个在企业中常用的信息系统。
5. 谈谈你对信息系统发展趋势的看法。

第2章 信息系统规划

本章导读

信息系统规划（information system planning，ISP）是信息系统生命周期的第一阶段，这一阶段的主要目标是明确系统整个生命周期内的发展方向、系统规模和开发计划。本章主要介绍系统规划的概述、系统规划的主要内容、系统规划方法和步骤、可行性论证等内容。

学习目标

◆ 知识目标

1. 了解信息系统规划的概念、特点、原则。
2. 掌握系统规划的主要内容。
3. 熟悉三种常用的信息系统规划方法。
4. 了解系统规划的步骤。
5. 熟悉可行性论证的内容。

◆ 能力目标

1. 会选择合适的信息系统规划方法，进行信息系统规划。
2. 能对信息系统规划进行可行性论证，并撰写可行性分析报告。

◆ 素质目标

1. 进一步培养学生的感知力、观察力、注意力。
2. 培养学生专业技能，树立终身学习的意识。

◆ 思政目标

1. 守正创新，培养学生科技强国的信念。
2. 培养学生成为创新驱动发展的践行者。

2.1 信息系统规划概述

信息系统建设是投资大、周期长、复杂度高的社会技术系统工程。科学的规划可以减少盲目性，使系统有良好的整体性和较高的适应性，使建设工作有良好的阶段性，以缩短系统开发周期，节约开发费用。系统规划是信息系统建设成功的关键之一，它比具体项目的开发更为重要。它的作用可以用以下公式表示为

好的系统规划＋好的开发＝优秀的信息系统

好的系统规划＋差的开发＝好的信息系统

差的系统规划＋好的开发＝差的信息系统

差的系统规划＋差的开发＝混乱的信息系统

信息系统规划是基于企业发展目标与经营战略制订的，面向企业信息化发展远景的，关于企业信息系统的整个建设计划，包含信息系统的发展方向、目标以及信息系统的 IT 方案、实施策略和计划、预算等。信息系统规划可帮助企业充分利用信息技术来规范企业内部管理，提高企业工作效率和客户满意度，为企业获取竞争优势，实现企业的宗旨、目标和战略。

2.1.1 信息系统规划的特点

充分认识信息系统规划的特点有助于提高系统规划工作的科学性和有效性。信息系统规划具有以下几个特点。

（1）信息系统规划是面向全局、长远的关键性的问题，具有较强的不确定性，结构化程度较低。信息系统领导小组全体成员必须密切配合协作。其中，系统分析师是信息系统规划的主要负责人，领导必须全力支持信息系统规划的工作。

（2）信息系统规划是一个管理决策过程，高层管理者是工作的主体。

（3）信息系统规划要有概括性，宜粗不宜细，要给后续各阶段的工作提供指导，为系统的发展制定一个科学而又合理的目标和达到该目标的可行途径，而不是代替后续阶段的工作。

（4）信息系统规划是企业总体规划的一部分，要具有较强的应变能力。现代企业处于市场化、国际化的环境中，竞争越来越激烈。企业要生存和发展，就要不断调整和改革，对信息系统的适应性要求也越来越高。

（5）信息系统规划必须理论联系实际，必须从本单位的人力、物力、财力及资源实际出发，既要采用先进技术，又要制定切实可行的总体规划方案。总之，信息系统规划的方案必须考虑到可操作性和经济、技术上的可行性。

2.1.2　信息系统规划的原则

在进行信息系统规划时，应遵循以下原则。

（1）支持企业的战略目标。企业的战略目标是系统规划的出发点。系统规划应从企业战略目标出发，分析企业管理的信息需求，逐步导出信息系统的战略目标和总体结构。

（2）整体上着眼于高层管理，兼顾其他各管理层的要求。

（3）摆脱信息系统对组织机构的依从性。企业最基本的活动和决策可以独立于任何管理层与管理职责，只有这样，才能提高信息系统的应变能力。例如，不管企业的组织机构如何变动，库存管理子系统一旦形成，其工作过程大体上是不变的。

（4）保证系统结构有良好的整体性。信息系统的规划和实现的过程是一个“自顶向下规划，自底向上实现”的过程。采用自顶向下的规划方法，可以保证系统结构的完整性和信息的一致性。

（5）便于实施。信息系统规划应给后续工作提供指导，要便于实施。方案的选择应注重实用、经济、简单、易于实施，在技术手段上不片面求新。

2.2　信息系统规划的主要内容

信息系统规划在企业的业务与信息系统之间架起了一座桥梁，它必须在企业战略的指导下进行，指明企业信息系统开发的基本原理、当前状况和管理战略。但是人们一般在信息系统规划的问题上过多地关注于技术，而忽略了业务、管理和组织的内容。为此，信息系统规划的主要内容包括以下四方面。

信息化规划要遵循的原则

（1）信息系统的战略规划。根据企业的发展目标与战略，制定业务流程改革与创新的目标和信息系统的发展战略。

（2）业务流程规划。制订企业的业务流程规划，确定业务流程改革与创新的方案。

（3）总体结构规划。根据企业目标和业务流程规划确定信息系统的总体结构规划方案。

（4）项目实施与资源分配规划。落实项目实施方案，制定信息系统建设的资源分配方案。

2.2.1 信息系统的战略规划内容

企业战略（或企业经营战略）是对企业长远发展的全局性谋划，它是由企业的愿景和使命、政策环境、长短期目标及确定实现目标的策略等组成的总体概念。企业信息系统战略是企业信息化建设要实现的目标及实现这些目标的方法、策略、措施的总称。

信息系统服务于企业管理，其发展战略必须与整个企业的战略目标协调一致。首先要调查分析企业的目标和发展战略，评价现行信息系统的功能、环境和应用状况，再确定信息系统的使命，制定信息系统的战略目标及相关政策。

信息系统的战略规划内容主要包括以下几点。

1. 信息系统的建设目标、发展战略与总体结构

根据企业发展的总目标，结合企业现状以及信息系统建设的相关因素，确定企业信息系统建设目标。信息系统建设目标是由总目标、分目标和多层次子目标构成的一棵目标树，如图 2-1 所示。

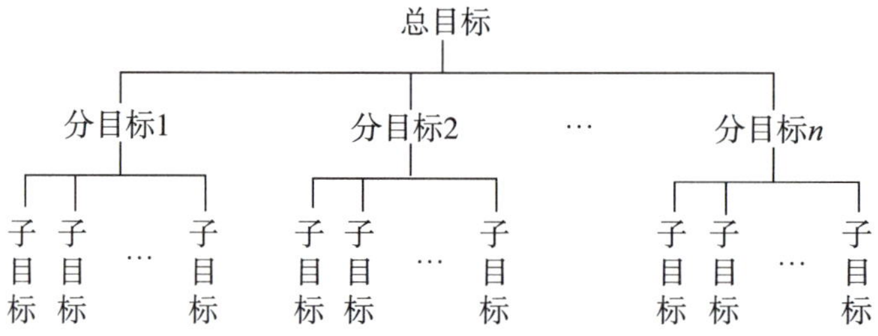

图 2-1 目标树

信息系统发展战略是实现信息系统建设目标的全局性谋划。信息系统发展战略制定的依据是企业发展战略和企业信息系统建设目标。信息系统发展战略应包括企业的方向、纲领、方针、政策、技术、业务等方面的内容。

信息系统总体结构即系统开发的框架。信息系统由多个子系统按照确定的关系模式构成，因此需要确定构成企业信息系统的各个子系统以及各子系统之间的关系。

2. 对当前信息系统状况的了解

充分了解和评价当前信息系统的状况，包括软件、硬件设备、人员、各项费用、开发项目的进展及应用系统的情况，这是制订战略规划的基础。

3. 对相关信息技术发展的预测

信息系统战略规划必然受到信息技术发展的影响。因此，对规划中涉及的软硬件技术和方法论的发展变化及其对信息系统的影响应做出预测。

4. 近期发展的计划

战略规划涉及的时间跨度较大，应对近期的发展做出具体的安排，包括硬件设备的购置、项目开发、系统维护的时间安排、人力和资金的需求计划等。

2.2.2 业务流程规划

业务流程是指一个组织在完成其使命、实现其目标的过程中必需的、逻辑上相关的一组活动。企业的业务流程直接体现企业的核心能力，是企业完成其使命、实现其目标的基础。由于业务流程比企业内部的组织机构更稳定，面向业务流程的信息系统在企业的组织机构与管理体制变化时能够更好地保持工作能力。

在传统的企业管理模式下，企业的业务流程中非增值环节多，信息传递缓慢，同一流程各个环节之间和不同流程间关系混乱，特别是完整的业务流程被不同职能部门分割，大大降低了流程的效率与效益，难以及时抓住迅速变化的市场机会，致使整个企业效率与效益低下，竞争力弱，对市场形势与用户需求的变化反应迟钝，应变能力差。因此，必须应用现代信息技术与管理方法，对企业流程进行改革与创新。20 世纪 80 年代，首先兴起的是业务流程改善（business process improvement，BPI）。然而，许多企业发现业务流程改善并不能从根本上解决企业面临的挑战问题。1990 年，美国的哈默博士提出了业务流程重组（business process reengineering，BPR）的概念，所谓 BPR 就是对企业的业务流程做根本性的思考和彻底的重建，其目的是在成本、质量、服务和速度等方面取得显著的改善，使得企业能最大限度地适应以顾客、竞争、变化为特征的现代企业经营环境。

BPR 以作业流程为中心，打破金字塔状的组织结构并使之扁平化，使企业能适应信息社会的高效率和快节奏，便于员工参与企业管理，实现企业内部的有效沟通，使企业具有较强的应变能力和较大的灵活性，其核心是“流程”“根本”“彻底”和“显著”。“流程”是指为完成企业目标和任务而进行的一系列相互关联的业务活动，业务流程重组的一切工作都是围绕业务流程展开的。“根本”表明业务流程重组所关注的是企业的根本问题，通过对这些问题的思考，企业可能发现自身的问题。“彻底”意味着改革而不是改良和调整，将抛弃陈规陋习，改变既有的结构和规程，设计和创造全新的工作模式。“显著”的含义是业务流程重组追求的不是一般意义上的业绩提升，而是要使企业的业绩有显著的增长。

在 BPR 中可以用到的技术和方法有很多，如头脑风暴、德尔菲法、价值链分析法和竞争力分析法等，这些都是经典的管理方法和技术，而 ABC 成本法、标杆瞄准法、流程建模和仿真则是比较新的方法。将上面这些方法和技术综合在一起，就为 BPR 团队提供了一整套有力的工具，可以在整个业务流程重组过程中运用。

2.2.3 总体结构规划

信息系统总体结构规划是信息系统规划的中心环节，这一环节要完成的任务是企业的信息需求分析、系统的数据规划、功能规划与子系统的划分以及信息资源配置规划。

（1）企业的信息需求分析是这一环节的基础工作，在准确识别和严格定义业务流程的基础上，要准确识别每个流程的高效率、高效益和应变能力需要什么信息支持，这些流程又会产生哪些信息以支持其他流程的运作。

（2）数据是信息系统最重要的资源。科学、系统的数据规划是信息系统成功的基本条件。数据混乱是导致信息系统失败的重要原因之一。因此，必须在企业的信息需求分析的基础上，分类定义各主题数据，严格确定各类数据的来源、用途与规范，为将来系统开发时的数据管理打下坚实的基础。

（3）功能规划与子系统的划分是信息系统总体结构规划的核心和关键所在。这一环节的任务是：在识别业务流程、明确组织信息需求、定义主题数据的基础上，确定信息系统为支持企业的目标与战略和业务流程的运作而必须及时、准确地提供的信息，以及为提供这些信息而需收集和加工的信息；根据业务流程的性质和范围划分支持与处理有关信息的子系统，明确这些子系统的功能和子系统之间的数据联系，这就形成了功能规划与子系统的划分方案。

信息资源配置规划的主要内容是：根据功能规划、使用要求以及技术发展趋势制订计算机软硬件配置方案的规划；根据组织资源的空间分布情况规划网络系统方案；在数据规划的基础上规划企业数据库的规模、内容以及数据资源的集中与分散相结合的配置方案；对信息管理与人员的总体方案进行规划。

2.2.4 项目实施与资源分配规划

1. 项目实施规划

通常把整个信息系统划分成若干个应用项目，分期分批实施，即根据发展战略和系统总体结构，确定系统和应用项目的开发顺序与时间安排。在确定一个应用项目的优先顺序时，应该确定其是否具有以下属性。

（1）该项目的实施对企业的改革与发展有显著的推动作用。

（2）该项目的实施预计可明显地节省费用或增加利润，这是一种定量因素的分析。

（3）该项目无法定量分析实施效果。例如，提高职工工资往往可以激发职工的工作积极性，但这种积极性究竟能产生多大的经济效益则是无法定量估计的。

（4）该项目涉及制度上的因素。为了保证整个系统的开发研制工作能有条理地进行，对于有些原先并没有包括在系统开发工作之内的项目也应给予较高优先级。

（5）该项目能满足系统管理方面的需要。例如，有些项目往往是其他一些项目的前提，那么对于这样的项目应该优先实施。

2. 资源分配规划

用于信息系统开发的各类资源总是有限的，这些有限资源无法同时满足全部应用项目的实施。同时，企业内部各部门信息系统建设的需求与具备的条件是不平衡的，应该依据这些应用项目的优先顺序合理分配资源。

因此，要对每个项目需要的软硬件、数据通信设备、人员、技术、服务、资金等进行估计，提出整个系统的建设概算。

2.3　信息系统规划的方法和步骤

2.3.1　信息系统规划的方法

制订信息系统规划的方法有很多种，这里只介绍 3 种常用的信息系统规划方法：企业系统规划（business system planning，BSP）法、战略目标集转移（strategy set transformation，SST）法和关键成功因素（critical success factors，CSF）法。

1. 企业系统规划法

企业系统规划法是 IBM 公司在 20 世纪 70 年代开始采用的一种信息系统规划方法，它从企业目标入手，逐步将企业目标转化为管理信息系统的目标和结构，从而更好地支持企业目标的实现。由于 BSP 方法可操作性强，在信息系统规划中得到了广泛应用。

（1）基本思路

企业系统规划法的基本思路是：首先自顶向下识别企业目标、业务流程和数据，也就是从高层主管开始，了解并界定其信息需求，再依次往下进行，直到了解整个企业的信息需求，完成整体的系统构架为止（包括子系统与系统界面）；再自底向上设计系统目标，最后把企业目标转化为信息系统规划。BSP 方法的基本思路如图 2–2 所示。

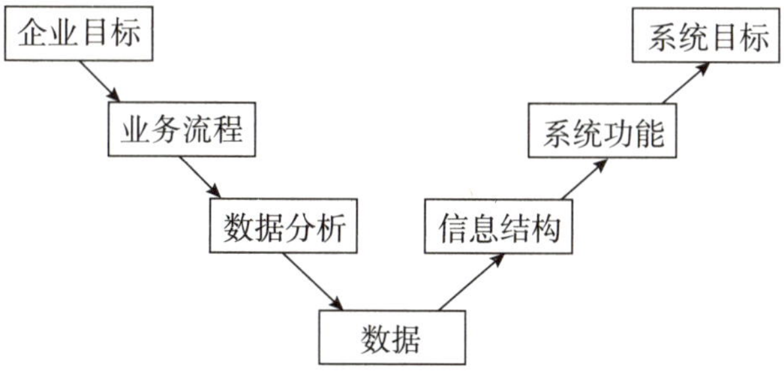

图 2–2　BSP 方法的基本思路

（2）基本步骤

用 BSP 方法制订规划是一项系统工程，其主要工作步骤如下。

① 准备工作。成立由最高领导牵头的委员会，下设规划组，并提出工作计划。

② 调研。规划组成员通过查阅资料，深入各级管理层，了解企业有关决策过程、组织职能部门的主要活动和存在的主要问题。

③ 定义业务流程（又称企业过程或管理功能组）。定义业务流程是 BSP 方法的核心。业务流程指的是企业管理中必要且逻辑上相关的、为了完成某种管理功能的一组活动，例如产品预测、材料库存控制等业务处理活动或决策活动。

④ 业务流程重组。业务流程重组是在业务流程定义的基础上，找出哪些过程是正确的，哪些过程是低效的，需要在信息技术支持下进行优化处理，还有哪些过程不适合计算机信息处理，应当取消。

⑤ 定义数据类。数据类是指支持业务流程所必需的逻辑上相关的数据。对数据进行分类是按业务流程进行的，即分别从各项业务流程的角度，将与该业务流程有关的输入数据和输出数据按逻辑相关性整理出来，归纳成数据类。

⑥ 定义信息系统总体结构。本步骤的目的是刻画未来信息系统的框架和相应的数据类，因此其主要工作是划分子系统，可利用 U/C 矩阵具体实现。

⑦ 确定总体结构中的优先顺序。对信息系统总体结构中的子系统按先后顺序排列，以确定开发计划。

⑧ 完成企业系统规划研究报告，提出建议书和开发计划。

（3）U/C 矩阵的应用

BSP 方法将业务流程和数据类作为定义企业信息系统总体结构的基础，具体做法是：利用 U/C 矩阵来表达业务流程和数据类的关系，矩阵中的行表示数据类，列表示业务流程，并以“U”和“C”分别表示业务流程对数据类的使用（use）以及数据的产生（create）。

下面介绍利用 U/C 矩阵划分子系统的方法。表 2-1 是由企业内各业务流程和数据类的关系形成的 U/C 矩阵。其中，行、列交叉点上的“C”表示这类数据由相应的业务流程产生，“U”表示这种业务流程使用相应的数据类。例如，“经营计划”业务流程需要使用成本和财务数据，则在“经营计划”行与“成本”和“财务”列交叉的两格中标上“U”；“经营计划”业务流程最后产生的是“计划”数据，则在“经营计划”行与“计划”列交叉的格中标上“C”。同理，“销售”业务流程需要使用“客户”“订货”和“产品”数据，因此在相应的格中标上“U”；而“销售区域”数据是由“销售”业务流程产生的，因此在相应的格中标上“C”。

表 2-1 由企业内各业务流程和数据类的关系形成的 U/C 矩阵

功能	数据类															
	客户	订货	产品	加工路线	材料表	成本	零件规格	原材料库存	成品库存	职工	销售区域	财务	计划	设备负荷	材料供应	工作令
经营计划						U						U	C			
财务规划						U				U		U	U			
产品预测	U		U								U		U			
产品设计开发	U		C		U		C									
产品工艺			U		C		U	U								
库存控制								C	C						U	U
调度			U											U		C
生产能力计划				U										C	U	
材料需求			U		U										C	
作业流程				C										U	U	U
销售区域管理	C	U	U													
销售	U	U	U								C					
订货服务	U	C	U													
发运		U	U						U							
会计	U		U							U						
成本会计		U				C										
人员计划									C							
人员招聘考核									U							

接下来，对表 2–1 进行重新排列。首先，将业务流程划分为组，在每一组中，业务流程按发生的先后次序排列；然后，调整数据类各列的顺序，使得 U/C 矩阵中的“C”最靠近对角线。调整后的结果见表 2–2。在表 2–2 中，将“U”和“C”最密集的地方画框，并为该区域命名，就构成了一个子系统。框外的“U”说明了各个子系统之间的数据流向。按照这种划分，整个系统被划分为经营计划、技术准备、生产制造、销售、财会和人事六个子系统。

表 2-2 调整后的 U/C 矩阵

功能		数据类															
		计划	财务	产品	零件规格	材料表	原材料库存	成品库存	工作令	设备负荷	材料供应	加工路线	客户	销售区域	订货	成本	职工
经营计划	经营计划	C	U													U	
	财务规划	U	U													U	U
技术准备	产品预测	U		U									U	U			
	产品设计开发			C	C	U							U				
	产品工艺			U	U	C	U										

续表

功能		数据类															
		计划	财务	产品	零件规格	材料表	原材料库存	成品库存	工作令	设备负荷	材料供应	加工路线	客户	销售区域	订货	成本	职工
生产制造	库存控制						C	C	U		U						
	调度			U					C	U							
	生产能力计划									C	U	U					
	材料需求			U		U					C						
	作业流程								U	U	U	C					
销售	销售区域管理			U									C		U		
	销售			U									U	C	U		
	订货服务			U									U		C		
	发运			U				U							U		
财会	会计			U									U				U
	成本会计														U	C	
人事	人员计划																C
	人员招聘考核																U

2. 战略目标集转移法

系统规划最重要的任务之一是确定信息系统的战略和目标，使它们与组织的总战略和目标保持一致。在这些战略和目标指导下开发的信息系统，能够支持组织长期战略的需要。制订信息系统战略规划常用的方法是战略目标集转移法。

（1）战略目标集转移法的基本思想

战略目标集转移法是 1978 年由威廉姆·金（William King）提出的一种确定信息系统战略目标的方法，该方法把组织的总战略看成一个信息集合，包括使命、目标、战略以及其他组织支撑因素（如管理的复杂性、改革习惯以及重要的环境约束等）。战略目标集转移法的基本思想就是识别组织的战略目标集，并把组织的战略目标集转化为信息系统的战略目标集。其中信息系统的战略目标集通常由信息系统目标、信息系统战略和信息系统约束组成。图 2-3 为信息系统战略规划的过程。

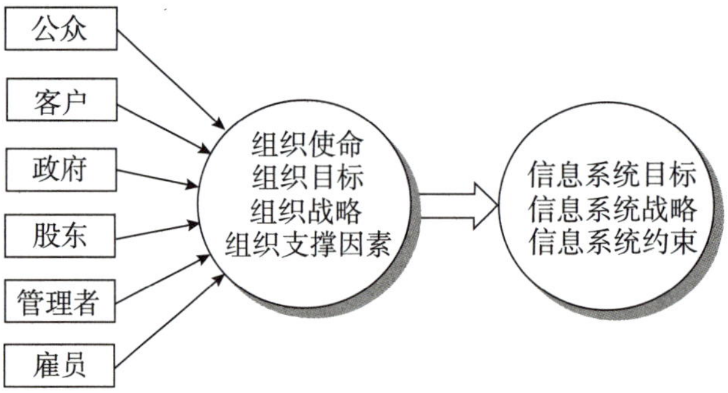

图 2-3　信息系统战略规划的过程

（2）战略目标集转移法的步骤

战略目标集转移法的应用基本包括以下两个步骤。

① 识别组织的战略目标集

组织战略目标集是组织发展的宏观框架，包括组织使命、组织目标、组织战略和组织支撑因素。组织使命是对组织存在价值的长远设想；组织目标是组织在确定时限内应该达到的境地和标准，组织目标是根据组织使命制定的，通常表现为层次结构，有总目标、分目标和子目标；组织战略是为了实现既定目标所确定的对策和举措；组织支撑因素包括发展趋势、组织面临的机遇和挑战、管理的复杂性、改革面临的阻力、环境对组织目标的制约等。

组织的战略目标集应在该组织的战略及长期计划的基础上进一步归纳形成。为此，信息系统的战略规划者需要一个明确的战略目标集元素的确定过程；组织的战略目标集构造过程可按以下四个步骤进行。

步骤一：刻画组织的关联集团。关联集团是指与该组织的有利害关系者，如顾客、股票持有人、雇员、管理者、供应商等。

步骤二：确定关联集团的要求。组织的使命、目标和战略反映了每个关联集团的要求。为此，要对每个关联集团要求的特征做定性描述，还要对它们的这些要求被满足程度的直接和间接度量给予说明。

步骤三：定义组织对于每个关联集团的任务和战略。在每个关联集团要求的特征被确定以后，相对于这些关联集团的组织的任务和战略就要确定下来。

步骤四：解释和验证组织的战略目标集。识别组织的战略后，应立即交给企业组织负责人审阅，收集反馈信息，经修改后进行下一步工作。

② 将组织的战略目标集转化成信息系统的战略目标集

信息系统是为组织战略服务的，所以制定信息系统战略目标必须以组织战略目标为依据。信息系统有其目标、战略和约束条件。在确定信息系统目标、战略和约束条件的过程中，要逐一检查它是否对实现组织目标有利，并且要找出对组织战略目标有重大影响的因素予以重点考虑。

组织战略目标集与信息系统的战略目标集应该是一一对应的，包括系统目标、约束和设计原则。转化完成后，得到一个完整的信息系统的结构，并送交总经理审阅。图 2–4 为某企业运用战略目标集转移法进行信息系统战略规划的过程，这里的组织目标可以由不同群体引出。例如，组织目标 O1 由股票持有人 S、债权人 Cr 以及管理者 M 引出；组织战略 S1 由目标 O1 和 O6 引出。依此类推，这样就可以列出信息系统的目标、约束以及设计战略。

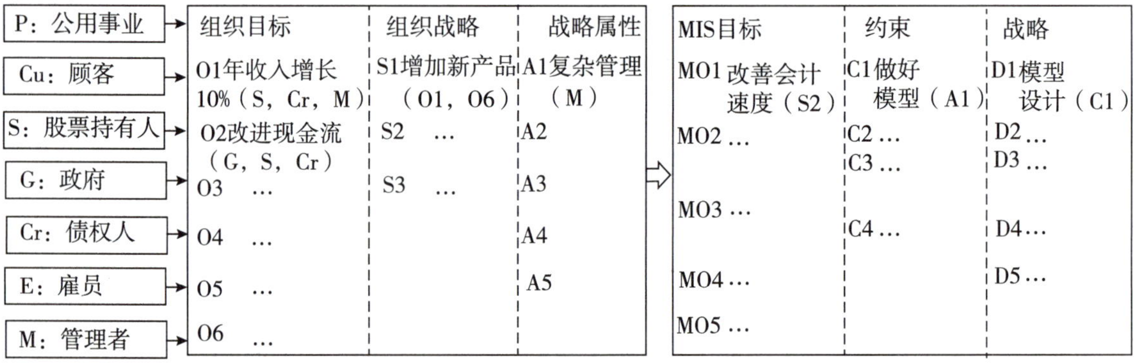

图 2-4　某企业运用战略目标集转移法进行信息系统战略规划的过程

3. 关键成功因素法

在现行系统中，总存在着多个影响系统目标实现的变量，其中若干个因素是关键的和主要的，即关键成功因素。通过对关键成功因素的识别，找出实现目标所需的关键信息集合，从而确定系统开发的优先次序，这就是关键成功因素法的主要思想。关键成功因素法就是通过分析找出使得企业成功的关键因素，然后再围绕这些关键因素确定系统的需求，并进行规划。

关键成功因素法是在 1970 年由哈佛大学教授扎尼（Zani）提出的。1980 年，麻省理工学院教授约翰（John）把关键成功因素法提升为信息系统战略规划的一种方法。关键成功因素法并不是一个制订信息系统规划的完整方法，而是帮助管理者从企业目标中找出关键因素，并且在信息系统战略中予以重点考虑，因此它是制订信息系统规划的辅助方法。

（1）关键成功因素

关键成功因素是指在规划期内影响企业战略成功实现的关键性任务。关键成功因素是由行业、企业、管理者以及周围环境形成的，其特点如下。

① 关键成功因素是少量的、易于识别的、可操作的目标。

② 关键成功因素可以提高企业的成功率。

③ 关键成功因素可用于决定组织的信息需求。

（2）关键成功因素法的基本步骤

关键成功因素法的基本步骤如图 2-5 所示，具体内容如下。

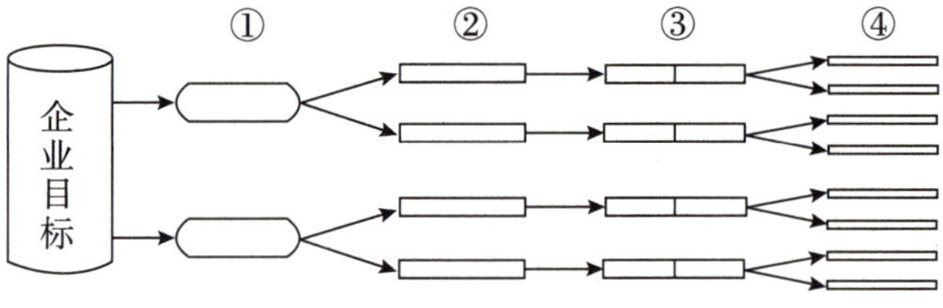

图 2-5　关键成功因素法的基本步骤

① 了解企业目标。

② 识别和确定关键成功因素。

③ 明确各关键成功因素的性能指标和评估标准。

④ 识别测量性能的数据（定义数据字典）。

（3）识别关键成功因素

识别关键成功因素是关键成功因素法的一个重要环节。首先要了解企业的目标，从这个目标出发，可以看到哪些因素与之相关，哪些因素与之无关。在与之相关的因素中，又可以进一步识别出哪些是直接相关，是实现目标的主要影响者，哪些只是间接相关的。通常采用树枝因果图作为识别的工具，如图 2-6 所示。

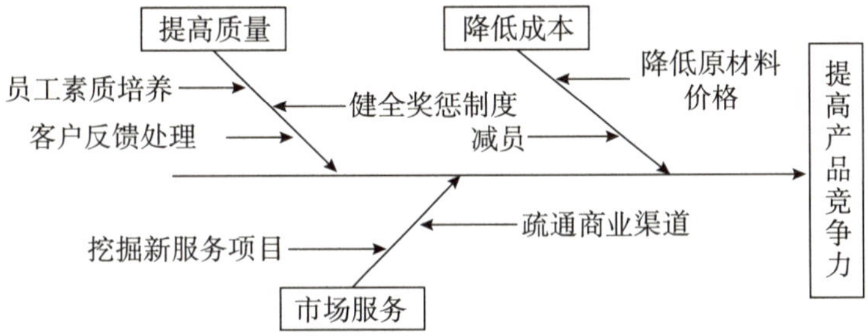

图 2-6　用树枝因果图标识关键成功因素

（4）关键成功因素法的特点

关键成功因素法能够使开发的系统具有很强的针对性，能够较快地取得收益。应用关键成功因素法需要注意的是，当关键成功因素解决后，又会出现新的关键成功因素，就必须重新开发系统。

知 识 链 接

三种系统规划方法的比较

如果将企业系统规划法、战略目标集转移法和关键成功因素法这三种常用的信息系统规划方法做一个比较，则会有下面的结果。

（1）企业系统规划法通过定义业务流程引出系统目标，可以定义新的系统以支持业务流程，即把企业目标转化为系统的目标。

（2）战略目标集转移法从组织的各类相关者的利益角度识别管理目标，比较全面。但是在突出重点方面不如关键成功因素法。

（3）关键成功因素法能抓住主要矛盾，使目标的识别重点突出。但这种方法只在管理目标的确定方面比较有效，而在目标的细化和实现方面则作用较小。

将上面三种方法结合起来使用称为 CSB 方法。它首先用关键成功因素法确定企业目标；其次用战略目标集转移法补充、完善企业目标，并将这些目标转化为管理信息系统目标；最后用企业系统规划法校核两个目标，并确定管理信息系统的结构。但是，CSB 方法也使整个方法过于复杂，灵活性降低。

2.3.2 信息系统规划的步骤

不同领域和不同规模的信息系统，其规划工作的步骤有所不同。下面给出信息系统规划的一般步骤，如图 2–7 所示。

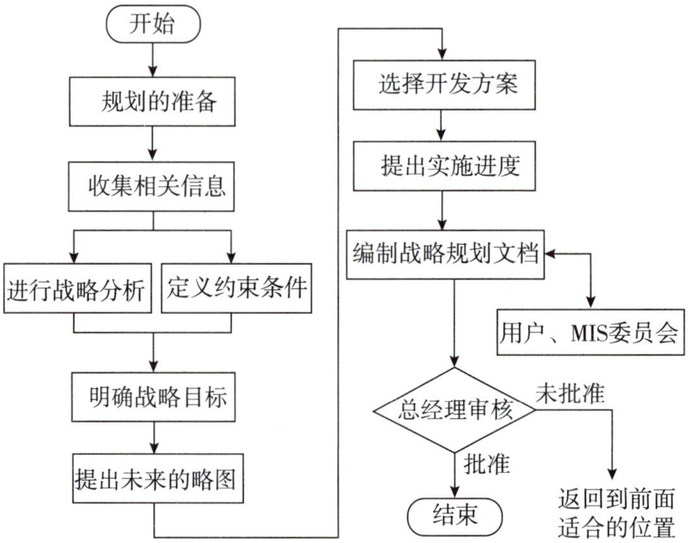

图 2–7 信息系统规划的一般步骤

（1）规划的准备。其包括确定规划的年限、规划的方法，确定采用集中式还是分散式的规划，以及进取还是保守的规划，邀请规划专家，组织规划小组，落实规划工作环境，启动规划等工作。

（2）收集相关信息。进行必要的初步调查，调查内容包括企业发展战略、企业产品、市场定位、企业技术和设备、企业生产能力、企业综合实力、组织机构和管理、企业员工素质、企业面临的机遇和挑战、企业现行信息系统建设和管理水平以及信息技术现状。

（3）进行战略分析。对信息系统的目标、开发方法、功能结构、计划活动以及信息部门的情况、财务情况、风险和政策等进行分析。

（4）定义约束条件。根据企业或部门的财务资源、人力及物力等方面的限制，定义信息系统的约束条件和政策。

（5）明确战略目标。这实际上由总经理和信息系统委员会来设置。根据（3）（4）的结果，确定整个企业的目标和信息系统的开发目标，明确信息系统应具有的功能、服务范围和质量等。

（6）提出未来的略图。给出信息系统总体框架、信息系统总体技术路线、信息系统建设路线以及各子系统的划分等。

（7）选择开发方案。由于资源有限，不可能所有项目同时进行，只有选择一些好处最大、企业需求最为紧迫、风险适中的项目先进行。在确定优先开发的项目之后，还要确定总体开发顺序、开发策略和开发方法。

（8）提出实施进度。估计项目成本和人员需求，并依次编制项目的实施进度计划。

（9）编制战略规划文档。将战略规划写成文档，在此过程中，还要不断与用户、信息系统工作人员以及信息系统委员会的领导交换意见。

（10）总经理审核。信息系统规划只有经过总经理批准后才可生效。

2.4　信息系统可行性论证

系统规划的后期，要对项目的可行性进行论证。事实上，可行性研究是任何一项大型工程正式投入力量之前必须进行的工作。这对于保证资源的合理使用、避免浪费是十分必要的，也是项目一旦开始以后能顺利进行的必要保证。信息系统的建设是一项投资大、时间长的复杂工程，可行性研究更为必要，也更复杂、更困难。

“可行性”是指在当前情况下，企业研制这个信息系统是否有必要，是否具备必要的条件。可行性的含义不仅包括可能性，还包括必要性、合理性。

2.4.1　可行性论证的内容

除了建立系统的必要性之外，建设信息系统的可行性应从以下三个方面进行论证。

1. 技术可行性

技术可行性主要包括以下内容。

（1）根据现有的技术条件，能否达到所提出的要求。

（2）所需要的物理资源是否具备，能否得到。

特别要注意，这里的技术条件是指已经普遍采用、确实可行的技术手段，而不是正在研究中还没有把握的新技术。

技术条件包括以下四个方面。

（1）硬件。硬件包括计算机的存储量、运算速度，外部设备的功能、效率、可靠性，通信设备的能力、质量是否满足要求。

（2）系统软件。系统软件包括操作系统提供的接口能力是否符合需要，如是否具备实时处理能力或批处理能力，分时处理的响应时间是否可接受，数据库管理系统的功能是否足够，程序设计语言的种类和表达能力是否满足要求，网络软件的性能是否满足需要等。

（3）应用软件。是否已有专用的软件。

（4）技术人员。各类技术人员的数量、水平和来源。

2. 经济可行性

经济可行性分析要估计项目的成本和效益，分析项目经济上是否合理。如果不能提供研制系统所需要的经费，或者不能提高企业的利润，或一定时期内不能回收它的投资，就不应该开发该项目。也就是说，经济可行性要解决两个问题：资金可得性和经济合理性。

（1）资金可得性

先要估计成本，计算项目投资总额。成本包括初始成本与日常维护费用。

系统的初始成本包括以下内容。

① 各种软、硬件及辅助设备的购置、运输、安装和调试费用。

② 机房及附属设施（电源、通信、地板等）费用。

③ 其他（差旅、办公、不可预见费用）费用。

日常维护费用包括以下内容。

① 系统维护（软件、硬件、通信）。

② 人员费用。

③ 易耗品（打印机、打印纸、硬盘等）。

④ 内务开销（公用设施、建筑物、远程通信、动力）。

⑤ 其他。

应注意防止成本估计过低的倾向（经验表明，实际费用往往超过估计成本的2 ~ 4倍），如只算开发费，不算维护费；只算硬件，忽视软件；只算主机，不算外设。现在的趋势是外设比例越来越大。

（2）经济合理性

考虑资金可得性，要计算系统的开支。要说明经济合理性，还需计算信息系统带来的效益。

效益可分为直接经济效益和间接经济效益。直接经济效益是系统投入运行后，对利润的直接影响，如节省多少人员，压缩多少库存，产量增加多少及废品减少多少等。这些效益可直接折合成货币形式。把这种效益与系统投资、运行费用相比，可以估算出投资回收期。

信息系统的效益大部分是难以用货币形式表现出来的社会效益。如系统运行后，可以更及时地得到更准确的信息，对管理者的决策提供有力的支持，改善企业形象，增加竞争力等。这些都是间接效益。根据国外的统计，信息系统的效益按其重要性排列如下。

① 提供以前提供不了的统计报表与分析报告。

② 提供比以前准确、及时、适用、易理解的信息。

③ 为领导决策提供了有力支持。

④ 促进体制改革，提高工作效率。

⑤ 减少人员费用。

⑥ 改进服务，增强了顾客信任，提升企业的竞争力。

⑦ 改善工作条件。

⑧ 将来需要的潜力。

由此可见，信息系统的效益主要是难以用货币表现的间接效益。

3. 社会可行性

社会可行性是指所建立的信息系统能否在该企业实现，在当前操作环境下能否很好地运行，即组织内外是否具备接受和使用新系统的条件。从组织内部来讲，管理信息系统的建立，可能导致某些制度，甚至管理体制的变动。对于这些变动，组织的承受能力影响着系统的生存，尤其是从手工系统过渡到人机系统，这个因素的影响更大。领导者不积极参与或旁观怀疑，中下层害怕改变工作性质，由于惰性或惧怕心理而反对采用新技术，都是系统失败的关键因素。从组织外部来讲，管理信息系统运行后，报表、票证格式的改变，是否为有关部门认可和接受，将直接影响企业的营业额。对于涉及社会经济现象的系统，还应考虑道德伦理、安全性以及法律问题。

2.4.2　可行性分析报告

总体规划的最后阶段是撰写可行性报告。可行性报告包括总体方案和可行性论证两个方面，一般内容有以下几点。

（1）引言。说明系统的名称、系统目标和系统功能、项目的由来。

（2）系统建设的背景、必要性和意义。报告要用较大的篇幅说明总体规划调查、汇总的全过程，要使人信服调查是真实的，汇总是有根据的，规划是可信的。

（3）拟建系统的候选方案。这部分要提出计算机的逻辑配置方案，可以提出一个主要方案及几个辅助方案。

（4）可行性论证。从技术、经济、社会三个方面对规划进行论证。

（5）几个方案的比较。若结论认为是可行的，则给出系统开发的计划，包括各阶段人力、资金、设备的需求，用甘特图表示开发进度。

本 章 小 结

本章介绍了信息系统规划在信息系统开发中的重要性，内容包括系统规划概述、系统规划的主要内容、系统规划的方法和步骤、可行性论证。

信息系统规划的主要内容包括：信息系统的战略规划、业务流程规划、总体结构规划、项目实施与资源分配规划。制订信息系统规划的方法有很多种，本章讲述了三种常用的信息系统规划方法：企业系统规划法、战略目标集转移法和关键成功因素法。系统规划的后期，要对项目的可行性进行论证。信息系统的建设是一项投资大、时间长的复杂工程，可行性研究更为必要，也更复杂、更困难。

思考练习

1. 信息系统规划的原则是什么?
2. 简述信息系统规划的主要内容。
3. 简述企业系统规划法的基本思路和实现步骤。
4. 简述战略目标集转移法的基本思想和步骤。
5. 制定信息系统规划的一般步骤有哪些?
6. 信息系统可行性论证包括哪些内容?

第 3 章　结构化系统分析

本 章 导 读

结构化分析（structured analysis，SA）方法是应用的基础，它的生命周期理论适用于任一系统的开发过程，其最核心的内容就是系统分析和系统设计，在此过程中需要开发两种系统模型。本章主要介绍用结构化方法进行系统分析建模的工具。

学习目标

◆ 知识目标

1. 了解系统分析的任务。
2. 熟悉组织结构分析和数据流程分析。
3. 掌握数据字典的相关内容。
4. 掌握表达处理逻辑的工具。
5. 了解数据存取要求的基本类型。
6. 熟悉系统分析报告的作用和内容。

◆ 能力目标

1. 能画数据流程图。
2. 能准确使用表达处理逻辑的工具。

◆ 素质目标

1. 培养学生客观、严谨的科学态度。
2. 提升学生与人交流、与人合作、信息处理的能力。

◆ 思政目标

1. 培养学生敬业奉献、精益求精的工匠精神。
2. 完善学生人格修养，增强学生文化创新意识。

3.1 系统分析的任务

在信息系统的开发生命周期中，系统分析是最重要也是最困难的阶段，它是应用系统思想和方法把复杂的对象分解成简单的组成部分，找出这些部分的基本属性和彼此间关系的过程。这一阶段产生的系统分析说明书既是后续开发工作的依据，也是衡量一个信息系统优劣的依据。在这个阶段，不仅要在对原系统进行详细调查的基础上分析其业务和数据处理过程，还要构造出新系统的逻辑模型。

系统分析阶段的基本任务是系统分析员与用户一起充分了解用户的要求并把双方的理解用系统分析说明书表达出来。系统分析说明书审核通过后，将成为系统设计的依据，也是将来验收系统的依据。

3.1.1 系统分析的依据

在系统分析中，拟建的信息系统既要源于原系统，又要高于原系统。所谓“高于原系统”，就是要比现行系统功能更强、效率更高、使用更方便。但新系统不是无源之水，无本之木，而“源”就是现行信息系统。因此，系统分析员要在信息系统总体规划的基础上，与用户密切配合，用系统的思想和方法对企业的业务活动进行全面的调查分析；要详细掌握有关的工作流程，收集票据、账单、报表等资料，分析现行系统的局限性和不足之处，找出制约现行系统的“瓶颈”，确定新系统的逻辑功能，根据企业的条件找出几种可行的解决方案，分析比较这些方案所需的投资和可能的收益。

3.1.2 系统分析的难点

系统分析的困难主要来自三方面：对问题空间的理解、人与人之间的沟通和环境的不断变化。

1. 对问题空间的理解

系统分析要回答新系统“做什么”这个关键性的问题。只有明确了问题，才有可能解决问题；否则，方向不明，无的放矢。实际工作中常常有这种情形，即业务人员认为信息系统的开发只是技术人员的事，开发人员根据对用户要求的肤浅理解匆忙进行系统设计和编写程序。交给用户使用时，用户往往会说：“这不是我要的系统。”对系统分析缺乏足够的重视是导致研制工期一再延长甚至以失败告终的重要原因，也是系统分析难于进行的主观原因。

2. 人与人之间的沟通

一方面，由于系统分析员缺乏足够的业务知识，在系统调查中往往无从下手，不知道该问用户一些什么问题，或者被各种具体数字、大量的资料、庞杂的业务流程搞得眼花缭乱。一个规模较大的系统会有反映各种业务情况的数据、报表和账页，业务人员手中各种正规的、非正规的手册和技术资料等数量相当大，各种业务之间的联系繁杂。不熟悉业务情况的系统分析员往往感到好像处在不见天日的大森林中，各种信息流程像一堆乱麻，不知如何理出头绪，更谈不上如何分析制约现系统的“瓶颈”。

另一方面，用户往往缺乏有关计算机方面的足够知识，不了解计算机能做什么和不能做什么。许多用户虽然精通自己的业务，但往往不善于把业务过程明确地表达出来，不知道该给系统分析员介绍什么。对一些具体的业务，他认为理所当然就该这样做或那样做，尤其是某些决策问题。这种情况下，系统分析员很难从业务人员那里获得充分有用的信息。

俗话说：“隔行如隔山。”系统分析员与用户的知识构成不同，经历不同，使得双方的交流十分困难，因而系统调查容易出现遗漏和误解。这些遗漏和误解是研制系统的隐患，会使系统开发偏离正确方向，另外还使编写系统分析报告变得十分困难。系统分析报告是这一阶段工作的结晶，它实际上是用户与研制人员之间的技术合同。作为设计基础和验收依据，系统分析报告应当严谨准确，尽可能详尽；作为技术人员与用户之间的交流工具，它应当简单明确，尽量不用技术上的专业术语。这些要求不容易达到，但必须努力达到。

3. 环境的不断变化

最使系统分析员困惑的是环境的变化。系统分析阶段要通过调查分析，抽象出新系统的概念模型，锁定系统边界、功能、处理过程和信息结构，为系统设计奠定基础。但是，信息系统生存在不断变化的环境中，环境对它不断提出新的要求。只有适应这些要求，信息系统才能生存下去。在系统分析阶段，要完全确定系统环境是困难的，有时甚至是办不到的。

3.1.3　系统分析员的作用

在系统开发中，系统分析员起着十分重要的作用。系统分析这一重要而困难的任务主要由系统分析员承担。他要与各类人员打交道，是用户和技术人员之间的桥梁与“翻译”，并为管理者提供控制开发的手段。系统分析员还必须考虑系统的硬件设备、数据输入、系统安全等各个方面。总之，系统分析员必须考虑系统的各个方面。

系统分析员的知识水平和工作能力决定了系统的成败。一个称职的系统分析员不但应具备坚实的信息系统知识，了解计算机技术的发展，还必须具备管理科学的知识。缺乏必要的管理科学知识，就没有与各级管理人员打交道的“共同语言”。很难想象，缺乏财务基础知识的人能设计出实用的财务系统。系统分析员应有较强的系统观点和较好的逻辑分析能力，能够从复杂的事物中抽象出系统模型；还应具备较好的口头和书面表达能力，以及较强的组织能力，善于与人共事。总之，系统分析员应是具有现代科学知识且具有改革思想和改革能力的专家。

为做好系统分析工作，需要系统分析员与用户精诚合作。系统分析员应牢固树立“用户第一”的思想，虚心向用户学习。虽然“隔行如隔山”，但“隔行不隔理”。这个“理”就是人们认识事物的共同规律，就是系统的思想与方法，这是我们分析复杂事物的有力武器。系统论的思想方法强调系统的整体性、综合性、层次性以及系统元素之间的有机联系。这也就是我们常说的要全面地看问题，认识事物要由表及里、去伪存真，要从事物之间的联系去认识事物，而不要孤立地看待事物。

3.1.4 系统分析工具

在进行信息系统分析时，关键工作是进行初步调查与详细调查，这是构造新系统逻辑模型的基础。而由于信息系统本身具有复杂性，这给系统开发带来了一系列难题。为此，要让一个复杂的信息系统易于理解，就必须建模，必须通过分析与设计方法把这种复杂性从非正式的层面转换为正式的描述语言，以消除各方面的歧义。

自 20 世纪 70 年代以来，出现了多种建模工具，如现场工作流程图、作业流程图、实体生命周期图和数据流程图等。在建模过程中，虽然使用的工具不同，但是“活动”都是核心标准。所有的活动都可以根据不同的角度进行划分，如按活动的顺序过程、按相关的基本功能、按相似的处理对象或按相互关联的任务等，这样就会获得不同的模型视图。

1. 流程视图

流程视图是从活动的逻辑顺序和时间顺序的角度分析系统，其中流程是由相互关联的各个系统层面上的一系列活动构成的相对封闭的单元，如流程图、顺序图、面向岗位的过程图等。

2. 功能视图

功能视图是从基本功能的相关性和相似性的角度分析系统，其中功能是由相互关联的各个系统层面上的相关和类似的基本功能构成的相对封闭的单元，如功能模块图、数据流程图、用例图。

3. 对象视图

对象视图是从对象基本处理要素的角度分析系统，其中对象是由相互关联的各个系统层面上的处理要素构成的相对封闭的单元，如状态转换图、类图、协作图。

4. 任务／岗位视图

任务／岗位视图是从活动的岗位和人员分配的角度分析系统，其中任务是由相互关联的从各个系统层面上分配到各个岗位的活动构成的相对封闭的单元，如面向岗位的信息流图、岗位功能图、工作对象图。

这些视图贯穿于信息系统分析与设计的始终，分别在不同系统开发方法中被广泛应用。

3.1.5 结构化系统分析概述

结构化系统分析是结构化生命周期法中系统分析阶段要做的工作，这一阶段要在详细调查用户需要、用户业务流程等基础上，分析、规划新系统的数据处理流程，并采用特定的图表工具表达分析结果，形成新系统逻辑模型。结构化系统分析阶段采用的重要工具——数据流程图体现了自顶向下、逐层分解的结构化开发思想，这也是结构化系统分析得名的原因。

结构化系统分析采用介于形式语言和自然语言之间的描述方式，通过一套分层次的数据流程图（data flow diagram，DFD），辅以数据字典、处理逻辑小说明等工具来描述系统。结构化建模的主要工作也就是构建系统数据流程图。一个系统的数据流程图不是一张图，而是一组图，如图 3–1 所示就是这样一组数据流程图的关系示意图。图中上层数据流程图中的一个处理框被分解为一张下层的数据流程图。顶层的处理框 P0 分解为第一层数据流程图，含有 P1、P2、P3、P4 等处理框。第一层分解图中的处理框又分解为第二层数据流程图，如处理框 P4 被分解为含有 P4.1、P4.2 等处理框的流程图。以此类推，分而治之，这正是系统工程的思路。分解时分层进行，先考虑问题最本质的属性，暂时略去具体细节，然后再逐层添加细节，直到最详细的内容，这就是抽象。把大问题分解成小问题，分别解决，这就是分解。结构化系统分析方法正是通过这种自顶向下、逐层分解的方法，利用分解和抽象这两个基本手段控制系统的复杂性。

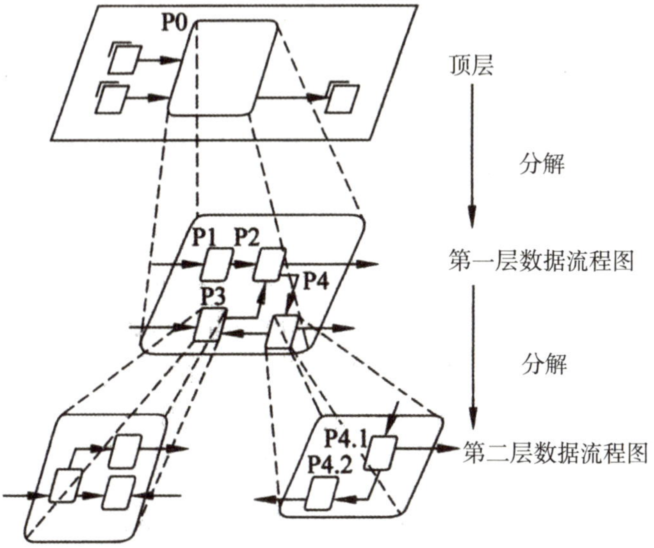

图 3–1 数据流程图的层次关系

实践证明，结构化系统分析是一种简单实用的方法。在结构化需求建模中，要建立起以数据流程图为核心，以数据字典和处理逻辑小说明为补充的新系统的逻辑模型。为此，要完成系统初步调查和详细调查，进行组织结构分析、业务流程分析、数据流程分析，构造原系统的逻辑模型，并在此基础上补充或更新数据流程图，完成新系统的建模工作。

3.2 组织结构分析

为获得正确的信息需求和设计合理的信息系统，将组织作为一个整体来理解是最重要的。所有系统都由子系统（其中包括信息系统）组成，因此当研究一个组织时，需要分析更小的系统是如何融入整个系统的，以及它们是如何行使职能的。

组织作为一个大的系统，由一系列相关的子系统组成。子系统受到三个主要管理层（业务层、中级管理层和战略管理层）决策者的影响。三个管理层横贯组织系统，组织文化和亚文化都会对相关子系统中的人的行为方式产生影响。信息系统要尽可能摆脱对组织机构的依赖，但现行组织机构是系统分析员了解企业基本活动的切入点，即使它不尽合理或许有些变动。为分析和设计合理的信息系统，系统分析员必须了解组织，分析组织结构，调查工作也是从组织机构开始。

3.2.1 组织结构调查

在调查分析组织结构时，要按系统的形式进行概念化，这样不仅有利于通过组织雇用的人和其他资源分析组织系统实现的预定目标，还有利于用系统原理使分析员洞察组织的运作方式。组织是由一系列更小的、相互关联的行使具体职能的系统（部门、单位和分队）构成的。典型的职能包括会计、营销、生产、数据处理和管理，具体职能部门（更小的系统）通过各种机制最终重新整合成一个有效的组织整体。组织结构是一个组织内部部门的划分及其相互之间的关系，组织内各部门间在交换物资和资金的过程中会产生信息流，而组织既是信息的接收者，有时又是信息的输出者，这种信息的传递也会受到组织层次性的影响。

所有的系统和子系统都是相互关联与相互依赖的。这一事实对组织和系统分析员都蕴含着重要的意义，因为他们会尽力帮助组织更好地实现目标。当系统中的任意一个元素发生变化或被取消时，系统中的其他元素或子系统也会受到影响。

例如，假设一个组织的主管决定不再雇用私人秘书，而由连接到网络的个人计算机完成相应的职能。这一决策不仅对秘书和主管有潜在的影响，而且对组织内负责建立通信网络以取代即将离去的秘书的所有成员也会有潜在的影响。

按系统形式概念化组织，是所有系统都被一组将它们与环境分开的边界所包围。组织的边界存在于一个连续体中，该连续体的特性范围从极易渗透到几乎不可渗透。为能持续地适应和生存，组织首先必须能够通过边界导入、原材料和信息（输入），然后与外界交换成品、服务和信息（输出）。

组织边界之外的任何事物都被视为环境。无数具有不同稳定程度的环境构成了组织的生存环境，这些环境包括组织的自然地理位置所在地的社区环境、经济环境（受市场因素影响）、政治环境。环境会影响组织，但是完成系统各功能的还是系统边界内的部门，因此在系统分析过程中，确定边界问题是很重要的，因为它定义了系统的处理范围。在进行组织结构调查时，与系统相关的部门要尽量调查全面，而与系统无关的部门可以忽略不计，也是这个道理。

使用系统覆盖来理解组织可以帮助系统分析员确认系统由子系统组成的思想，分析各子系统之间的相互关联性和依赖性，明确允许或阻止系统内部各部门之间以及其他子系统的元素和环境之间进行交互的边界，定义由开放程度或封闭程度刻画的内部环境（这些内部环境在部门、单位或项目之间可能各不相同）。

因此，组织结构调查的主要内容应包括弄清组织内部的部门划分、各部门的主要职能、各部门之间的领导与被领导关系、信息资料的传递关系、物资流动关系与资金流动关系。此外，还应详细了解各级组织存在的问题和对新系统的要求等。

3.2.2　组织结构图

每个企业通常都有现成的组织机构图，但仅了解纵向的层次领导关系还不够，更重要的是要了解组织机构的各种联系，如信息传递关系、资金流动关系、物资流动关系等。组织结构图（图 3-2）是把组织分成若干部分并标明行政隶属关系后补充其他关系的一种图表工具。它是一种类树结构，树的分枝是根据上下级、行政隶属关系绘制的，如主管生产的副经理与各车间的关系等。

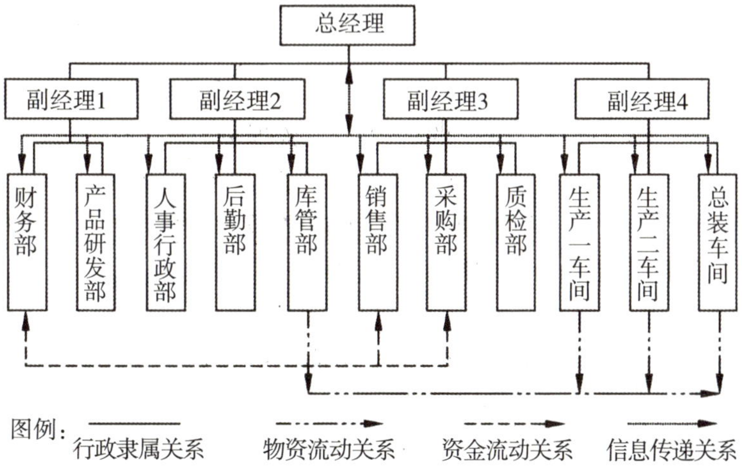

图 3-2　组织结构图

通常，企业中的组织结构图都只描述了这种隶属关系，而在信息系统开发时，有必要补充其他关系，以便进一步明确组织系统功能。这些关系主要包括：物资流动关系，如原料库、车间和成品库间的关系；资金流动关系，如财务部、采购部和销售部间的关系；信息传递关系，如上级下达指令、下级信息反馈、各处室间信息沟通等。组织结构图的画法并不统一，需要针对具体组织进行描述，关键是区分各种关系。

此外，在进行组织机构调查时还要注意下列三点。

（1）组织结构图中关系要明确且尽量全面。

（2）现行机构名与实职不同时要深入了解。因为现行组织机构的名称有时不能确切地反映该部门实际负责的工作，所以要切实地了解该部门的职责。由于企业机构改革可能带来“名不副实”的问题，也就是有的部门已不再行使以往的权利，其部分职能可能已被剥离，这就要根据当前它的实际业务进行更名，让它“名副其实”。例如，现在各高等学校几乎都有学生工作部，但工作范围不尽相同。有的学校的招生、政治思想教育、学生日常管理、毕业分配都是学生工作部的工作；而有的学校的学生工作部只管毕业分配，招生由教务处负责；还有的学校的学生工作部只负责学生日常教育与管理。有时，也可能存在多个部门负责同样的或很相近的工作的情况，这就要考虑变更组织机构，根据实际工作的密切程度予以归并。

（3）描述组织边界以内的机构，重点是与信息系统有关的部分。组织机构划分的实际情况往往很复杂，总是随着功能的扩展或缩小、人员的变动等因素的变化而变化，我们不可能也没有必要收集所有信息。因此，在画组织机构图时，根据总体规划的范围，画出有关的部分即可。如要研制的是生产管理信息系统，行政科等部门就可以不画。

3.3 数据流程分析

数据流程指数据在系统中产生、传输、加工处理、使用和存储的过程。数据流程分析就是把数据在组织（或原系统）内部的流动情况抽象出来，舍去具体组织机构、信息载体、处理工作、物资、材料等，单从数据流动过程考察实际业务的数据处理模式。数据流程分析主要包括对信息的流动、传递、处理、存储等的分析。

3.3.1 数据流程分析的目的

数据流程分析的目的是要发现和解决数据流通中的问题。这些问题包括数据流程不畅、前后数据不匹配、数据处理过程不合理等。

问题产生的原因有的属于原系统管理混乱，数据处理流程本身有问题；有的可能是调查了解数据流程有误或作图有误。总之，这些问题都应该尽量地暴露并加以解决。一个通畅的数据流程是新系统用于实现这个业务处理过程的基础。因此，在数据流程分析中首要的任务就是完成数据流程的调查工作。调查过程中收集的资料包括如下内容。

（1）收集原系统全部输入单据（如入库单、收据、凭证）、输出报表和数据存储介质（如账本、清单）的典型格式。

（2）弄清各环节上的处理方法和计算方法。

（3）在上述各种单据、报表、账本的典型样品上或用附页注明制作单位、报送单位、存放地点、发生频度（如每月制作几张）、发生的高峰时间及发生量等。

（4）在上述各种单据、报表、账本的典型样品上注明各项数据的类型（数字、字符）、长度、取值范围（指最大值和最小值）。

根据数据流程调查的结果完成语义描述并进行数据流程分析。在结构化分析中，数据流程分析的结果用数据流程图表示。

3.3.2　数据流程图

数据流程图是一种图形化的系统模型，它在一张图中按照系统的观点将信息系统建模为输入、处理、输出和数据存储。数据流程图非常简单，易于理解，这也是其应用广泛的一个原因。系统分析员用数据流程图自顶向下分析系统信息流程；可在图上画出计算机处理的部分；根据逻辑存储进一步做数据分析，可向数据库设计过渡；根据数据流向确定存取方式；对应一个处理过程，可用相应的描述语言表达处理方法，向程序设计过渡。

数据流程图表达了信息系统的功能模型，描述了系统中所有的计算。但值得注意的是，数据流程图不表示控制信息，因为功能模型只表明了一个计算如何从输入值得到输出值，而不考虑所计算的值的次序。数据流程图表示了系统中值之间的函数关系，其中值包括输入值（输入数据流）、输出值（输出数据流）和内部的数据存储。它将具体的组织机构、工作场所、人员、物质流等去掉，只剩下数据的存储、流动、加工、使用的情况，这是数据流程图的抽象性。在数据流程图中，这种抽象性能使系统分析员总结出信息处理的内部规律性。数据流程图把系统对各种业务的处理过程联系起来考虑，形成一个总体，这是数据流程图的概括性，它能使系统分析员从系统的观点分析问题。数据流程图将概括性与抽象性有机地结合起来，反映出各业务之间的数据关系，而业务流程图只能孤立地分析各个业务，因此数据流程图是系统逻辑模型的核心。

1. 常见的数据流程图

常见的数据流程图有两种。一种是以方框、连线及其变形作为基本图例符号表示数据流动过程，在国外经典优秀教材中多以这种方式绘图；另一种是以圆圈及连接弧线作为其基本符号表示数据流动过程，其绘图结果有如儿童吹出的肥皂泡，因此俗称泡泡图。这两种方法实际表示一个数据流程时大同小异，就是用不同的符号描述数据流程图的四个相同的构成要素：外部实体、数据处理、数据流和数据存储（图 3–3 和图 3–4）。两种不同画法没有本质区别，但图 3–3 的画法描述的数据流程更为详细。

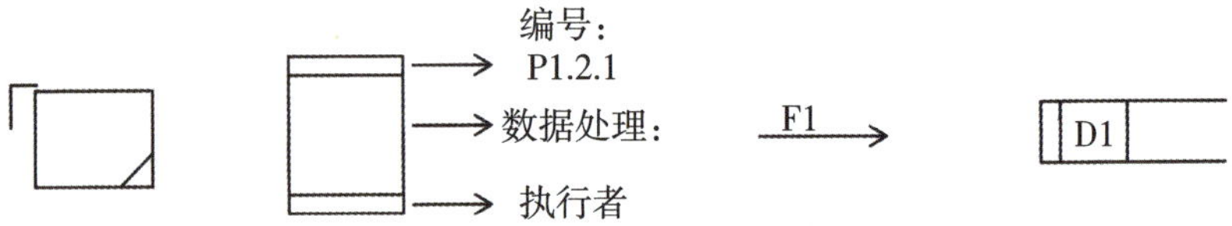

（a）外部实体　（b）数据处理　（c）数据流　（d）数据存储

图 3–3　数据流程图构成要素的基本符号

（a）外部实体　（b）数据处理　（c）数据流　（d）数据存储

图 3–4　数据流程图构成要素的泡泡图符号

2. 数据流程图的构成要素

（1）外部实体

外部实体是一种主动的对象，它通过生成或使用数据值驱动数据流程图；它可以是人、机构或其他实体。通常，为系统提供数据的外部实体被称为数据源点，而接收系统处理结果的是数据汇点。在一张数据流程图上，出于合理布局或美观的考虑，可能会将同一外部实体在不同位置多次绘制，此时需要在外部实体的右下角画一斜线作为重复标记。泡泡图中的外部实体用正方形描述。

（2）数据处理

数据处理过程用于改变数据值，代表将输入值转换为输出值的算法或程序，最底层的处理过程是纯粹的函数。但是它只说明所有可能的函数路径，并不表示实际将出现的路径，系统实际出现的路径取决于用户实际的使用场景。一般用矩形描述数据处理，分三部分。第一部分是数据处理的编号，通常以 P 开头且数据处理编号与其所在数据流程图的层次相关（图 3–1）；第二部分是名称，通常由动词或动宾结构命名；第三部分是执行者名称。在数据处理符号中，第一和第二部分通常是不可缺少的部分；在执行者角色清晰、一目了然时，第三部分可以省略。泡泡图中的数据处理用圆圈表示，内部注明名称。

（3）数据流

数据流表示数据的流向，它将外部实体与处理过程，以及数据存储与处理过程之间联系起来。在一个计算中，用数据流表示中间数据值。数据流不能改变数据值，只有处理过程才能对其进行变换。数据流用箭头表示，方向是从数据值的产生对象指向接收对象，编号通常以 F 开头。其中，与外部实体相连的数据流表示该数据流程图的输入 / 输出流。泡泡图中的数据流也用箭头表示，但图中多数箭头方向都是斜向绘制的，而第一种方法中的数据流都是水平或垂直的。

（4）数据存储

数据存储本身不产生任何操作，它仅响应存储和访问数据的要求；数据存储用缺边的矩形表示，第一部分是编号，通常以 D 开头，第二部分是数据存储的名称。与外部实体类似，如果同一数据存储在一张图上多次绘制，要在矩形左侧边上多画一条竖线作为重复标记。数据存储的输入箭头表示更改所存储的数据的信息或操作，输出箭头表示从存储中查找的信息。泡泡图中用平行线描述数据存储，名称写在平行线附近。

需要注意的是，在外部实体与数据存储之间不存在直接相连的数据流，这是因为外部实体处于系统之外，而数据存储是数据流程图中的被动对象，用来存储数据。

3. 数据流程图的绘制

绘制数据流程图时一定要注意，是针对系统数据处理的特点绘制一组图而不是一张图，这组图是依赖分解原理逐渐解决问题的。因此，绘制时的精要是“自顶向下、由外向里、逐层细化、完善求精”。具体来讲，数据流程图绘制的主要步骤如下。

（1）确定所开发系统的外部项（外部实体），即系统的数据来源和去处。

（2）确定整个系统的输入数据流和输出数据流，把系统作为一个加工环节，画出顶层图。一般应把数据源点置于图的左侧，把数据汇点置于图的右侧。

（3）确定系统的主要信息处理功能，按此将整个系统分解成几个加工环节（子系统）。确定每个加工的输入 / 输出数据流以及与这些加工有关的数据存储。根据各加工环节和数据存储环节以及输入 / 输出数据流的关系，将外部项、各加工、数据存储环节用数据流连接起来；为各数据流、各加工和数据存储环节命名与编号，这样就形成所开发系统的数据流程图的一层图（总图）的草图。

（4）分解数据流程图草图。一般情况下，下层的一张数据流程图对应其上层数据流程图中的一个加工环节，当上层数据流程图的加工环节所分解的下层加工环节数量较少时，下层的一张数据流程图亦可对应上层图中一个以上的加工环节。

（5）重复步骤（4），直到逐层分解结束。分解结束的标志是对于每一个最底层的加工（即各层数据流程图中不做进一步分解的加工），其逻辑功能已足够简单、明确和具体，可以用一张 A4 规格的纸写出清晰的说明。

（6）对草图进行检查和合理布局，主要检查分解是否恰当、彻底，数据流程图中各成分是否有遗漏、重复和冲突之处，各层数据流程图及同层数据流程图之间关系是否正确以及命名和编号是否确切、合理等，对错误与不当之处进行修改。

（7）和用户进行交流，在用户完全理解数据流程图的内容的基础上征求用户的意见。和用户讨论的主要问题是：系统逻辑功能的设置和描述是否合理，能否满足用户的信息需求，数据流和数据存储的内容以及数据源点与数据汇点是否符合实际，描述是否准确、合理；用户在了解数据流程图的全部内容后对系统逻辑功能是否有进一步的意见与要求。系统分析员根据与用户讨论的结果对数据流程图的草图进行修订。

（8）用计算机或其他制图、编辑工具画出正规的数据流程图。

（9）将正规的数据流程图提交给系统分析负责人复审。若有修改之处，则组织人员修改；否则通过复审，数据流程图绘制过程结束。

【例 3-1】 银行存取款业务的流程如下。

（1）储户凭身份证在银行开户，银行账户中保存储户姓名、联系电话、家庭住址等基本信息，并且保存储户每笔存取款业务数据。

（2）储户存款时，需要提交存折 / 卡号，由业务员在银行账户及存折 / 卡上登记存款信息。

（3）储户取款时，需要提交密码，以确认身份。在验证取款合法性后，更新银行账户。

（4）统计员每日统计存、取款情况，形成日存取款汇总表，提供给信贷管理处作为信贷主要依据。

根据以上语义描述，按照数据流程图的绘制步骤，可绘制出此项业务的顶层图如图 3-5 所示和一层图如图 3-6 所示。

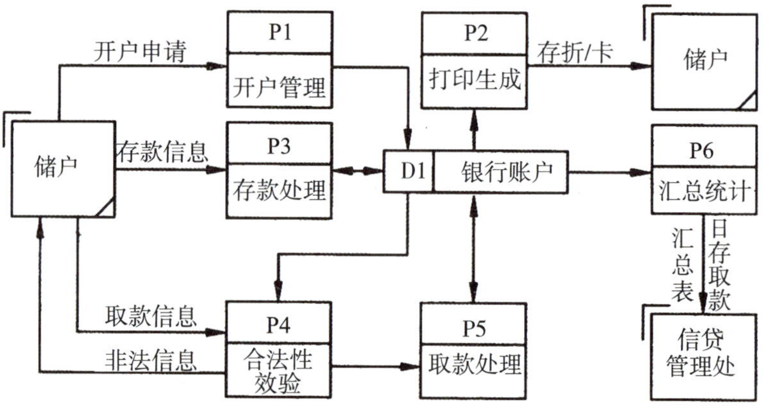

图 3-5　存取款管理系统的顶层数据流程图

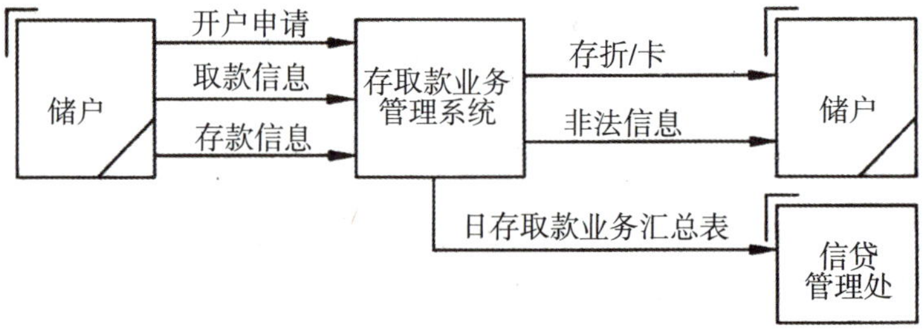

图 3-6　存取款管理系统的一层数据流程图

4. 检查数据流程图

高质量的、可读的、内部一致的数据流程图可以准确表示系统的需求。通过在数据流程图结构上应用一些简单的规则，一个项目小组可以保证数据流程图的可读性和内部一致性。分析员在开发数据流程图时应该按照以下原则对数据流程图的质量进行检查和更正。

（1）减小复杂性

数据流程图的绘制过程是系统分析的重要组成部分，这一过程自顶向下、逐层分解，是由系统外部至系统内部、由总体到局部、由抽象到具体建立系统逻辑模型的过程。在整个绘制过程中，始终要把握住对系统总体目标与功能的要求，在给定的系统边界范围内进行工作。为了使数据流程图简洁清晰、功能明确和方便交流，分解的层次和每张图的内容要适当。如果每张图分解的加工环节少，要做到彻底分解，则导致层次增多、查询复杂化；如果过分压缩层次，则导致每张图布局拥挤、结构复杂，难以做到使读者一目了然。

通常人们对复杂问题的处理和理解是比较困难的，因此可通过分层的结构将过程或活动组织成更小的部分。在一个层次中安排多少个处理部件可依据 7 ± 2 的经验法则。7 ± 2 来源于心理学的研究，也称为 Miller 数。心理学研究表明，一个人可同时记住或操纵的信息块的数量为 5 ～ 9，信息块的数量太大会引起信息过载。因此，建议单个数据流程图中不应有超过 7 ± 2 个过程，单个数据流程图不应超过 7 ± 2 个数据流进出一个过程、数据存储和数据元素。当然，这只是一些经验法则，不是不可违反的，这种违规现象应视为对潜在问题的一个警告。

（2）保证一致性和平衡性

数据流程图的逐层分解以加工的分解为中心，属于功能分解性质。在分解中，要保持各层成分的一致性和平衡性。我们把上层被分解的加工环节称为父加工环节，分解后的环节称为子加工环节。从逻辑上讲，父加工环节的功能为对应的子加工环节功能之和，因而在分解时要防止功能的削弱、畸变或增添。

加工的分解可能导致数据流的分解、数据存储的分解甚至外部项的分解。分解时一定要保持父项（被分解项）的内容为对应各子项（即分解后的各项）的内容之和。防止任意增、删、改，保持各层数据流程图之间数据的平衡。如果分解后的各子加工与上层图中某个外部项的不同组成部分相联系，而外部项的分解有助于更明确地描述系统某些部分的功能与信息需求，则下层图要对分解后的外部项加以定义和命名，不应出现不属于上层图外部项的子项的新外部项。

下层数据流程图可以出现不属于上层图的数据存储环节子项的新的数据存储环节。因为随着加工的分解，分解后的加工之间的界面可能是上层图未定义的数据存储，这就需要在下层图中加以定义、命名与编号。

需要强调的是，下层数据流程图绝不允许出现不属于上层图的数据流子项的新数据流。通过查找数据流程图中各种类型数据流的不一致性可以发现错误或被忽略的东西。以下是三个经常发生且易判别的一致性错误。

① 一个过程和它的过程分解在数据流内容中有差别。

② 有数据流出但没有相应的数据流入。

③ 有数据流入但没有相应的数据流出。

过程分解以一种更详细的形式展示了一个高层过程的内部细节。在大多数情况下，数据流程图层次中流入和流出过程的数据内容应与分解后的数据流程图中流入和流出所有过程的数据内容一致，这种一致性叫作平衡。需要注意的是，这里使用的是数据内容这个术语。数据流的名称在不同的层次可能不一样，其原因很多，如将一个组合的数据流分解为更小的数据流。因此，必须仔细地看清楚数据流的内容而不只是看到它的名称。由于这个原因，只有在所有的数据流均已定义后方可进行平衡的详细分析。如果由于在高层忽略了一些数据流而引起数据流程图不平衡，则不平衡的数据流程图也是可接受的。例如，一个大系统的顶层图和一层图通常忽略一些不重要的细节，而在过程的分解图中可以加上一个过程和一些数据流去处理这些细节。此外，数据流程图的不一致性还可以发生在单个过程或数据存储的数据流入或流出之间。在一个逻辑数据流程图中，数据不应该没有意义地传给过程，流入过程的所有数据必须流出该过程或用于产生流出该过程的数据，流出过程的所有数据必须曾流入过该过程或是由流入该过程的数据产生。

（3）侧重逻辑处理模型

分析阶段的要点是基于逻辑数据流程图进行活动。所谓逻辑模型是不考虑具体的物理实现，只考虑用户所关注的功能或过程，分析阶段假设可以通过完美的技术实现该需求，具体采用何种技术是设计阶段所关注的。数据流程图的物理建模与逻辑建模的基点不同，它侧重的是物理实现细节，可在系统设计的总体设计中完成，然后映射转换成系统结构图。在逻辑数据流程图中要尽量避免有关具体实现的描述，其中包括如下内容。

① 特定的技术过程。

② 特定参与者的过程名称。

③ 特定的技术或参与者过程顺序。

④ 冗余的技术、数据流和文件。

知 识 链 接

数据流程图中的常见问题

在检查数据流程图时，要注意以下常见问题。

（1）交叉的流线要用半圆弧区分。在绘制数据流程图时，应尽量避免数据流线间的交叉，这可以通过外部实体和数据存储的重复使用达到目的。对于较复杂系统，当数据流线很难避免交叉时，交叉点处用圆弧处理，如图 3-7 所示。

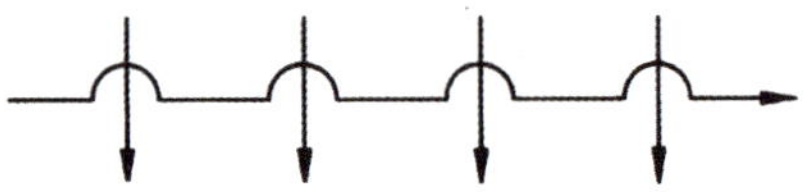

图 3-7 交叉流线表示法

（2）除顶层图外，各数据流程图中有且仅有四个元素，而且处理块必须编号。初画数据流程图时，可忽略琐碎细节，而后进行调节，因此顶层图中只描述系统边界，数据存储可不细述。随着数据流程图逐层细化，数据存储也会逐渐分解出现。顶层图中可将系统看成一个大的处理，因此可不必编号，也不必遵循数据处理的命名规则。

（3）数据存储与外部实体不直接相连接。数据存储环节一般作为两个加工环节的界面进行安排。只与一个加工环节有关的数据存储如果不是公用的或特别重要的，可不在数据流程图上画出。直接从外部项来与直接到外部项去的数据流应直接和加工环节相连，不应通过数据存储环节相连。

（4）数据流必须封闭在外部实体之间。数据流不能直接连接两个外部实体、两个数据存储以及数据存储与外部实体，数据流至少一端应为处理。

（5）每个加工都至少有一个输入流和一个输出流。加工的分解要抓住主要问题，每个分解后的加工环节要功能明确、易理解。一般分解后的加工先确定输出数据流，再确定输入数据流，然后定义加工的内容并进行命名和编号。在进行处理时依据仅有的输入无法导出输出数据，这说明可能缺少输入数据或处理分解有误。图上不应有无输入或无输出的加工环节。一个处理只有输入而没有输出（称为“黑洞”）或只有输出而没有输入（称为“奇迹”）都是不正确的。

（6）图上每个元素都必须有名称，命名的规则如下。

① 名称要反映被命名成分的真实和全部的意义，不能只反映部分内容。处理的名称一般为动宾结构，不能仅为一个动词，如“增加”“计算”应改为“增加学生信息”“计算分数”。

② 名称要意义明确、易理解，不会造成错觉或混乱。尤其在进行数据流名称定义时，更应该注意这一点。数据流表明处理数据之间的传递关系，而非控制和时间的先后次序关系。例如，“更正错误的学生信息”应改为“错误的学生信息”或“更正后的学生信息”。另外，流入处理的数据应与流出处理的数据不相同；若相同，则可能表明该处理没有存在的价值。例如，流入“处理订单”的信息为“订单”，流出的信息也为“订单”，对于该情况应将流入的“订单”更正为“客户订单”，流出的“订单”更正为“已处理的订单”。虽然有可能具体内容是一样的，但具体含义却不一样，为避免混淆，应分别给它们取不同的名称以示区别。

（7）要注意以下三种常见数据流的方向。

① 建立、存入数据流，如图 3-8（a）所示。

② 只读的数据流，如图 3-8（b）所示。

③ 更新后写回文件的数据流，如图 3-8（c）所示。

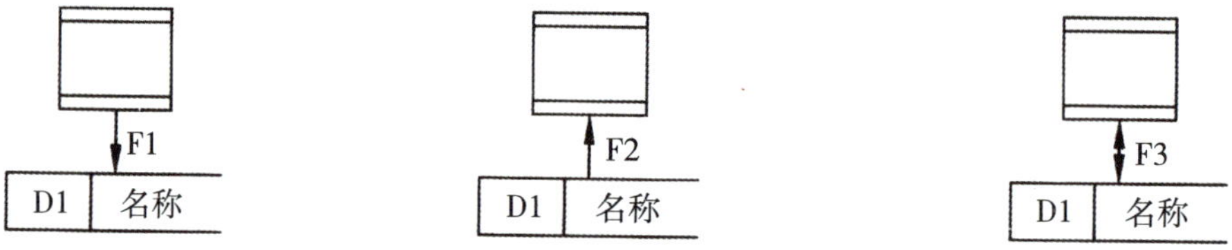

（a）建立、存入数据流　　（b）只读的数据流　　（c）更新后写回文件的数据流

图 3-8　三种常见数据流的方向

3.4　数据字典

数据字典与数据结构

数据流程图描述了系统的“分解”，即描述了系统由哪几部分组成、各部分之间有什么联系、系统数据流向和加工等情况，但并没有说明系统中各个成分是什么含义，或者说各个成分的具体含义仍然不清楚或不明确。因此，仅一套数据流程图并不能构成系统分析报告，只有图中出现的每一个成分都给出定义后，才能较完整地描述一个系统，在实际中常采用数据字典（data dictionary，DD）这一基本工具对其做进一步的详细说明。数据字典用于对数据流程图中出现的所有成分给出定义，它使数据流程图上的数据流名称、加工名称和数据存储名称具有确切的解释。每一条解释就是一个词条，按一定的顺序将所有词条排列起来，就构成数据字典，就像日常使用的《英汉字典》《新华字典》一样。

数据字典是在新系统数据流程图的基础上进一步定义和描述所有数据的工具，包括对一切动态数据（数据流）和静态数据（数据存储）的数据结构与相互关系的说明。它是数据分析和数据管理的重要工具，是系统设计阶段进行数据库（文件）设计的参考依据。

数据流程图与数据字典是密切联系的，两者结合在一起才构成“需求说明书”。数据流程图中出现的每一个数据流名、文件名和加工名在字典中都应有一个条目给出相应定义。此外，在定义数据流、文件和加工时，要引用到它们的组成部分，因此每一个组成部分在字典中也应有一个条目给出它们的定义。因此，数据字典的内容主要是对数据流程图中的数据项、数据结构、数据流、处理逻辑、数据存储和外部实体六方面进行具体的定义，每一方面称为一个条目。数据流程图配以数据字典，就可以从图形和文字两方面对系统的逻辑模型进行完整的描述。

数据字典的编撰方式有两种：卡片式或表格式。卡片式以每个条目中的各具体项为单位组织数据字典，表格式以每个条目组织数据字典。卡片式描述具体内容比较清晰、美观，但对于较大系统来讲，字典量大，不易保管；表格式较为经济实用，但由于分页造成的表格不连续性会给查询带来不便。

3.4.1　数据项

数据项又称数据元素，是数据的最小单位。分析数据特性应从静态和动态两方面进行，而在数据字典中仅定义数据的静态特性，具体包括如下内容。

（1）数据项的名称、编号、别名和简述。

（2）数据项的长度。

（3）数据项的取值范围。

订单管理系统中“材料编号”数据项的描述见表 3-1。

表 3-1　订单管理系统中“材料编号”数据项的描述

项目	描述
数据项编号	ID201
数据项名称	材料编号
别名	材料编码
简述	某种材料的代码
类型及宽度	字符型，4 位
取值范围	0001 ～ 9999

3.4.2　数据结构

数据结构描述某些数据项之间的关系。一个数据结构可以由若干数据项组成，也可以由若干数据结构组成，还可以由若干数据项和数据结构组成。

见表 3-2，订货单就是由三个数据结构组成的，表中用 DS 表示数据结构，用 I 表示数据项。

表 3-2　订货单结构表

DS03-01：用户订货单		
DS03-02：订货单标识	DS03-03：用户情况	DS03-04：配件情况
I1：订货单编号	I3：用户代码	I10：配件代码
I2：日期	I4：用户名称	I11：配件名称
	I5：用户地址	I12：配件规格
	I6：用户姓名	I13：订货数量
	I7：电话	
	I8：开户银行	
	I9：账号	

数据字典中对数据结构的定义包括以下内容。

（1）数据结构的名称和编号。

（2）简述。

（3）数据结构的组成。

【例 3-2】用户订货单的数据结构描述见表 3-3。

表 3-3 用户订货单的数据结构描述

项目	描述
数据结构编号	DS03-01
数据结构名称	用户订货单
简述	用户所填用户情况及订货要求等信息
数据结构组成	DS03-02 + DS03-03 + DS03-04

3.4.3 数据流

数据流由一个或一组固定的数据项组成。定义数据流时，不仅要说明数据流的名称、组成等，还应指明它的来源、去向和数据流量等。

领料单的数据流描述见表 3-4。

表 3-4 领料单的数据流描述

项目	描述
数据流编号	F03-08
数据流名称	领料单
简述	车间开出的领料单
数据流来源	车间
数据流去向	发料处理模块
数据流组成	材料编号＋材料名称＋领用数量＋日期＋领用单位
数据流量	10 份 / 时
高峰流量	20 份 / 时（上午 9：00 ～ 11：00）

在数据流的定义式中，采用自上而下、逐层分解的方式对每一条数据流进行定义，其中数据流的组成是系统最关心的内容，它通常采用表 3-5 中的符号进行定义。

表 3-5 定义式中的常用符号

符号	含义
=	被定义为
＋	与
m..n	界域
[⋯,⋯]	或，选择括号内的某一项
[⋯|⋯]	或，选择括号内的某一项
{⋯}	重复，花括号内的项多次重复出现，重复次数的上、下限也可在括号边上标出
(⋯)	可选，圆括号内的项可出现也可不出现
“⋯”	引号内给出的是基本数据元素，它们无须进一步定义

【例 3-3】在大学教务管理系统中，部分数据流的组成可按以下方式定义。

（D01）学生证 = 学号＋密码

（D02）申请单 = 学号＋（课程号＋选课学期）

（D03）谢绝 =[" 非法证件 " | " 不合格单 " | " 证单不符 "]

（D04）注册 = 学号

（D05）选课 = 学号＋课程号＋选课学期

（D06）无此课 = 学号＋课程号＋ " 无此课 "

（D07）注册记录无效 = 学号＋ " 注册无效 "

（d01.1）学号 = " 00000001 " .. " 99999999"

（d01.2）密码 = " 000001 " .. " 999999"

（d02.2）课程号 =1{ " 英文字母 " }4 + " 0001 " .. " 9999 "

（d02.3）选课学期 = " 0001 " .. " 9999 " + [" 春季 " | " 秋季 "]

3.4.4　数据存储

数据存储在数据字典中只描述数据的逻辑存储结构，而不涉及它的物理组织。有两种类型的数据存储：一种是文件形式，另一种是数据库形式。对于文件形式，其定义包括定义文件组成数据项和文件组织方式两项内容，其中文件组成数据项的定义方式与数据流的定义方式相同。

【例 3–4】图书馆借书系统数据流程图中的文件按以下方式定义。

文件组成数据项如下。

（F1）借书记录 ={ 证号＋姓名＋书号＋书名＋借书日期 }

（F2）库存书目 ={ 书号＋书名＋ " 库存总数 " ＋ " 现库存数 " }

（F1.5）借书日期 = 日期

文件组织方式如下。

借书记录 = 按借书日期先后排列

库存书目 = 按书名先后排列

对于数据库形式，指出数据库中有哪些数据文件即可。

完整的数据存储的描述除了重点描述其组成外，还要指明它的编号、名称、关键字和相关的数据处理。

“库存账”数据存储的描述见表 3–6。

表 3–6　“库存账”数据存储的描述

项目	描述
数据存储编号	D03–08
数据存储名称	库存账
简述	存放配件的库存量和单价
数据存储组成	配件编号＋配件名称＋单价＋库存量＋备注
关键字	配件编号
相关联的处理	P2、P3

3.4.5 数据处理

处理逻辑的定义仅对数据流程图中最底层的处理逻辑加以说明。数据字典中只需要列出基本加工的定义即可，因为任何一个加工最后总能分解成一些基本加工，只要有了基本加工的定义，就可以理解其他加工。它是用简短自然语言对数据处理过程的高度概括，而不是具体的处理逻辑。

计算电费数据处理的描述见表 3–7。

表 3-7 计算电费数据处理的描述

项目	描述
处理逻辑编号	P2.3
处理逻辑名称	计算电费
简述	计算应交纳的电费
输入的数据流	电费价格；用电量和用户类别
处理过程	根据数据流“用电量”和“用户信息”，检索用户文件，确定该用户类别；再根据已确定的该用户类别，检索数据存储价格表文件，以确定该用户的收费标准，得到单价；将单价和用电量相乘得到该用户应交纳的电费
输出的数据流	去外部项用户；写入数据存储用户电费账目文件
处理频率	对每个用户每月处理一次

有关处理过程的详细描述，要用处理逻辑小说明工具表示，它是对数据字典的补充，在下一节将详细介绍这些描述工具。

3.4.6 外部实体

外部实体的定义包括外部实体编号、名称、简述及有关数据流的输入和输出。

外部实体“用户”的描述见表 3–8。

表 3-8 外部实体“用户”的描述

项目	描述
外部实体编号	S03-01
外部实体名称	用户
简述	购置本单位配件的用户
输入的数据流	D03-06、D03-08
输出的数据流	D03-01

3.5 表达处理逻辑的工具

将一个大型复杂系统逐层分解成许多个足够简单的基本加工，然后分别理解每个基本加工并为其详尽地写下“小说明”，再将所有这些“小说明”组织起来就可得到整个系统的说明书。应特别注意的是，分析阶段的任务是理解和表达“用户的要求”，而不是具体考虑系统如何实现。因此对一个加工应描述的是用户要求这个加工“做什么”，而不是用编程语言描述具体的加工过程。也就是说，“小说明”中应包括加工的激发条件、加工逻辑、优先级、执行频率、出错处理等，其中最基本的部分是加工处理逻辑。

加工处理逻辑指的是业务人员处理业务的算法和逻辑关系。加工处理逻辑的分析是对业务流程分析和数据流程分析的补充，也是系统处理模块的设计依据。每个加工处理必然有处理的原始数据和输出数据，以及处理的逻辑关系和算法。如果用文字表达这种多元的逻辑关系，不仅十分烦琐，而且难以看清，而采用处理逻辑小说明工具可以清晰地表达条件、决策规则和应采取的行动之间的逻辑关系，容易为管理人员和系统分析员所接受。处理逻辑过程可以用判定树、判定表或结构化语言等处理逻辑小说明工具加以描述。

3.5.1　结构化语言

结构化语言是一种模仿计算机语言的处理逻辑描述方法，它是介于自然语言和形式语言之间的一种半形式语言，简单易懂。但它不是真正的“语言”，因此也称为“伪码”或过程设计语言（process design language，PDL）。

结构化语言描述处理逻辑的原则如下。

（1）尽可能精确，避免二义性。

（2）尽可能简单，使用户易于理解。

（3）可用带有一定结构的汉语描写加工逻辑。

1. 主要结构

结构化语言的结构通常可分成外层和最内层两大层，其中外层可以有多层，相互嵌套。外层语法比较具体，最内层语法则比较灵活。外层语法用来描述控制结构，通常采用人们已熟知的几种标准结构，如顺序、选择和循环。这些控制结构将加工中的各个操作连接起来，使用由 IF、THEN、ELSE 等词组成的规范化语言。

内层语法具有以下特点。

（1）只有祈使句一种，它能明确地表达“做什么”。

（2）名词都是字典中定义过的词或自定义的词。

（3）动词避免用空洞的词。

（4）没有形容词、副词等修饰语。

（5）可以用一些常用的运算符、关系符等。

总体来看，构成结构化语言的主要成分有以下三种。

（1）祈使语句。描述处理中决策方案的部分通常用祈使语句，如“先付款再发货”“先按库存发货”“不发货”等。

（2）判断结构。判断结构采用的是计算机语言的类似结构示例如下。

IF <条件>

THEN 决策 1

ELSE <非条件> /OTHERWISE <非条件>

SO 决策 2

IF 与 ELSE 对应的是同一条件的是与非，因此一个结构只能对一种条件进行判断。当要描述多个条件的处理逻辑时，可通过嵌套结构实现，而且要求各个结构的引导词配对出现。

（3）循环结构。循环结构采用了计算机语言的类似结构并有两种描述方式。示例如下。

WHILE <条件>

DO 决策

或

REPEAT 决策

UNTIL <条件>

其中，WHILE-DO 型结构是满足条件才进入循环，执行决策动作这一循环体；而 REPEAT-UNTIL 型是先进入循环，执行一次后再判断条件是否满足，若满足条件，则退出循环。

2. 应用举例

【例 3-5】外层语法中选择结构的应用，其结构化语言如下所示。

If the Current_Capital_Value is Less Than $1 000.

Then,

Set Depreciated_Amount to Current_Capital_Value.

Set Current_Capital_Value to Zero.

Otherwise,

Set Depreciated_Amount to 10% of Current_Capital_Value.

Reduce Current_Capital_Value by 10%.

【例 3-6】外层语法中用 Case 结构引导条件，其结构化语言如下所示。

Select The Case Which Applies:

Case 1(No Bounced_Checks In Customer Record):

Write Exemplary_Customer_Citation To Annual_Summary.

Case 2(One Bounced_Check):

If Yearly_Average_Balance Exceeds $ 1000.

Remove Bounced_Check From Customer_Record.

```
Othe rwise,
Reduce Credit_Limit By 10%.
Case 3(Multiple Bounced_Checks):
For Each Bounced_Check.
Reduce Credit_Limit By 15%.
Set Credit_Rating To Deadbeat.
Write Scathing_Comment To Annua1_Summary.
Write Customer_Name_And_Address To IRS_Enemies_List.
```

【例 3-7】外层语法中对不同对象进行相同处理时用到循环结构，其结构化语言如下所示。

```
For Each Passenger_Record in The Reservation_File:
Accumulate Amount_Due into the Running_Total.
Build A New_Debit_Record.
Write The New_Debit_Record to Daily_Ledger.
Repeat The Following:
Take The Next Priority_Message from the Message_Stack.
Write Message_Text to Message_Log.
Write Message_Header and Log_Number To Priority_Queue.
Until there are No More Priority_Messages.
```

3. 补充说明

结构化语言作为数据字典的补充说明工具，连同数据流程图可以完整地描述系统逻辑模型。

【例 3-8】图 3-9 为销售管理系统中的一个数据流程图片段。

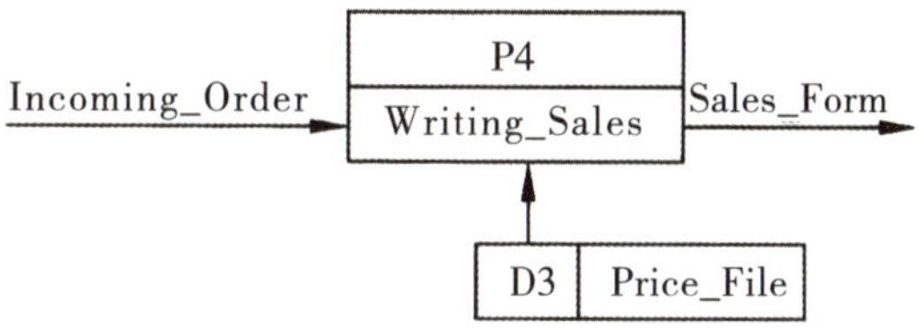

图 3-9　销售管理系统中的一个数据流程图片段

图 3-9 的数据流程图描述了加工 Writing_Sales（开发票）、输入数据流 Incoming_Order（订货单）、输出数据流 Sales_Form（发票）以及加工需要读取的文件 Price_File（价目表）。由于数据流程图中出现了三个数据名，因此需要编写三个数据字典条目分别说明这三个数据名的组成。

Incoming_Order=Part_Number + Quantity_Ordered

Sales_Form= Unit_Price + Sub_Total + Sales_Tax + Total

Price_File_Record= Part_Number + Unit_Price

另外，需要为加工 Writing_Sales 编写一个小说明，其加工逻辑可用下面一段结构化语言表示。

Access Price_File by Part_Number From The Incoming_Order.

Copy Unit_Price from Price_File_Record Into Unit_Price Of Sales_Form.

Set Sub_Total to Product Of Unit_Price And Quantity Ordered

Set Sales Tax to 3% Of Sub_Total

Set Total to Sub_Total Plus Sales_Tax

这段结构化语言由顺序排列的五个简单句构成。其中每个语句都是祈使句，其句型基本是“动词十名词”的结构，因此简单明了。句中出现的数据名在字典中都已有定义（或自定义），同时没有使用形容词、副词等易引起混淆的修饰语，因此能比较明确地描述用户要求这个加工做什么。

可以看出，用数据流程图、数据字典和处理逻辑小说明三者配合描述用户需求是比较自然和合理的。

3.5.2 判定树

为简洁地表达数据流程图中处理逻辑的逻辑判断功能，用树型结构图描述对各种情况的处理，这就是判定树（决策树）。判定树一般都是自上而下生成的。每个决策或事件（即自然状态）都可能引出两个或多个事件，导致不同的结果。我们把这种决策分支画成很像一棵树的枝干的图形，故称其为判定树。选择分割的方法有好几种，但目的都是一致的：对目标类尝试进行最佳的分割。从根到叶子节点都有一条路径，这条路径就是一条“规则”。判定树可以是二叉树，也可以是多叉树。

1. 判定树的组成

判定树主要由三部分组成。首先是定义要决策的问题的决策结点；以条件为列，从决策结点连接形成的分支结构是方案分支，它往往是根据条件值的多少决定分支的数量；在最后一个条件列后加入的是决策结果，不同方案分支通过不同路径得出决策结果，从而形成树型分叉图。

2. 用判定树描述处理逻辑的优缺点

（1）用判定树描述处理逻辑的优点

① 可以生成容易理解的规则。

② 计算量相对来说不是很大。

③ 可以处理连续条件和分类条件。

④ 可以清晰地显示哪些条件比较重要。

（2）用判定树描述处理逻辑的缺点

① 对连续值的条件比较难预测。

② 对有时间顺序的条件需要很多预处理的工作。

③ 当类别太多时，错误可能会急剧增加。

④ 进行一般的算法分类时只是根据一个条件分类。

3. 应用举例

【例 3–9】某公司给购货在 5 万元以上的顾客以不同的折扣率，否则无折扣。如果这样的顾客最近 3 个月无欠款，则折扣率为 15%；虽然有欠款但与公司已有 10 年以上的贸易关系，则折扣率为 10%，否则折扣率为 5%。

用判定树对销售折扣政策处理逻辑进行描述，结果如图 3–10 所示。

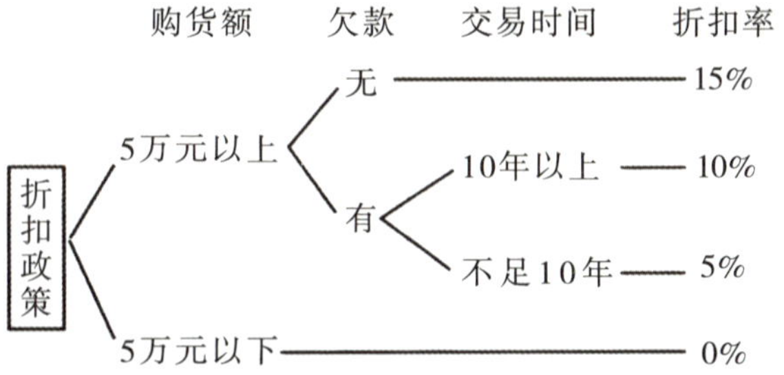

图 3–10 用判定树对销售折扣政策处理逻辑进行描述

3.5.3 判定表

判定表是一种表格状的决策分析工具，它可以在条件复杂的情况下很直观地表达出具体条件、决策规则和应当采取的行动之间的逻辑关系。当需要描述的加工由一组操作组成，是否执行某些操作又取决于一组条件时，用判定表写加工逻辑将比较合适。判定表的优点在于清晰易懂，但它只适合描述条件，描述循环则比较困难。

1. 判定表的组成

判定表通常由四部分组成，如图 3–11 所示，其间用双线条或粗线条分开。左上部为条件桩，它列出决定一组条件的对象，用 C*i* 表示；右上部为条件条目，它列出各种可能的条件值的组合状态，如果每个条件值都是两个，则可用 Y/N 代表是否满足条件，如果有的条件值个数较多，则用 1，2，3，…代表该条件的第 *n* 个取值；左下部为操作桩，它列出所有的操作，也就是决策方案，用 A*i* 表示；右下部为操作条目，它列出在对应的条件组合下所选的操作，也就是决策方案的选择情况，用√或 × 代表选择方案。

条件桩 C*i*	条件条目
操作桩 A*i*	操作条目

图 3–11 判定表的结组成

2. 判定表的绘制

判定表的绘制较为复杂，原因在于条件值的组合状态较多，要考虑周全。要获得最终的判定表，通常需要绘制三张表。首先要定义条件的取值及含义，其次按所有组合状态绘制出初始判定表，最后将相关列合并形成最终判定表。在合并时，按操作桩中选择同一决策方案的不同条件进行判断。首先要找到条件条目的共同点，其次分析其不同条件值的组合是否被相关列遍历。如果遍历，则相关列合并，否则不合并。

3. 应用举例

【例 3–10】某厂对一部分职工重新分配工作，分配原则如下。

（1）年龄不满 22 岁，文化程度是初中者脱产学习，文化程度是高中（中职、中专）者当电工。

（2）若年龄满 22 岁但不足 40 岁，文化程度是初中或高中（中职、中专）者，男性当钳工，女性当车工。

（3）若年龄满 40 岁及以上，文化程度是初中或高中（中职、中专）者当材料员。

（4）凡是大学毕业生，都当技术员。

这种分配逻辑如果用判定表表达，通常可以分三步完成。

（1）确定条件

仔细分析题目内容，从中找出基本条件。本题中性别、年龄和文化程度为基本条件，因此可以绘制见表 3–9 所示的条件定义表。

表 3–9　条件定义表

条件	取值	含义
C1：性别	1 2	男 女
C2：年龄	1 2 3	不满 22 岁 满 22 岁但不足 40 岁 满 40 岁及以上
C3：文化程度	1 2 3	初中 高中（中职、中专） 大学

（2）找出条件组合及决策结果

对基本条件进行全排列组合。本题中，三个条件值的个数分别是 2、3、3，因此全排列后的列数应为 $2 \times 3 \times 3=18$ 列。据题分析，决策结果有六个。根据不同条件值所选择的决策结果不同，填写表 3–10 右下方单元格，形成初始判定表。

表 3–10　初始判定表

	1	2	3	4	5	6	7	8	9	10	11	12	13	14	15	16	17	18
C1：性别	1	1	1	1	1	1	1	1	1	2	2	2	2	2	2	2	2	2
C2：年龄	1	1	1	2	2	2	3	3	3	1	1	1	2	2	2	3	3	3
C3：文化程度	1	2	3	1	2	3	1	2	3	1	2	3	1	2	3	1	2	3
A1：脱产学习	√									√								
A2：电工		√									√							
A3：钳工				√	√													
A4：车工													√	√				
A5：技术员			√			√			√			√			√			√
A6：材料员							√	√								√	√	

（3）相关列合并

按操作桩进行合并分析。在选择同一操作的条件条目具有共同特征的前提下，不同条件条目项的组合若被相关列遍历，则可以合并。首先找出选择 A1 方案的状态（第 1 列和第 10 列），其状态特征是 1–1–1 和 2–1–1，C1 条件不同。而 C1 在表 3–10 中的值共有两个，第 1 列和第 10 列分别取的是 C1 的两个不同的值，也就是 C1 值被遍历了，因此两列可以合并。合并后的结果就是指不考虑 C1 条件的具体值，只要 C2 和 C3 的值都是 1 时，就选择 A1 方案。同理，第 2 列和第 11 列也可合并。

但再看第 4 列和第 5 列，它们虽然都是选择 A3 方案，状态特征是 1–2–1 和 1–2–2，但不同条件的 C3 值总共有三个，没有被遍历，因此这两列不能合并。同理，第 13 列和第 14 列也不能合并。选择 A5 方案的状态有 6 个，它们不同的状态条件是 C1 和 C2，C1 和 C2 值分别有 2 个与 3 个，这两个条件所有值的组合有 6 种，而这 6 列恰好遍历了这 6 种组合，因此这 6 列可合并为一列。

选择 A6 方案的 4 列中，不同条件的是 C1 和 C3，它们的值的组合也有 6 种，很明显不能合并为一列，但这并不代表其中的某些列也不可以合并，如第 7 列和第 16 列可以合并，第 8 列和第 17 列也可以合并。全部合并后的结果形成了最终判定表，见表 3–11。

表 3–11 最终判定表

	1	2	3	4	5	6	7	8	9
C1：性别	–	–	–	1	1	–	–	2	2
C2：年龄	1	1	–	2	2	3	3	2	2
C3：文化程度	1	2	3	1	2	1	2	1	2
A1：脱产学习	√								
A2：电工		√							
A3：钳工				√	√				
A4：车工									
A5：技术员			√					√	√
A6：材料员						√	√		

（4）检验

由于初学者在进行组合条件过滤时可能产生错误，因此在完成判定表后应对内容进行检查，以保证该表的正确性。首先，如果某一列组合条件与行动结果无对应关系，则需要确定该组合条件是否为多余的应该删除的条件；其次，如果存在若干组合条件对应相同的行动结果，则需要再次确定这些组合条件是否需要合并。

通过以上步骤的操作可以发现，对于所有问题的分析是从最简单的确定基本条件开始的，只要能够找出基本条件，最困难的查找条件组合的工作可以通过一种规范化的过程完成，避免了条件遗漏和重复，减小了出现错误的概率。实践表明，通过上述方法，规范了操作过程，能够在较短时间内掌握处理逻辑描述工具的使用方法，同时提高了解题过程的准确性，在实际教学过程中收到了满意的效果。以上介绍的三种处理逻辑描述工具各有千秋，其适用范围可概括为：判定树适用于 10 ～ 15 种行动的一般复杂程度的决策；判定表适用于多个条件的复杂组合，虽然它也适用于很多数目的行动或条件组合，但数目庞大时使用并不方便；如果一个判断包含了以一般顺序执行的动作或循环执行的动作，则最好用结构化语言表达。

3.6 数据查询应用分析

数据流程图定义了数据存储，数据字典对每个数据存储的结构进行了描述，但没有详细说明哪些需要立即存取以及哪些查询需要实时响应。数据立即存取图（data immediate-access diagram，DIAD）是说明这些问题的工具。

在系统分析阶段，系统分析员要详细了解用户对系统的要求。往往在开始时，由于用户对计算机缺乏了解而提不出具体要求，这就需要系统分析员根据对业务情况的了解进行立即存取分析，用适当的工具表达用户的立即存取要求，与用户讨论确定必要的立即存取要求。这是系统分析员的一项重要工作。

3.6.1 数据存取要求的基本类型

由于用户有各自的业务要求，因此会提出各种数据存取要求。概括起来，一般有六种基本类型。

本小节用 E 表示实体，用 A 表示实体的属性，用 V 表示属性的值。能唯一标识一个实体的属性称为主关键字，简称关键字。一个主关键字可由一个或一个以上的属性组成。有时还需要若干次关键字。它们虽然不能唯一地标识一个实体，但能标识具有某种特性的所有实体。

【例 3-11】描述汽车配件实体及其属性，如图 3-12 所示。

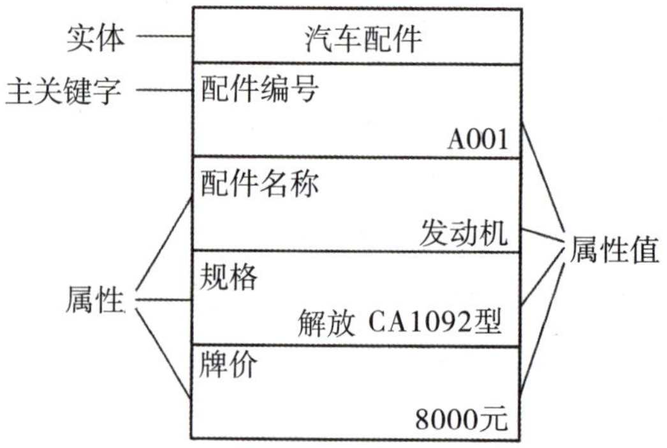

图 3-12 描述汽车配件实体及其属性

1. 类型 1

$$A\ (E)=?$$

说明：已知一个给定的实体 E，求某一个特定属性 A 的属性值是什么。这是一种最常见的数据请求，即查询某实体的属性值。例如，查询已知汽车配件的编号是 A001，询问牌价是多少。

2. 类型 2

$$A(?)\begin{Bmatrix} = \\ \neq \\ < \\ > \end{Bmatrix} V$$

说明：对于一个给定的属性 A，已知其属性值 V，查询所有具有属性 A 并且其属性值等于、不等于、大于或小于 V 的实体，如查询“配件名称是发动机的汽车配件有哪些”。这也是一种常见的数据请求，即查询具有某种特性的实体。

3. 类型 3

$$?(E)\begin{Bmatrix} = \\ \neq \\ < \\ > \end{Bmatrix} V$$

说明：已知一个实体 E 和一个特定的值 V，求这个实体的哪些属性的值是 V。例如，查询汽车配件有哪些属性信息是 5 000 元。

4. 类型 4

$$?\ (E)=?$$

说明：给定一个实体 E，它各个属性的值是什么？这往往要编制详细报表。例如，列出所有汽车配件的所有信息。

5. 类型 5

$$A\ (?)=?$$

说明：对于一个给定的属性 A，求每一个实体的属性 A 的值。也就是请求查询具有某种特征的全部实体。例如，列出所有配件的配件编号。

6. 类型 6

$$?(?)\begin{Bmatrix} = \\ \neq \\ < \\ > \end{Bmatrix} V$$

说明：已知某个值 V，要查询哪些实体的哪些属性具有这个值 V。例如，要列出哪些配件的哪些属性高于 5 000 元。

3.6.2　数据立即存取图

通过上面的分析，看到某些查询要求立即响应，所需的内外存开销较大，实现也比较困难。原因在于这些查询不是依靠关键码通过读文件或排序得到信息，而是采用多重目录、倒排文件等方法。系统分析员在了解用户的立即存取要求后，要运用关于数据库存取的理论知识，结合新系统的实际条件进行分析，与用户商量舍去一些不重要的和难以实现的查询项目，确定哪些实时查询需要实现，画出相应的数据立即存取图。根据特定的应用要求定义数据存储路径的图形工具就是数据立即存取图。这是数据库设计和对话设计的重要依据之一。

图 3–13 为书籍信息查询的数据立即存取图。从图中可以看到，书籍这个实体的关键码是国际标准书号，其他属性有作者、书名、价格、出版社、出版时间、页数和主题词。此图表示用户要求输入主题词、作者或书名进行实时查询。因此，进行数据库设计时必须考虑如何通过这些非关键码进行检索。

【例 3–12】用户的一次查询往往涉及多个数据存储。在某个物资供应系统中，“商品”“商品—厂家”“生产厂家”的实体的结构如图 3–14 所示。用户如果想通过查询确定向哪个厂家订货可以做到物美价廉，将涉及这三个数据存储。实现步骤如下。

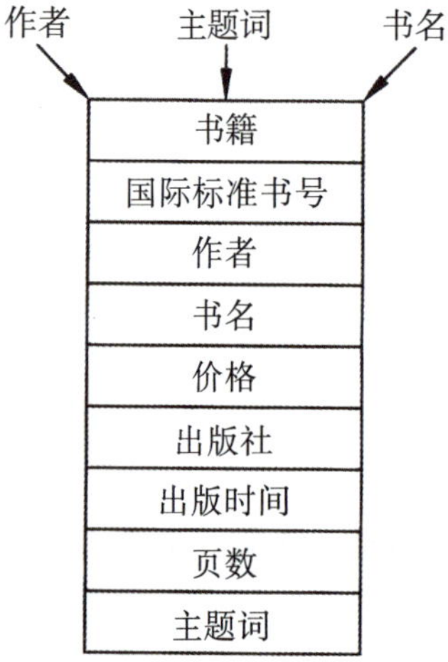

图 3–13　书籍信息查询的数据立即存取图

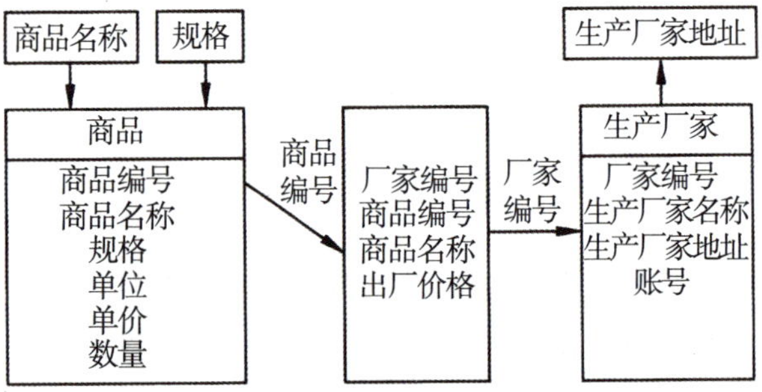

图 3–14　物资供应的数据立即存取图

在“商品”数据存储中通过“商品名称”“规格”查询“商品编号”，这是通过属性查实体，即 A（?）$=V$。

用得到的“商品编号”在“商品—厂家”数据存储中查询全部相应的“厂家编号”。因为“厂家编号”“商品编号”组合构成“商品—厂家”实体的关键码，所以这也是通过属性查实体，即 A（?）$=V$。

在“商品—厂家”数据存储中通过“厂家编号”“商品编号”组合码查找出厂价格，即 $A(E)=?$。通过比较，找出最低价 V_{min}。

在“商品—厂家”数据存储中，通过 V_{min} 查找相应的厂家编号。这是 $A(?)-V_{min}$ 型查询。

通过“厂家编号”在“生产厂家”数据存储中查找该厂家的全部信息，以便订货。这是 $?(E)=?$ 型查询。

3.7　系统分析报告

系统分析阶段的成果就是系统分析报告，它反映了这一阶段调查分析的全部情况，是下一步设计与实现系统的纲领性文件。系统分析报告形成后必须组织各方面的人员（包括组织的领导、管理人员、专业技术人员、系统分析人员等）一起对已经形成的逻辑方案进行论证，尽可能地发现其中的问题、误解和疏漏，对于问题和疏漏要及时纠正；对于有争论的问题要重新核实当初的原始调查资料或进一步深入调查研究；对于重大的问题甚至可能需要调整或修改系统目标并重新进行系统分析。总之，系统分析报告是非常重要的文件。

3.7.1　系统分析报告的作用

系统分析阶段工作结束后，系统分析员应编写系统分析报告。系统分析报告的作用如下。

（1）它是系统分析员的工作成果。

（2）它是信息系统的总体设计说明书。

（3）它是系统设计阶段工作的依据。

（4）它是与用户交流的工具。

编写系统分析报告应遵循结构化分析方法的原则，尽量用图表工具表达并加上一定的文字报告。文字报告应尽量简洁，起到联系各种图表的作用，表达图表不能表达的东西。报告过于冗长会使读者望而生畏。由于系统开发周期较长，因此阅读报告时必须注意环境变化引起的内容与当前事实的差异，这是生命周期法的缺点。

3.7.2　系统分析报告的内容

系统分析报告由两部分组成：一是文字报告；二是附录（包括各种图表）。

一份好的系统分析报告不但要能够充分展示前段调查的结果，而且还要反映系统分析结果（新系统逻辑方案），这是非常重要的。

系统分析报告主要包括以下内容。

1. 组织情况简述

组织情况简述是对分析对象的基本情况做概括性的描述，它包括组织的结构、组织的目标、组织的工作过程和性质、业务功能、对外联系，以及组织与外部实体间有哪些物质和信息的交换关系、研制系统工作的背景如何等。

2. 系统目标和开发的可行性

系统的目标是系统拟采用什么样的开发战略和开发方法、人力、资金及时间的安排、系统计划实现后各部分应该完成什么样的功能、某些指标预期达到程度、有哪些工作是原系统没有而计划在新系统中增补的等。

3. 现行系统运行状况

现行系统运行状况以一些工具（主要是业务流程图和数据流程图）为主，详细描述现行系统作业及信息流动情况。另外，各个主要环节对业务的处理量、总的数据存储量、处理主要查询和处理方式、现有的各种技术手段等都应做一个扼要的说明。

4. 新系统逻辑方案

新系统逻辑方案是系统分析报告的主体，主要反映分析的结果以及建造新系统的设想。

（1）新系统拟定的业务流程及业务处理工作方式。

（2）新系统拟定的数据指标体系和分析优化后的数据流程，以及计算机系统工作部分。

（3）新系统在各个业务处理环节拟采用的管理方法、算法或模型。

（4）与新的系统相配套的管理制度和运行体制的建立。

（5）系统开发资源与时间进度估计。

本 章 小 结

本章主要介绍了信息系统开发中结构化分析方法的主要内容，包括系统分析的任务、组织结构分析、数据流程分析、数据字典、表达处理逻辑的工具、数据查询应用分析、系统分析报告。结构化分析方法的基本思想为“自顶向下逐层分解”，这是软件工程中的一条基本原则。结构化分析方法实施步骤的主线是：先分析当前现实环境中已存在的人工系统，再考虑即将开发的软件系统。为此，要在详细调查中围绕组织结构、业务流程和数据流程进行重点分析，找出原系统存在的问题并提出新系统的改进方案，用数据流程图、数据字典和处理逻辑小说明工具构造新系统的逻辑模型，形成系统分析报告。

思考练习

1. 系统分析的难点有哪些？

2. 数据流程分析的主要目的是什么？

3. 什么是数据字典？数据字典的主要作用是什么？

4. 什么是新系统逻辑方案？新系统逻辑方案包括哪些内容？

5. 某仓库管理系统按以下步骤进行信息处理，试画出其数据流程图。保管员根据当日的出库单和入库单通过出库处理与入库处理分别将数据输入“出库流水账”及“入库流水账”并修改“库存台账”；根据库存台账由统计、打印程序输出库存日报表；需要查询时，可利用查询程序在输入查询条件后，到库存台账去查询并显示查询结果。

6. 航空公司规定，行李托运费的处理逻辑如下：乘客可以免费托运 30 kg 的行李。当质量超过 30 kg 时，对头等舱的国内乘客超重部分收费 4 元 /kg；对其他舱的国内乘客超重部分收费 6 元 /kg；对外国乘客收费多一倍；对残疾乘客收费减半。用判定树描述以上处理逻辑。

第 4 章　面向对象分析

本 章 导 读

面向对象分析的目标是产生一个符合用户需求，并能够反映问题域和系统责任的面向对象分析模型。面向对象分析过程主要包括建立需求模型、建立基本模型、建立辅助模型和建立模型规约等活动。本章主要介绍了面向对象的基本概念、面向对象开发过程、面向对象分析模型以及面向对象分析过程。

学习目标

◆ **知识目标**

1. 掌握对象、类、继承和消息通信四个基本概念。
2. 熟悉面向对象开发过程的三个阶段。
3. 了解面向对象分析模型。

◆ **能力目标**

1. 根据面向对象分析模型框架，可以定义面向对象分析过程。
2. 会对一个信息系统，建立其面向对象分析模型。

◆ **素质目标**

1. 培养认真负责的工作态度和严谨细致的工作作风。
2. 树立团队协作，合作共赢的理念。

◆ **思政目标**

1. 响应党的号召，听从祖国召唤。
2. 培养学生保持深厚的家国情怀和强烈的社会责任感。

4.1 面向对象方法

面向对象方法的出发点和基本原则，是尽可能模拟人类习惯的思维方式，使开发软件的方法与过程尽可能接近人类认识世界、解决问题的方法与过程，也就是使描述问题的问题空间（也称为问题域）与解决问题的解空间在结构上尽可能保持一致。

4.1.1 面向对象的基本概念

类和对象

彼德·科德（Peter Coad）和爱德华·尤登（Edward Yourdon）提出用下列等式识别面向对象方法。

面向对象 = 对象（objects）
+ 类（classes）
+ 继承（inheritance）
+ 消息通信（communication with messages）

可以说，采用这四个概念开发的系统是面向对象的。这四个概念涉及面向对象的基本建模原则：抽象、封装、继承、分类、关联等。下面介绍面向对象的几个基本概念。

1. 对象

《现代汉语词典（第 7 版）》（商务印书馆，2016）的解释是，对象（object）是行动或思考时作为目标的人或事物。广义地讲，对象可以是任何人或事物。

对象自然而又灵活地模拟现实世界，这使人们能更准确地描述世界。数据和操作不再是分离的，而是封装于统一体中。这样，对象就具有较强的独立性和自治性，不仅符合客观事物的本质，而且在软件设计中有很好的模块整体独立性，为软件重用奠定了坚实的基础。例如一棵桃树作为一个对象，它有高度、直径、果实数等静态特征（属性），有光合作用、发芽抽枝、开花、结果、落叶等动态特征（操作）。这些操作是对象响应外界消息后的自主行为。对象属性实现了自我管理，由操作引发属性变化。

结合前面的描述，可以给对象下一个正式的定义：对象是系统用来描述客观事物的一个实体，这个实体具有明确定义的边界和标识，是构成系统的一个基本单位，它由一组属性和施加于这组属性上的一组操作构成。属性是对对象状态的描述，是对象的静态特征。操作是对对象行为的描述，是对象的动态特征。对象通过其封装机制将属性和操作融于一体。

2. 类

类与对象相关的两个概念是对象类（object class）和实例（instance）。

把众多的事物归纳，划分成一些类是人类在认识客观世界常用的思维方法。分类所依据的原则是抽象，它是对象世界的简明表示。它强调与目标相关的方面，找出事物的本质共性。具有共同性质的事物划分为一类，从而得出一个抽象的概念。例如，对象“客车”“货车”“拖车”等，它们属于一个共同的类——“车辆”，对象“桃树”“橡树”“松树”等属于“树”类。

类是具有相同属性和操作的一组对象的集合，为属于该类的全部对象提供了统一的抽象描述。它由一个类名、一组属性和一组操作构成。对象的抽象是类，类的具体就是对象。一个对象又称为类的一个实例。

如图 4-1 所示的员工张某就是一个对象，它有姓名、生日、部门、薪水等属性，有改变薪水、计算工龄和离职等操作。

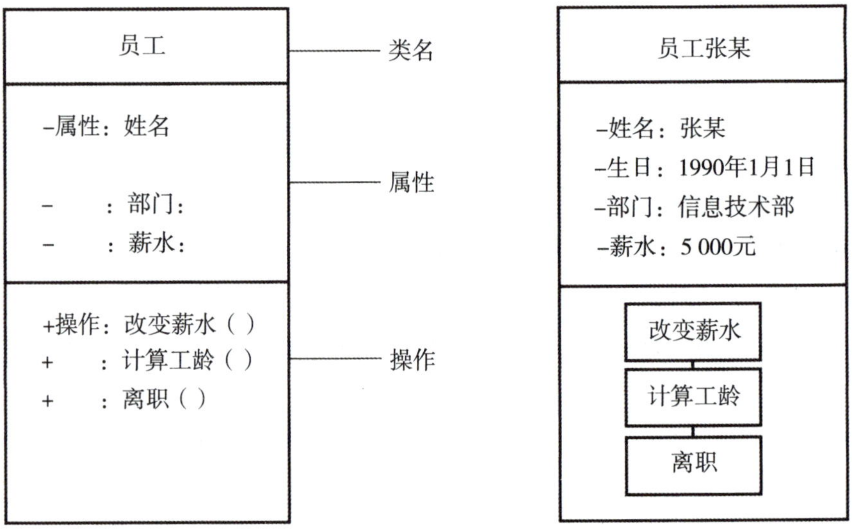

图 4-1　员工类和对象的定义

对象既具有共同性，也具有特殊性。运用抽象的原则，舍弃对象的特殊性，抽取其共同性，则得到一个适应一批对象的类，这种不考虑对象的特殊性的类一般称为一般类；而考虑对象的特殊性而抽象出来的类称为特殊类。

3. 继承

继承（inheritance）是指特殊类的对象拥有其一般类的全部属性与服务。特殊类在继承一个一般类的语义性质外，还有自己特有的属性和操作。

我们身边处处都有继承的影子。汉语在词组表达上就充分表达了继承的含义。“树”——“松树”——“雪松树”，在认识“雪松树”时就已经包含了它作为树和松树的特征。在软件开发中使用继承可以明显带来两个方面的好处。

（1）可以简化系统的描述和实现

（2）直接实现了软件重用，提高软件开发效率。

一个类继承另一个类，其关系有如父子，因此也把继承者称为子类，被继承者称为父类。继承可以使得子类具有父类的各种属性和方法，而不需要再次编写相同的代码。在令子类继承父类的同时，可以重新定义某些属性，并重写某些方法，即覆盖（override）父类的原有属性和方法，使其获得与父类不同的功能。另外，为子类追加新的属性和方法也是常见的做法。

继承一个单一的父类叫单继承；如果有两个及四个以上的交类则是多继承。有些编程语言支持多重继承，如 C++；而有些编程语言，一个子类只能继承自一个父类，如 Java，这时可以采用接口来达到多重继承效果。多重继承会带来管理困难等副作用，使用上存在争议。

继承简化了人们对事物的认识和描述。在信息系统开发过程中，在定义特殊类时，只需要声明它是某个类的特殊类，并定义它的特殊属性和操作即可。这就明显地减少了系统开发的工作量。同时，继承是实现系统复用或泛化的重要手段。

4. 消息通信

面向对象的一个原则是要求对象之间通过消息进行通信，而不允许在对象之外直接存取对象内部的属性。消息通信是对象之间的通信手段，一个对象通过向另一个对象发送消息来请求其服务。一个消息通常包括接收的对象名、调用的操作和适当的参数。消息只告诉对象要完成什么操作，但并不指示对象如何完成操作。消息通信机制大大减少了数据复制，有效地保证了对象封装的数据结构，以及程序的改变不会影响到系统的其他部分。

4.1.2　面向对象开发过程的阶段

面向对象的开发过程实际上是一个对象模型逐步完善和迭代的过程，以对象模型为核心，构造功能模型和动态模型。

简单来说，可以将面向对象的开发过程分成以下三个阶段。

1. 面向对象分析

面向对象分析（object-oriented analysis，OOA）强调运用面向对象方法，对问题域（系统所涉及的业务范围）和系统责任（被开发系统应该具有的职能）进行分析与理解，找出描述问题域和系统责任所需要的对象，定义对象的属性、操作以及对象之间的关系，目标是建立一个符合问题域、满足用户需求的面向对象分析模型。面向对象分析不考虑与系统具体实现有关的因素（例如，采用什么样的编程语言和使用何种数据库管理系统等），从而使面向对象分析模型独立于具体的实现环境。

2. 面向对象设计

面向对象设计（object-oriented design，OOD）的任务是将面向对象分析阶段的类和对象转化为软件对象，设计软件类，并设计系统架构，建立设计模型。这一阶段所做的工作主要是根据分析模型，添加一些与实现有关的内容，如界面类、控制类等。同时，对分析模型进行一定的改造，使其更好地适应计算机的系统实现。数据库的设计和对数据的封装策略也要在这个阶段完成。

3. 面向对象程序设计

面向对象程序设计（object-oriented programming，OOP）的任务是用某种面向对象程序设计语言（如 Java、C#、Python 等）实现设计模型的各个功能，包括对象属性和操作的实现、对象之间关联的实现、输入输出界面的实现、接口的实现等。面向对象程序设计与面向对象设计模型是无缝连接的，编程的内容直接对应于面向对象设计模型的内容。

4.1.3 统一建模语言

1. 统一建模语言定义及发展

统一建模语言（unified modeling language，UML）是对象管理组织（object management group，OMG）制定的一个标准化的、可视化的建模语言，可以用来可视化、描述、构造和文档化软件密集型系统的各种工件。UML 是由信息系统和面向对象领域的三名方法学家 Grady Booch、James Rumbaugh 和 Ivar Jacobson 提出的。UML 得到了工业界的广泛支持和应用，目前已经成为 ISO 国际标准。

UML 定义了建立系统模型所需要的概念并给出了相应的表示法，但它并不涉及如何进行系统建模。因此，UML 只是一种建模语言，而不是一种建模方法。UML 是独立于开发过程的，也就是说它可以适用于不同的开发过程。

UML 的产生与发展经历了一个漫长的过程，从早期的 1.0 版本不断升级，经历了多个版本。本书主要参考 2015 年 6 月发布的 UML2.5。

UML2.5 比以前版本有了显著的改进和提高，但其规模和复杂性都比原来的版本高。针对此种情况，这里主要梳理其用在面向对象分析与设计建模中的常用概念，并给出相应的语义。

2.UML2.5 支持的模型图分类

UML2.5 支持的模型图在逻辑上分为结构图和行为图两大类，如图 4-2 所示。

（1）结构图

结构图用于对系统静态方面进行建模，其主要包括以下几个部分。

① 类图。类图是描述系统中各个对象的类型及其之间存在的各种关系的图。

② 对象图。对象图是描述在某一时刻一组对象及其之间关系的图。

③ 包图。包图是描述模型元素分组以及分组间依赖关系的图。

④ 构件图。构建图是描述构件的组织结构及其相互关系的图，用于表达如何在实现时把系统元素组成构件，从而支持以构件为单位进行软件制品的实现和发布。

⑤ 部署图。部署图是描述节点、节点间的关系以及构件和节点间的部署关系的图。

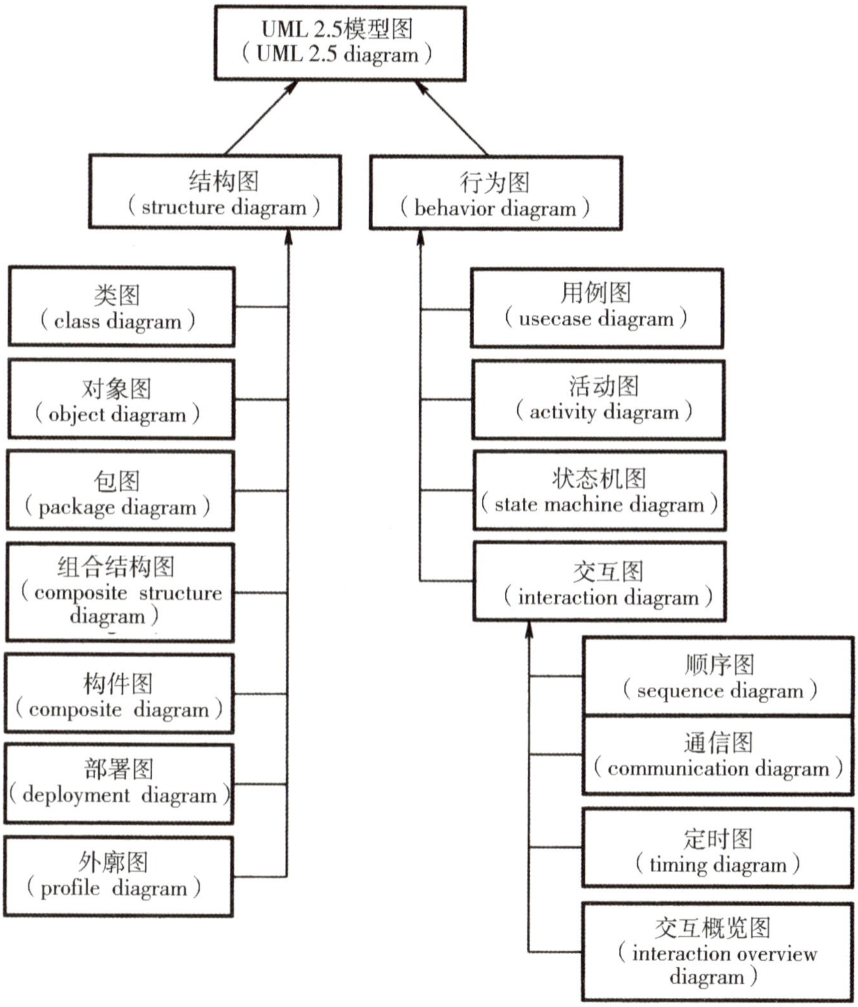

图 4–2　UML2.5 模型图

（2）行为图

行为图用于对系统动态方面进行建模，其主要包括以下几个部分。

① 用例图。用例图也称为用况图，是描述一组用例和参与者及其之间关系的图。

② 活动图。活动图是描述活动、活动的执行顺序以及活动的输入与输出的图。

③ 状态机图。状态机图是描述一个对象或其他实体在其生命周期内所经历的各种状态以及状态变迁的图。

④ 交互图。交互图是顺序图、交互概览图和定时图的统称。

⑤ 顺序图。顺序图是描述一组角色，以及由扮演这些角色的实例发送和接收的消息的图。

⑥ 交互概览图。交互概览图是以一种活动图的变种形式来描述交互的图。它关注对控制流的概览，其中控制流的每个节点都可以是一个交互图。

⑦ 定时图。定时图是描述线性时间上对象状态或条件变化的图。

⑧ 通信图。通信图是描述一组角色、这些角色间的连接件以及由扮演这些角色的实例所收发的消息的图。

可以使用专业的建模工具绘制 UML 模型图。常用的建模工具包括 Rational Rose、Power Designer、Visio、Enterprise Architect、StarUML 等。本书使用开源软件 StarUML 3.0.2 进行 UML 建模。

4.2 面向对象分析模型

4.2.1 面向对象分析的基本任务

面向对象分析的基本任务就是运用面向对象方法，对问题域和系统责任进行分析和理解，对其中的事物和它们之间的关系产生正确的认识，找出描述问题域和系统责任所需要的类和对象，定义这些类和对象的属性与操作，以及它们之间的各种关系，最终的目标是产生一个符合用户需求，并能够反映问题域和系统责任的面向对象分析模型和规约。问题域是指被开发的信息系统的应用领域，即现实世界中这个信息系统的业务范围。系统责任即所开发信息系统应该具有的职能。

对问题域和系统责任进行深入的调查研究，形成准确、透彻的理解是成功开发一个信息系统的重要前提，也是面向对象分析工作的第一个难点。

4.2.2 面向对象分析模型框架

每种面向对象分析方法都要规定一些具体的工作步骤，目前还没有关于面向对象的信息系统建模过程的国际规范。参考我国软件行业标准 SJ/T 11290—2003《面向对象的软件系统建模规范 第 1 部分 概念与表示法》，完整的面向对象分析模型包括需求模型、基本模型、辅助模型和模型规约，由此形成的面向对象分析模型框架如图 4-3 所示。

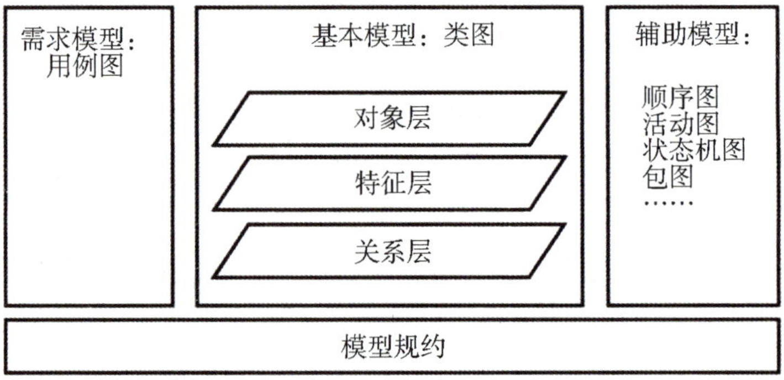

图 4-3 面向对象分析模型框架

1. 需求模型用例图

需求模型（用例图）清晰而规范地定义了系统的需求，是建立面向对象分析模型的坚实基础。

2. 基本模型类图

基本模型（类图）是面向对象建模中最重要且必不可少的模型图，它表现了系统由哪些对象构成，每一类对象具有哪些属性和操作，以及对象之间的各种关系。在面向对象分析阶段建立的类图是由问题域中固有的事物抽象出来的，此时不考虑具体的实现条件，因此面向对象分析的类图是一个与平台无关的模型。

3. 辅助模型

辅助模型所包含的各种图可以在面向对象建模中起到辅助作用，建模时要根据具体情况决定是否采用。

4. 模型规约

模型规约是对上述各种模型图及其模型元素的详细而确切的定义，是一种必不可少的文档。模型规约在面向对象分析阶段开始建立并逐步完善，到面向对象设计阶段最终完成。

4.2.3　面向对象分析过程

根据面向对象分析模型框架，可以定义面向对象分析过程。面向对象分析过程主要包括建立需求模型、建立基本模型、建立辅助模型和建立模型规约等活动，如图 4–4 所示。

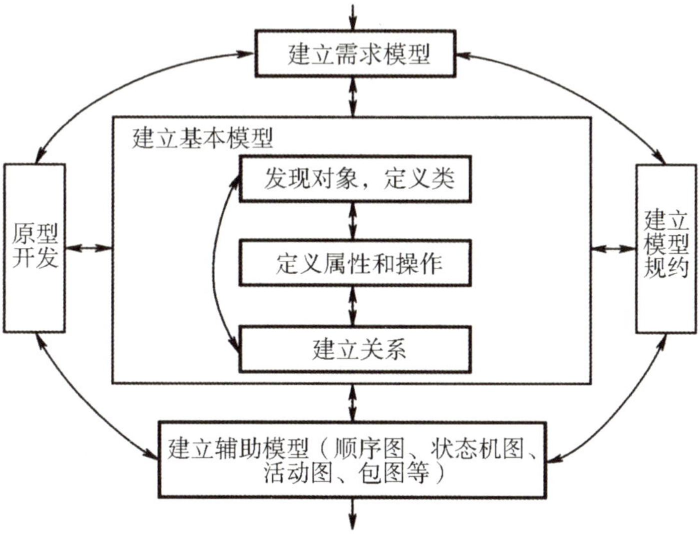

图 4–4　面向对象分析过程模型

建立需求模型的活动包括确定系 . 统边界、发现参与者和定义用例三个子活动。最终将形成一个由参与者、用例以及它们之间的关系构成的用例图，即需求模型。

建立基本模型的活动包括发现对象并用类描述所有对象、定义对象的属性和操作、建立对象间的关系三个子活动。这些活动分别从图 4–4 所示的对象层、特征层和关系层三个层次来构造系统的基本模型——类图。

建立辅助模型的活动包括建立顺序图、状态机图、活动图、包图等。每一种图的建立都是相对独立的子活动，它们之间没有固定的次序要求。

建立模型规约的活动包括对各种模型图进行详细描述。这些工作通常可以与各种模型图的开发同步进行，即当在图中增添一个模型元素时，就随手填写其规约。

原型开发是一项可选活动。原型开发可以根据系统的不同，采用两种不同的策略。一种策略是在正式系统开发之前开发一个简单的原型系统，从中发现一些问题并取得经验，然后放弃原型系统，进行正式的系统开发。另一种策略是反复进行增量式原型系统开发，使原型系统从小到大不断完善，最终成为一个正式系统。目前市场上有很多快速原型开发工具可供选择，如 Axure、墨刀、摩客（Mockplus），Xiaopiu、Sketch。

在以上各项活动中，建立基本模型和建立模型规约是两项必不可少的活动，建立需求模型、辅助模型以及原型开发是可选的活动，一般建议不要省略建立需求模型的活动。大部分活动及其活动之间没有强制性的次序要求，系统设计人员可以根据自己的习惯决定活动次序。图 4–4 中的箭头表示建模活动是可以回溯的，可以交替进行。

在计算机辅助软件工程（computer aided software engineering，CASE）工具的支持下，各种活动之间的切换相当灵活。系统设计人员可以根据或参照经过检验的开发过程，建立适合自己的开发过程。

4.3 需求模型

4.3.1 需求模型概述

用户需求就是用户对所要开发的系统提出的各种要求和期望，其中包括功能、性能、保密要求、交互方式要求，以及成本、资源使用限制等技术性要求。信息系统开发的首先任务是准确地描述用户需求中的功能需求，形成需求规格说明书。当前一种主流的做法是通过用例图来描述系统需求。

在根据面向对象分析过程模型建立需求模型时，首先要确定系统边界，找出在系统边界以外与系统交互的事物，然后从这些事物与系统交互的角度，通过用例来描述这些事物是如何使用系统的，以及系统向它们提供了什么功能。

4.3.2　系统边界

系统边界是一个系统包含的所有系统成分与系统以外各种事物的分界线。在系统边界以内，是系统本身所包含的全部对象；在系统边界以外，是与系统进行信息交换的各种事物，即人员、设备和外部系统等各种参与者。

系统边界的确定就是要确定待开发的信息系统和外部环境之间的界限，也就是要区分系统本身和它的外部环境。

那么如何来确定系统边界呢？以银行系统为例，它的系统边界如何确定呢？第一，银行系统的外部活动者有储户、前台出纳员、银行管理员，这些都不属于银行系统本身，他们是该系统的外部环境。第二，银行系统是运行在操作系统上的软件，它在运行过程中可能有生成文件、获取时间等操作，这涉及操作系统的应用程序接口（API），所以操作系统对于银行系统来说是外部环境。第三，银行系统要打印交易凭条。打印机对于系统来说是外部环境。第四，银行系统可能与客户工作单位的工资发放系统有交互，那么客户工作单位的工资发放系统也是外部环境。而对于银行系统来说，使用该系统的银行的办公楼、人员构成、所处地域等就不是此系统的外部环境。

确定系统边界有什么作用呢？系统边界一旦确定，就可以知道有哪些外部对象在与系统进行交互，于是就可以在系统中为该对象设计相应的接口，从而实现这些交互。对于上面的例子来说，要为储户、前台出纳员、银行管理员设计不同的接口，还要给客户工作单位的工资发放系统设计接口，为打印机设计接口。这些是系统开发人员需要关心的。如果这些外部环境改变了，就需要重新设计相关的接口。但可以不考虑不在系统边界上的因素。例如，不必为银行办公楼布局的改变而改变系统接口。

4.3.3　参与者

对于每个有意义的系统，都存在一些与系统交互的事物，这些事物为了某些目的而与系统交互。

一个参与者定义了一组在功能上密切相关的角色，当一个事物与系统交互时，该事物要扮演这样的角色。参与者是在系统之外与系统交互的某人或某事物。

参与者可以分为三类：人员、外部系统和设备。下面分别说明如何识别三种不同类型的参与者。

1. 人员

从直接使用系统的人员中发现参与者。这里强调的是直接使用，而不是间接使用。这样的人要从系统中获得什么信息或向系统提供什么信息。可以通过以下问题来进一步识别。

① 谁负责提供、使用或删除信息？

② 谁使用此功能？

③ 谁对某个特定功能感兴趣？

④ 谁负责支持和维护系统？

⑤ 系统是为谁服务的？

2. 外部系统

所有与本系统交互的外部系统都是参与者。外部系统可以是其他子系统、下级系统或上级系统。要考虑还有哪些系统将与该系统进行交互。

3. 设备

识别所有与系统交互的设备：这样的设备与系统相连，向系统提供外界信息；系统也可能会向该设备提供信息，使该设备在系统的控制下运行。

4.3.4 用例

一个用例是描述系统的一项功能的一个动作序列，这样的动作序列表示参与者与系统之间的交互，系统执行动作序列为参与者产生一个可供观察的结果。

一个参与者可以使用系统的多项功能，系统的一项功能也可以供多个参与者使用。在用例图中，体现为一个参与者可以同多个用例交互，一个用例也可以同多个参与者交互。在 UML 中，把参与者与用例之间的交互关系称为关联，不但在参与者与用例之间存在关联关系，在用例之间也存在一定的关联关系。

UML 把用例之间存在的关系分为三类：包含、扩展和泛化。包含是指在一个或几个用例中经常存在着重复的交互行为。扩展是指在一个或几个用例的描述中，有时存在着可选的描述交互行为的片断。用例之间的泛化关系的含义如同类之间或参与者之间的继承关系一样。

1. 识别用例

可以从参与者、系统功能和场景等角度去识别用例。

对于每一个参与者，定义该参与者希望系统做什么，参与者希望系统做的每件事成为一个用例。对于每件事来说，参与者何时会使用系统，使用过程中通常会发生什么，就是用例的基本过程。描述该用例的基本过程，考虑一些可变情况，把它们创建为扩展场景。重复上述步骤，就可以找出每一个用例。

另外，也可以从系统功能的角度来识别用例，如以穷举的方式检查系统的功能需求是否在各个用例中体现出来；一个用例描述一项功能；考虑对例外情况的处理。

如果不能顺利地确定对一个用例的描述，则可以要求建模人员深入现场，通过观察业务人员的现场工作，将具体的工作流程记录下来，形成一个完成某项特定功能的动作序列，即一个场景。建模人员通过角色扮演，找出具体的场景，然后再把本质上相同的场景抽象为一个用例。

2. 用例图

用例图是一张由参与者、用例以及这些元素之间的关系组成的图。这些关系是指参与者和用例之间的关联、参与者之间的继承，以及用例之间的包含、扩展和泛化。用例图的主要元素见表 4–1。

表 4-1　用例图的主要元素

元素类型		图形符号
结构元素	用例（use case）	Use
	参与者（actor）	 ACROR
	系统边界（system boundary）	System
	注释（note）	Note
关系元素	关联（association）	——————
	扩展（extend）	<<extend>> -·-·-·-→
	包含（include）	<<include>> -·-·-·-→
	泛化（generalization）	——▷
	注释连接（note link）	- - - - - - - - - - - - - -

3. 用例的描述

完成用例图后，需要按照一定的格式对用例图中的每一个用例进行详细描述，形成用例规约。用例规约是指以文档的形式来详细描述用例，展示出更多的用例“做什么”的细节，有助于人们深入理解目标、任务和需求。

在描述用例时，并不要求把每一项都写出来，而是根据需要进行取舍。在建立需求模型阶段，对每个用例撰写用例描述是必需的工作，图形只是辅助手段。通过用例图可以建立需求模型的基本结构，而需求的内容则需要通过用例描述来表述。此外，用例描述是与单个用例相关联的，因此需要为每个用例编写一份独立的描述文档。

知 识 链 接

用例描述参考模板

用例可以参照国家电子信息行业有关标准规范的要求来描述，用例描述参考模板表 4–2。

表 4-2　用例描述参考模板

项目	说明
用例名	用例名称，与用例图中的名称保持一致
简要描述	用简单的几句话说明用例本身以及使用它的原因
参与者	与该用例相关的参与者，应与用例图保持一致

续表

项目	说明
涉众	与该用例相关的其他用户或部门，该用例的执行会对这些用户产生影响
相关用例	与该用例存在关系的用例，对于不同的关系可以用不同的表示方法
前置条件	执行该用例之前必须满足的条件
后置条件	在该用例执行之后系统所达到的状态
基本事件流	描述用例在通常情况下所发生的事件流的执行顺序，采用编号的方式表示事件发生的先后顺序；对于复杂的事件流还可以采用子流的形式将其分解为多个事件流进行表述
备选事件流	描述用例基本流程可能出现的分支事件或异常情况
补充约束	描述与该用例相关的约束，包括数据需求、业务规划、非功能需求、设计约束等
待解决问题	说明该用例目前还未明确的相关问题
相关图	与该用例相关的其他图形，可以是标准的 UML 图，也可以是其他格式的图形

4.3.5 需求建模实践

为了方便读者理解面向对象分析与设计的具体过程和 UML 图的描述方法，下面通过一个经过简化的网上购物系统（online shopping system）来对其进行详细分析。该系统的基本业务流程情况如下。

未注册用户（以下简称游客）可以通过网上购物系统浏览和搜索商品，并可以查看商品的详细信息，还可以通过注册成为系统的会员（以下简称会员）。会员除具有游客的所有功能之外，还可以购买商品。购买行为称为一次交易，每一次交易对应一张订单。为了方便会员，系统为会员提供对订单的管理功能。会员浏览商品时，可以将商品放入购物车；结账时由会员填写或选择收货地址等相关信息，经会员确认后生成订单；通过第三方支付平台支付货款，支付成功后，系统进行发货处理。会员确认收货后订单生命周期结束。考虑到网络交易的特殊性，实际的订单处理情况会更复杂。

1. 参与者的确定

在网上购物系统中，游客和会员需要使用系统搜索商品、查看商品信息或者购买商品，因此游客和会员可以认为是系统的参与者。系统的商品信息、订单信息、会员信息等需要由专门的管理员来维护，因此管理员也是一个参与者。可见，该系统的参与者有游客、会员和管理员。当会员结账时需要使用第三方支付平台支付，第三方支付平台需要与系统进行交互，因此第三支付平台也是系统的参与者。从上述分析可以得出，该系统存在四个参与者：游客、会员、管理员和第三方支付平台。确定了这些参与者之后，可以将这些参与者在建模工具 StarUML 中绘制出来，如图 4-5 所示。

图 4-5 参与者

2. 用例的获取

根据上述描述可知，游客可以浏览和搜索商品，可以查看某种商品的详细信息，并且可以注册成为会员，因此可以对这三个需求进行转化：会员具有游客的全部功能，并且还可以登录、购买商品，可以修改和取消订单（均纳入订单管理）；管理员可以进行商品、订单和会员管理。通过分析，可以得到网上购物系统的初始用例图，如图 4-6 所示。

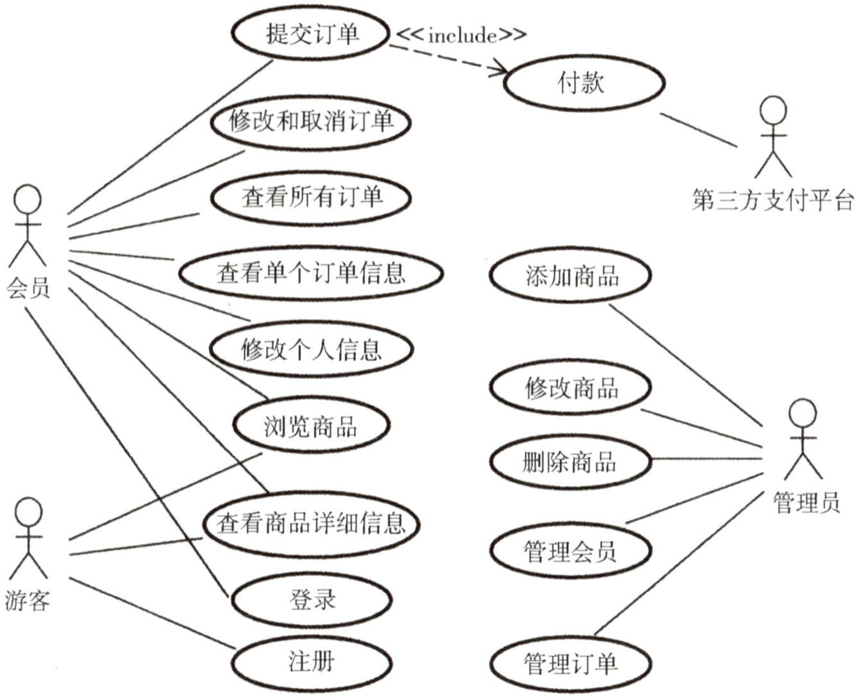

图 4-6　网上购物系统初始用例图

4.4　基本模型

建立基本模型的主要活动包括发现对象并用类描述所有对象、定义对象的属性和操作、定义对象之间的关系，从而得到待开发系统的类图。

类图描述了系统中各个对象以及它们之间的各种关系。在面向对象建模中，建立类图是最基本的任务，也是最花精力和时间的技术活动。

4.4.1　对象与类

在开发系统时，先要对现实世界中的对象进行分析与归纳，以此来定义系统中的对象。

系统中的一部分对象是对现实世界对象的抽象，但其内容不是全盘照抄，这些对象只包含与所解决问题有关的那些内容；系统中的另一部分对象是为构建系统而设立的。类的作用是为属于该类的全部对象提供统一的抽象描述，进而用于创建对象。

在面向对象方法中，通过对具有相同属性和操作的对象的抽象构造出类，进而使用类构造出系统模型；在系统运行时，又由类创建出对象。正是所创建的这些对象在计算机中的运行，完成了用户所要求的功能。

1. 识别对象与类

识别对象与类是面向对象开发中最重要且最困难的。说识别它们是最重要的，是因为分析、设计和编码需要将它们作为主要元素，在识别对象的过程中所做的不良决策不但会影响系统的后续开发，而且会对系统的可扩展性和可维护性产生影响。说识别它们是最困难的，是因为识别对象需要关于面向对象方法的深入知识和技术，以及将其应用到所要开发的系统的能力。

下面是一些识别对象与类的方法。

（1）考虑系统边界

考虑系统边界，可以启发系统分析人员发现一些通过接口与系统边界以外的参与者进行交互的对象。系统分析人员通常针对三类参与者——人员、设备和外部系统，从不同的角度识别对象。

人员是指系统需要保存或管理其信息的人员，如网上购物系统中的会员、管理员。设备是指在系统中使用或由系统监控的设备、仪器、运输工具等。至于外部系统，不能直接把它作为本系统的对象，它只能作为参与者，如网上购物系统中的第三方支付平台。

（2）考虑问题域

在考虑问题域时，要侧重考虑事物与系统中对象之间的映射。问题域中的很多事物都可以启发系统分析人员发现对象，如问题域中的人员、组织机构、物品、设备、事件、表格、日志、报告和事物的结构等。

（3）考虑系统责任

在考虑系统责任时，要侧重考虑系统责任范围内的每一项功能都能落实到某个（些）对象上，即对于系统责任所要求的每一项功能，查看其是否可以由现有的对象来完成。如果发现某些功能现有的任何对象都不能提供，则可以进一步发现某些遗漏的对象。

（4）利用名词、代词和名词短语

名词、代词和名词短语与对象或类之间通常都有映射，可以利用需求中的名词、代词和名词短语来识别对象及类。该方法主要是通过阅读用例的描述文档，筛选出名词或名词短语，建立初始的对象清单，通过讨论确定最终的对象清单。

利用名词短语识别对象或类是一种简单且行之有效的方法，但需要有高质量的需求文档或用例描述。

2. 抽象出类并进行调整

从认识对象到定义它们的类，是一个从特殊个体上升为一般概念的抽象过程。从单个对象抽象的对象特征，是否可作为整个类的特征，还有待于核实。

通过使用问题域知识，依据对象和类的定义，对属性和操作都相同的两个或多个对象进行概括，形成类。

对类的调整可以考虑以下几种情况。

（1）类的属性或操作不适合该类的全部对象。

（2）抽象后属性及操作相同的类。

（3）属性和操作相似的类。

（4）对同一事物的重复描述。

（5）对承担了过多或过少功能的类进行分解或合并。

经过上述工作，系统中的所有对象都应该有了类的归属，而每个类都应该适合于它所定义的全部对象。在分析阶段建立的类称为分析类，是后续设计阶段的设计类的基础。

3. 建立类图的对象层

根据已经找到并经过确认的类，建立类图的对象层。

（1）用类符号表示每个类，建议使用建模工具把它们绘制出来，形成面向对象分析的基本模型（即类图）中的对象层。

（2）在类规约中填写关于每个类的详细信息。

（3）在发现对象的活动中识别的属性和操作可随时加入类，识别的关系也可在类之间画出。

4.4.2 属性与操作

1. 识别属性

抽象为类的事物往往具有一定的性质。这就要求在事物所对应的类中用属性来描述相应的性质。属性是用来描述对象性质的一个数据项。

问题域和系统责任以及现实世界的有关知识是识别属性的基础，也可以使用下面的一些启发性策略来识别属性。

（1）按照一般常识识别这个对象应该有哪些属性。例如，会员对象，一般应该有用户 ID、用户名、密码、个人描述等属性。

（2）在当前的问题域中，这个对象应该具有哪些属性。例如，在网上购物系统中，会员需要具有常用收货地址、联系方式等属性以方便商品送达。

（3）根据系统责任的要求，这个对象应该具有哪些属性。

（4）分析对象有哪些需要区别的状态，决定是否需增加一个属性来记录这些状态。例如，网上购物系统中的订单存在不同的状态，可以增加一个订单状态属性，用来表示订单未确认、已确认、已发出、已取消、已经确认收货等不同状态。

（5）在用户给出的需求说明中寻找做定语的词汇。

2. 识别操作

抽象为类的事物往往具有一定的行为。这就要求在事物所属的类中用操作来描述相应的行为。定义类的操作时，应研究问题域和系统责任，以明确各个类应该设置哪些操作以及如何定义这些操作。下面是一些可以参考的识别操作的方法。

（1）考虑系统责任

逐项考察用户需求中的每一项功能需求，看它应该由哪些对象来提供，进而在对象中设立相应的操作。例如，会员对订单的功能需求包含新建订单、取消订单、查询订单，因此对订单类的操作需要包含新建订单、取消订单、查询订单。

（2）考虑问题域

分析对象在问题域中具有哪些行为，其中哪些行为与系统责任有关，应该设立何种操作来模拟这些行为。在网上购物系统中，如果游客要购买商品则需要先注册为会员，因此对于会员来说，需要有一个注册新用户的操作。

（3）分析对象的状态

分析在每一种状态下，对象有哪些行为；对象从一种状态到另一种状态是由什么行为引起的；在状态转换时还发生了什么行为；可以通过绘制状态机图来进行该项工作。例如，订单状态的变化，需要通过修改订单状态操作来完成。

（4）分析对象的属性

对于对象的每一个属性，都要考察可以通过哪些操作来实现其行为，进而发现操作。例如，订单的订单状态属性需要通过修改订单状态操作来修改。

（5）进行识别操作

可以通过在需求中查找诸如支付、收集、阅读、请求之类的动词或动词短语，来识别操作。这是一种简单但不太准确的方法。

（6）追踪操作的执行路线

模拟操作的执行路线，有助于发现遗漏的操作。可以通过绘制交互图来进行此项工作。

需要将识别出的操作放置在对应的类中。在继承结构中，通用的操作放在一般类中，专用的操作放在特殊类中。

3. 表示方法

对于前面识别出来的属性和操作，可以采用图形化的形式表示出来，如图 4–7 所示。

在具体表示属性和操作时，可以为属性加上可见性、类型和初始值等可选项；可以为操作加上可见性、参数列表和返回类型等可选项。网上购物系统中的订单类可以表示成如图 4–8 所示的形式。

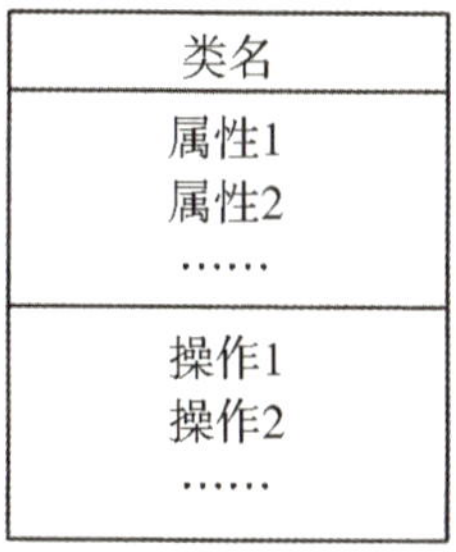

图 4-7　类属性和操作的表示法

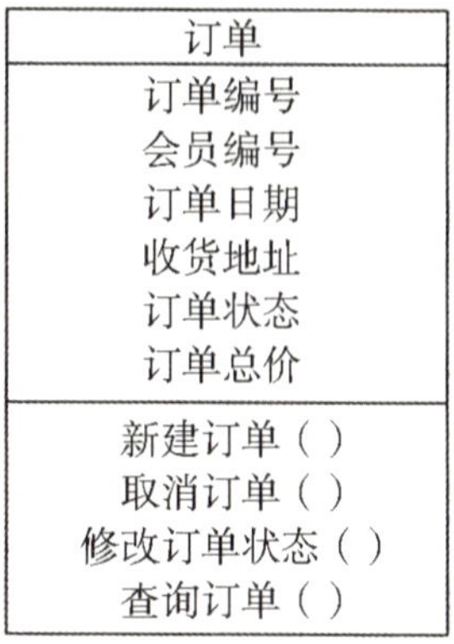

图 4-8　订单类的属性和操作

4.4.3　关系

前面已经定义了类的属性和操作，下面来分析类之间的关系。类和类之间通常有关联、聚合、泛化（继承）、依赖与细化四种关系。定义关系的活动将进一步完善对象层和特征层，其中的工作包括：发现一些原来没有发现的类；重新考虑某些对象的分类；对某些类进行增加、删除或拆分；对某些类的属性和操作进行增删或调整位置等。

1. 关联

关联表示两个类的对象之间存在某种语义上的联系。例如，作家使用计算机，就可以认为在作家和计算机之间存在某种语义的连接，因此在类图中应该在作家类和计算机类之间建立关联。

建立关联，可以考虑以下几种策略。

（1）认识类之间的静态联系。

（2）认识关联的属性与操作。

（3）分析关联的多重性。对于每个类而言，多重性是指所在类可以实例化的对象数量，即该类的多少个对象在特定的时间内可以与另一个类的一个对象相关联。多重性由类上的数字表达式指出其重数，该数字表达式由一个或多个整数范围组成，它们之间用逗号隔开。图 4-9 为一些重数的例子。

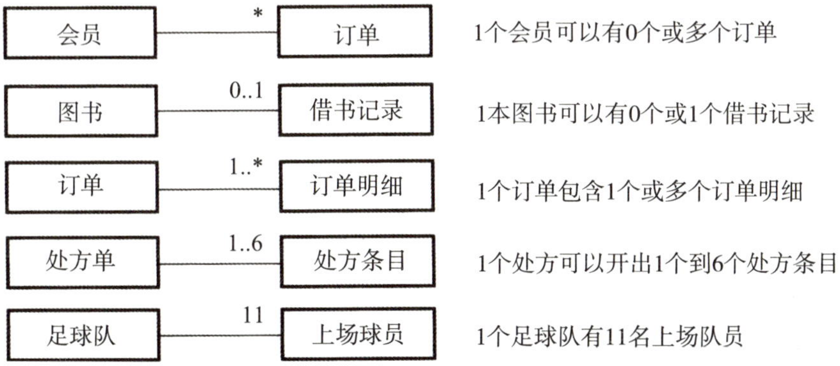

图 4-9　重数取值举例

在建立关联的过程中可以增加一些新的类，要把这些类补充到类图的对象层中，并建立其类规约。若还修改了原有的类，则要修改类图和变化了的类规约。

2. 聚合

聚合（aggregation）又称为聚集，是关联的特例。聚合表示类与类之间是整体与部分的关系。在陈述需求时使用“包含”“组成”“分为……部分”等字句，往往意味着存在聚合关系。

聚合可以分为两类，分别是共享聚合和组合聚合。如果在聚合关系中处于部分方的对象可同时参与多个处于整体方的对象的构成，则该聚合为共享聚合。例如，一个课题组包含许多成员，每个成员又可以是另一个课题组的成员，则课题组和成员之间是共享聚合关系。如果部分类完全隶属于整体类，部分与整体共存，整体不存在了部分会随之消失，则称该聚合为组合聚合。例如，屏幕中的一个窗口由文本框、列表框、按钮等组成，一旦关闭该窗口，其各个组成部分也同时消失，则该窗口及其组成部分之间存在着组合聚合关系。可以从以下几个方面识别聚合。

（1）整体的事物和它的部分。

（2）组织与它的下级组织或部门。

（3）团体（组织）与成员。

（4）空间上的包容关系。

（5）抽象事物的整体与部分。

（6）具体事物及其某个抽象方面。

（7）材料上的组成关系。

在定义聚合的活动中，可能会发现一些新的类，或者从整体类定义中分割出一些部分类的定义。对此，类符号和类规约都需要做出相应的修改。

3. 泛化

UML 中的泛化关系就是通常所说的继承关系，它是通用元素和具体元素之间的一种分类关系。具体元素完全拥有通用元素的信息，而且还可以附加一些其他信息。

继承包括单继承和多继承。在面向对象分析模型中使用继承，能使系统中的对象和问题域中的事物之间的映射更加清晰。把具有继承关系的类组织在一起，可以简化复杂系统，增加系统的可维护性和灵活性。

要识别继承，可以考虑以下策略。

（1）学习当前领域的分类学知识。

（2）按照常识考虑事物的分类。

（3）使用继承的定义。

（4）考察类的属性和操作。

（5）运用抽象和分类原则。

（6）考虑系统的扩展和领域复用。

4. 依赖与细化

依赖关系描述了两个模型元素（类、用例等）之间的语义连接关系：其中一个模型元素是独立的；另一个模型元素不是独立的，它依赖于独立的模型元素。独立的模型元素的改变，将影响依赖于它的模型元素。

当在不同抽象层次上对同一事物进行描述时，这些描述之间具有细化关系。细化关系用来协调不同阶段模型之间的关系，表示各个开发阶段不同抽象层次模型之间的相关性，常用于跟踪模型的演变。如图 4–10 所示，设计类是在分析类基础上的更详细的描述，可以称设计类细化了分析类，或称分析类细化成了设计类。

图 4–10　细化关系示例

4.4.4　类图的画法

识别出所有对象和类之后，通过添加属性和操作、添加关联形成基本模型，并用类图来对其进行表示。类图是用例实现的基础，也是分析阶段最重要的模型。图 4–11 为用 StarUML 绘制的网上购物系统分析阶段的类图。

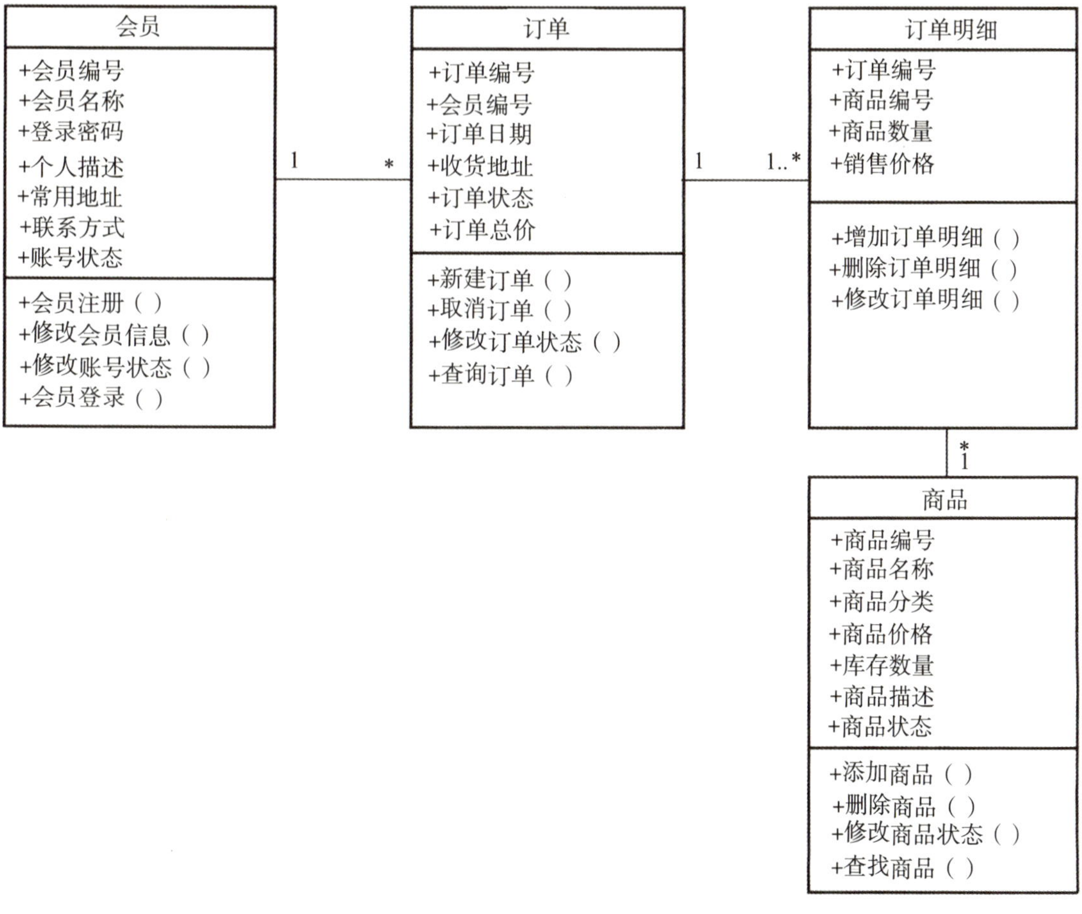

图 4–11　用 StarUML 绘制的网上购物系统分析阶段的类图

4.5 辅助模型

UML 中的其他一些图可以用于建立面向对象分析的辅助模型。本节主要介绍常用的顺序图、活动图和状态机图，它们主要用于描述系统的行为。

4.5.1 顺序图

顺序图主要用于描述对象之间的时序交互。它展示了对象之间消息传递的顺序和时间轴，并可显示对象与对象之间的交互关系。通过顺序图，可以清晰地展示出系统中不同对象之间发送消息的时机以及响应情况，帮助开发人员理解对象之间的交互过程和时序关系。

由于在绘制顺序图之前已经进行了类的识别工作，可以引入类和对象的概念来帮助建模。当执行一个用例行为时，顺序图中的每一条消息都对应了一个类的操作或状态机中引起转换的触发事件。顺序图主要包括四个元素：对象、生命线、激活和消息。在 UML 中，顺序图将交互关系表示为一张二维图。其中纵向代表时间维度，时间向下延伸，按时间顺序依次列出各个对象所发出和接收的消息；水平方向代表对象维度，排列着参与交互的各个独立的对象。一般将主要参与者放在最左边，次要参与者放在最右边。

顺序图的主要建模元素见表 4-3。

表 4-3 顺序图的主要建模元素

建模元素	图形符号
对象 / 生命线	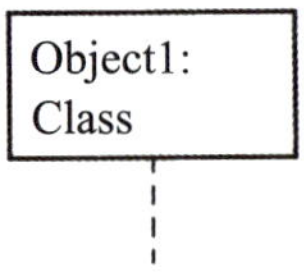
激活（也称为控制焦点）	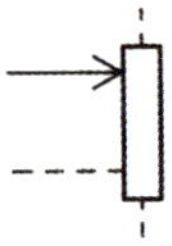
同步消息	
异步消息	
返回消息	
创建消息	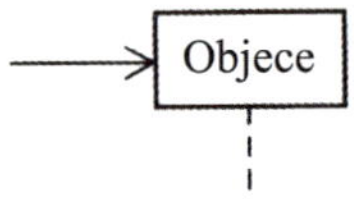

在网上购物系统中，添加商品的基本步骤如下。

（1）管理员在商品管理界面中选择添加商品。

（2）界面类返回一个添加商品的操作界面。

（3）管理员录入新商品的各个信息并单击提交按钮。

（4）界面类向商品控制类发出添加商品请求，并将商品信息传递给控制类。

（5）控制类收到添加商品请求，执行一定的操作，通过商品数据管理对象向数据库中录入信息。

（6）数据录入成功，商品数据管理对象向控制类返回录入成功信息。

（7）控制类返回成功信息，由界面类向管理员呈现添加成功界面。

将全部过程转化成对象与对象之间的顺序图，如图 4-12 所示。

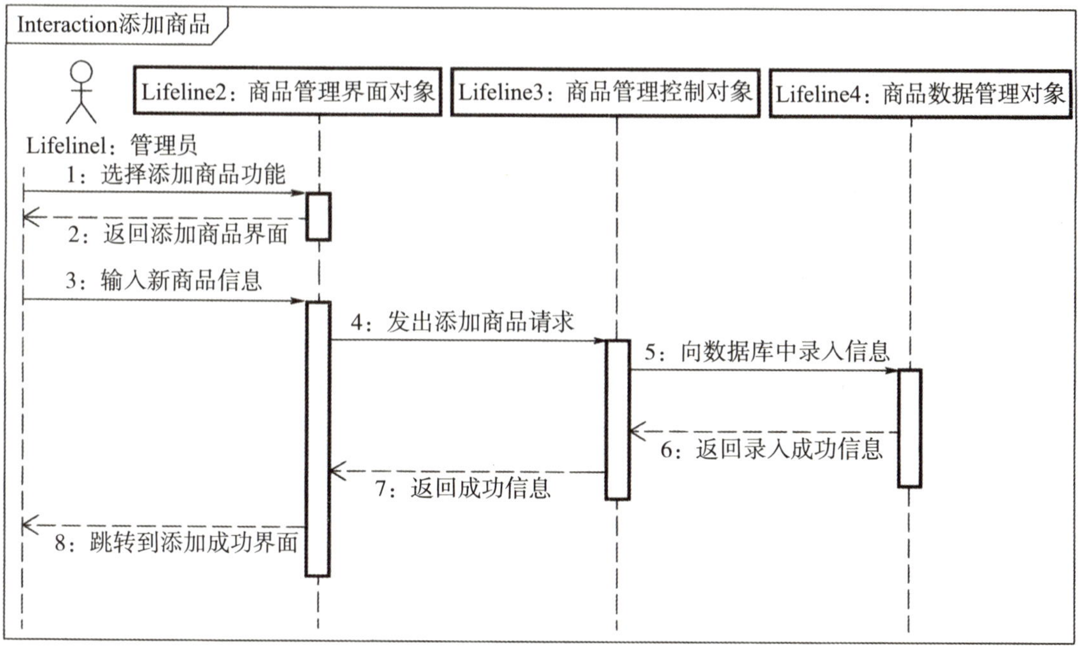

图 4-12　将全部过程转化成对象与对象之间的顺序图

4.5.2　活动图

活动图主要用于描述系统中的业务流程或工作流程。它展示了各个活动之间的流程和顺序，并且可以表示并发活动、条件分支等。通过活动图，可以清晰地展示出系统中各个功能模块之间的执行顺序和交互关系，帮助开发人员理解业务逻辑以及系统中各个部分之间的协作。

活动图与流程图表示法的主要区别是，活动图支持并行行为。活动图可以用于需求获取、分析和设计的工作流中，最常用于把用例建模为一系列的动作，从而细化用例。活动图适合描述系统中多个对象跨多个用例的活动顺序。

活动用一个圆角矩形表示并标上活动名，一项活动指的是一系列动作；初始点描述活动图的开始状态，用一个黑色的圆标识；终止点描述活动图的终止状态，用一个带圆圈的黑色圆表示；分叉有一个入流和几个并发的出流，并发动作同步执行，执行的顺序无关紧要，用一个粗实线段表示同步开始条；选定用一个带有单个入流和多个出流的菱形表示，每个出流有一个监护（置于两个方括号之间的一个布尔表达式），监护间必须互斥，以只取一个出流；合并用具有多个入流和单个出流的菱形表示，表明由选定引发的条件行为的结束。汇合指明分叉产生的并行活动必须同步完成，以便进行后续活动，即仅当其所有的入流均已到达，才能处理出流，用一个粗实线段表示同步结束条。图 4-13 为订单处理的普通活动图示例。

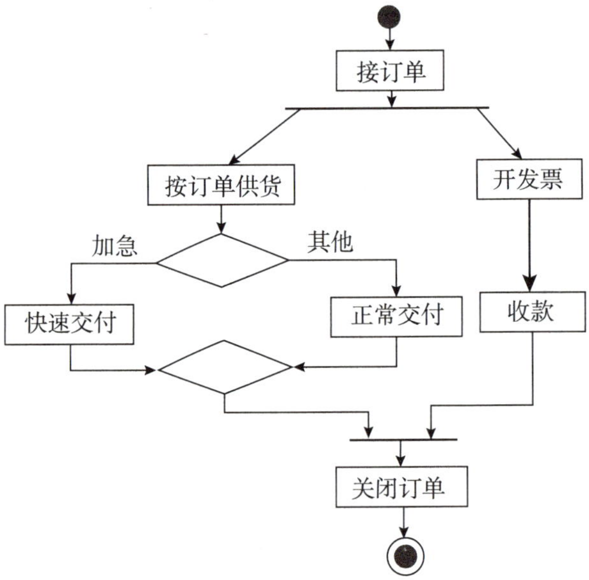

图 4-13　订单处理的普通活动图示例

4.5.3　状态机图

状态机图描述的是反映某一事物状态变化的图。它与活动图的区别在于，活动图是描述事物发生的流程，是多个角色参与的，而状态机图描述的是事物的状态变化，并没有角色这个概念。

从某种意义上来说，状态机图是一个对象的局部视图，用来精确描述一个单独对象的行为。状态机图从对象的初始状态开始，响应事件并执行某些动作，从而引起状态的转换；在新的状态下又继续响应事件并执行动作，如此循环，直到对象的终结状态。

状态机图主要由状态和转换两种元素组成。图 4-14 为网上购物系统中订单类的简单状态机图。状态机图从初态开始，首先转换为“审核中”状态。此时如果用户立即支付，则直接转换到“审核完成”状态而进入终态；而如果用户不立即支付，则进入“等待支付”状态。当订单处于“等待支付”状态时，如果用户在时限内及时支付，则同样转到“审核完成”状态，然后进入终态；而如果超过时限没有支付，则转换到“审核失败”状态，进入终态。

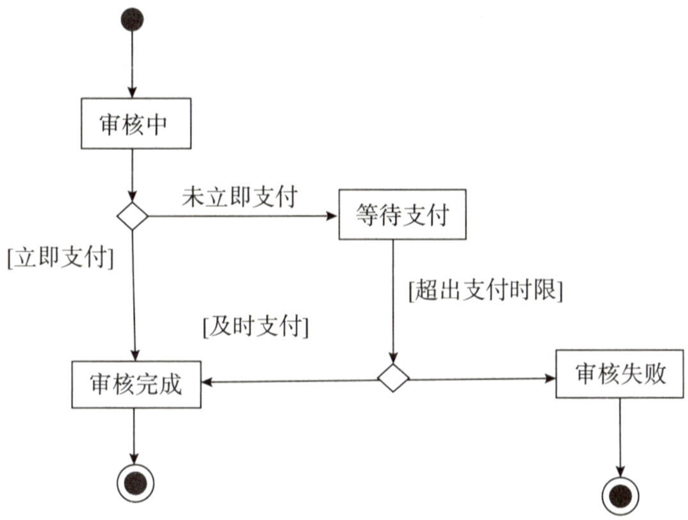

图 4-14　网上购物系统中订单类的状态机图

本 章 小 结

本章主要介绍了面向对象分析的相关知识，包括面向对象方法概述、面向对象分析概述、面向对象分析模型以及面向对象分析过程。

面向对象包括对象、类、继承和消息通信四个概念。面向对象开发过程可以分为面向对象分析、面向对象设计和面向对象程序设计三个阶段。统一建模语言作为一种标准化的、可视化的建模语言，支持的模型在逻辑上分为结构图和行为图两大类。面向对象分析的目标是产生一个符合用户需求，并能够反映问题域和系统责任的面向对象分析模型。完整的面向对象分析模型包括需求模型、基本模型、辅助模型和模型规约。根据面向对象分析模型框架，可以定义面向对象分析过程。面向对象分析过程主要包括建立需求模型、建立基本模型、建立辅助模型和建立模型规约等活动。

思 考 练 习

1. 什么是对象?
2. 简述面向对象开发过程三个阶段的主要任务。
3. 完整的面向对象分析模型包括哪些内容?
4. 简述识别对象与类的方法。
5. 简述顺序图、活动图和状态机图的主要作用。

第 5 章　信息系统设计

本章导读

在经过结构化系统分析阶段的各项工作建立新系统的逻辑模型，解决了系统“做什么”的问题后，如果审议通过了系统分析报告，那么接下来的工作就是进行系统设计。结构化系统设计是结构化生命周期法中的又一重要阶段，这一阶段要从系统逻辑模型出发，在已获准的系统分析报告的基础上，结合实际的经济、技术条件及时间要求，进行系统物理模型设计，解决系统“如何做”的问题，为后续各项系统工作做好具体实施方案。本章主要介绍信息系统设计。

学习目标

◆ 知识目标

1. 掌握系统设计的内容、目标及原则。
2. 熟悉系统结构设计各阶段的内容。

◆ 能力目标

1. 能设计代码并校验。
2. 能进行数据逻辑结构设计。

◆ 素质目标

1. 提升学生文化自信，助推国产软件高质量发展。
2. 树立学生软件版权意识。

◆ 思政目标

1. 引导学生认识中华文明对人类文明的重大贡献，不断增强民族凝聚力、民族自豪感。
2. 引导学生坚定“四个自信”，增强学生的爱国主义精神和民族自信心。

5.1 系统设计概述

系统设计又称物理设计，是根据新系统逻辑模型所提出的各项功能要求，结合实际条件，科学、合理地设计出新系统的解决方案，并且为系统实施阶段的各项工作准备好必要的技术资料和有关文件。

系统设计通常可分为两个阶段进行。第一阶段是总体设计，其任务是设计系统的框架和概貌，并向用户单位和领导部门作详细报告；若获得认可，在此基础上进行第二阶段——详细设计。这两部分工作是互相联系的，需要交叉进行。总体设计包括系统结构设计、网络设计、数据库设计、输入/输出设计等；详细设计则是对总体设计的结果进一步细化，包括处理过程设计、详细的数据库设计、详细的输入/输出设计等内容。

5.1.1 系统设计的内容

系统设计一般分为总体设计和详细设计两个阶段。总体设计又称初步设计或概要设计，它的主要任务是完成系统总体结构和基本框架的设计。详细设计的主要任务是在系统总体设计的基础上，将设计方案进一步具体化、条理化和规范化。具体来说，系统设计的主要内容可以概括如下。

（1）系统总体结构设计。系统总体结构设计是指根据系统分析阶段确定的新系统的目标和逻辑模型，科学、合理地将系统划分成若干子系统和模块，确立模块间的调用关系和数据传递关系。

（2）处理流程设计。处理流程设计主要包括系统处理流程设计和模块处理流程设计两方面。

（3）代码设计。为系统处理的实体或属性设计易于处理与识别的代码。

（4）人机界面设计。从系统角度出发，按照统一、友好、漂亮、简洁、清晰的原则设计人机界面。

（5）输出设计。根据用户的要求设计报表或其他类型输出信息的格式及内容。

（6）输入设计。设计系统运行所需输入的各种数据的输入格式，使其操作简单。

（7）数据库设计。根据数据字典和数据存取要求，确定数据库的结构。

（8）安全保密设计。为确保信息系统的运行安全和数据保密，提出安全保密设计方案。

（9）系统物理配置方案设计。进行具体的计算机软硬件及网络的选择和配置。

（10）编写系统设计说明书。将系统设计阶段的各种资料进行整理，按照规定的格式编写，为系统实施提供依据。

5.1.2 系统设计的目标

系统设计的目标是在保证实现逻辑模型功能的基础上，尽可能提高目标系统的性能，使所设计的系统安全可靠、易于理解、便于维护并具有良好的经济性，将分析阶段所获得的系统逻辑模型转换成一个具体的计算机实现方案的物理模型，包括计算机物理系统配置方案报告和系统设计说明书。

系统设计的目标是评价和衡量系统设计方案优劣的基本标准，也是选择系统设计方案的主要依据。评价与衡量系统设计目标实现程度的主要指标有以下几个方面。

1. 系统的可靠性

系统的可靠性是指系统抵御外界干扰的能力及受外界干扰时的恢复能力。可靠性是对系统的基本要求。

对系统的外界干扰来自很多方面，大致可分为对硬件、软件以及数据的干扰。这些干扰可能是无意的操作错误或恶意的侵入与篡改，也可能是外界不可控因素造成的。

提高系统的可靠性可以从立法，系统的硬件、软件、运行环境以及运行规程等多方面综合考虑。要选用可靠性较高的设备，适当考虑硬件结构的冗余度。在软件中设置身份验证及数据操作校验等各种检验及保证措施，以防止误操作和非法使用。要设置防火墙及杀毒软件等各种安全保障措施，制定明确的规章制度及运行规程。

2. 系统的可变更性

系统的可变更性指系统的可维护性或可修改性。系统投入运行后，由于系统的环境和条件会不断变化，系统在设计上的缺陷和功能上的不完善，以及在使用过程中出现的硬件、软件故障等会影响系统的正常运行。因此，系统要不断修改和完善。可变更性强的系统便于维护和扩充完善。软件设计水平是影响系统可变更性的主要因素。结构化模块设计、提高数据存储结构规范化程度、系统功能设计的前瞻性等都是提高系统可变更性的重要措施。

3. 系统的效率

系统的效率可以通过系统对处理的响应时间或单位时间内处理的业务量进行衡量。系统的效率主要与硬件平台的选择、系统软件的性能、参数的设置情况、应用软件结构设计的合理性及中间文件调用的次数和数量等因素有关。

4. 系统的通用性

系统的通用性是指同一软件系统在不同使用单位中的可应用程度。提高软件系统的通用性可以扩大它的应用范围，降低研发成本，减少系统扩充时的工作量和费用，增强系统的生命力。这一指标对于商品化软件尤为重要。为提高系统的通用性，要进行充分的系统分析，使业务处理规范化、标准化、完善化。

5. 系统的工作质量

系统的工作质量是指系统处理数据的准确性、输出各种信息的易懂性和系统操作的方便性等。系统的工作质量与系统的硬件设备及软件质量有直接关系。系统设计阶段的各项工作几乎都与系统的工作质量有关，直接影响系统的使用效果。因此，在系统设计时既要考虑到实现系统功能的要求，又要考虑到使用者的要求和反应。

5.1.3　系统设计的原则

为保证系统设计的质量，在系统设计时要遵循以下原则。

1. 系统性原则

系统是一个有机整体。因此，要从整个系统的角度进行考虑，系统中的信息代码要统一，设计规范要统一、标准，对系统的数据采集要做到数出一处、全局共享，使一次输入得到多次利用，系统功能应尽量完整。

2. 灵活性原则

信息系统是需要修改和维护的。因此，系统设计人员要有一定的预见性，要从通用的角度考虑系统设计。系统应具有较好的开放性和结构的可变性，采用模块化结构，提高各模块的独立性，尽可能减少模块间的耦合，使各子系统间的数据依赖减至最低程度。

3. 可靠性原则

一个成功的信息系统必须具有较高的可靠性，如安全保密性、检错及纠错能力、抗病毒能力、系统恢复能力等。只有系统是可靠的，才能得到用户的认可与接受。

4. 经济性原则

经济性指在满足系统需求的前提下，尽可能减小系统的开销。一方面，在硬件投资上不能盲目追求技术上的先进，而应以满足应用需要为前提；另一方面，系统设计中应尽量避免不必要的复杂化，各模块应尽量简洁，以便缩短处理流程，减少处理费用。

5. 管理可接受原则

一个系统能否发挥作用和具有较强的生命力在很大程度上取决于管理上是否可以接受。因此，在系统设计时，要考虑到用户的业务类型、用户的基础管理工作、用户的人员素质、人机界面的友好程度、掌握系统操作的难易程度等诸多因素的影响，设计出用户可接受的系统。

5.2 系统结构设计

系统结构设计也称系统总体结构设计，是指根据系统分析阶段确定的新系统的目标和逻辑模型，科学、合理地将系统划分成若干子系统和模块，确立模块间的调用关系和数据传递关系。

系统架构

一个实际应用的信息系统通常要支持复杂的业务，需要实现业务需要的全部功能，其包含的软件数量是庞大的。这就需要对这些软件进行良好的组织，使系统结构合理，方便用户使用，运行效果良好。因此，对复杂的系统首先要进行子系统的划分，其次针对每个子系统再进行功能模块的划分及细化，完成系统结构的设计，使系统具有合理的功能结构。

系统结构设计的好坏将直接影响系统的质量和整体特性，在系统结构设计中要牢记“整体大于部分之和”的思想，力求系统的整体性能最佳而不是各个局部性能最佳。

5.2.1 子系统划分

子系统划分就是综合考虑管理要求、业务特点、环境条件和开发工作等各方面因素将系统划分成若干相对独立的子系统。

在系统分析阶段，已经进行了初步的子系统划分，本阶段是从计算机实现的角度出发，对系统分析阶段划分的子系统进行校核，使其界面更加清楚和明确。目前，对子系统的划分并没有公认的准则，可以按功能、按业务先后顺序、按业务处理过程、按实际环境和网络分布等方法进行子系统的划分，而且在实际划分时还会受到个人实际工作经验及对问题理解程度等因素的影响。尽管没有确定的标准，但在进行系统划分时要遵循以下得到普遍认可的原则。

1. 划分的结构要易于理解

所划分的各子系统功能要明确，规模要适中且均衡，减少复杂性。划分时在合理可行的前提下应尽可能考虑现行系统的结构和用户的习惯，使划分的子系统易于用户理解和接受，便于新旧系统的转换。

2. 各子系统要具有相对独立性

尽量使子系统在逻辑上相对独立，让每个子系统支持某一方面的管理功能，以便于系统的分阶段实施。

3. 减少各子系统之间的依赖性

各子系统之间的联系要尽量减少，接口要简单、明确。要尽量将联系较多的模块都划入子系统内部，使子系统内部联系加强，这样必然会减少各子系统之间的联系。

4. 子系统的划分应考虑今后发展的需要

子系统的划分应充分考虑组织未来业务发展的需要，使子系统具有扩展性，如对外的接口、通信以及业务逻辑的可扩展性，并且适当考虑一些更高层次的管理决策需求。

5. 子系统的划分结果应尽量减少数据冗余

子系统划分不合理会使相关数据分布到各个不同的子系统中，这会导致子系统之间数据传递量增大或在子系统之间存在重复数据，增加系统的复杂性及易出现数据不一致性错误。

6. 应考虑各类资源的充分利用

恰当的系统划分应该既有利于各种设备资源的搭配使用，又能使各类信息资源的分布合理和充分地使用，有效减少系统对网络资源的过分依赖，减少输入、输出、通信等设备压力。

5.2.2 功能模块划分

所谓功能模块划分是在子系统划分的基础上，以系统的逻辑功能和数据流关系为基础，借助于一套标准的设计准则和图表工具，通过“自上而下”和“自下而上”的多次反复，把各子系统分解为若干大小适当、功能明确，具有一定的独立性且容易实现的模块，从而把复杂系统的设计转变为多个简单模块的设计。合理地进行模块的分解和定义是系统结构设计的主要内容。

1. 模块及模块化

模块是系统结构中的基本组成单位，模块化是进行系统结构设计的重要指导思想。

（1）模块

模块是组成目标系统逻辑模型和物理模型的基本单位，是可以组合、分解和更换的单元。系统中的任何一个处理功能都可以被看成一个模块。一个模块应具备以下四个要素。

① 输入和输出。模块的输入来源和输出去向都是同一个调用者，即一个模块从调用者那里取得输入，进行加工后再把输出返回调用者。

② 处理功能。处理功能指模块把输入转换成输出所做的工作。

③ 内部数据。内部数据指仅供该模块本身引用的数据。

④ 程序代码。程序代码指用来实现模块功能的程序。

前两个要素是模块的外部特性，反映了模块的外貌，后两个要素是模块的内部特性。在结构化设计中，主要考虑的是模块的外部特性，对其内部特性只做必要了解，具体的实现将在系统实施阶段完成。

（2）模块化

模块化是把系统分割成能完成独立功能的模块，明确规定各模块的输入 / 输出规格，使模块的界面清楚，功能明确，每个模块可独立命名和编址。在计算机软件领域，模块化的概念已被推崇 40 多年。目前，几乎所有的软件体系结构都体现了模块化的思想，即把软件划分为多个模块，每个模块完成一个子功能。当把所有模块组装到一起成为一个整体时，便可以完成指定的功能。采用模块化原理的优点有以下几条。

① 减少复杂性。模块化可以使软件结构清晰，容易设计、阅读和理解、测试和调试。

② 提高软件的可靠性和可维护性，因为变动往往只涉及少数几个模块。

③ 有助于软件开发工程的组织管理。一个复杂的大型程序可以由许多程序员分工编写不同的模块，并且可以进一步分配技术熟练的程序员编写困难的模块。

2. 模块独立性的度量

模块独立是模块化的具体表现。在一个信息系统中，系统的各组成部分之间总是存在着各种联系。将系统或子系统划分成若干模块，则在一个模块内部存在着块内联系，在模块之间存在着块间联系。模块的独立性与块内联系及块间联系的紧密程度密切相关，因此引入模块耦合和内聚的概念对模块的独立性进行度量。

（1）耦合

耦合是对软件程序结构中各个模块之间相互依赖程度的一种度量，其强弱取决于模块间接口的复杂程度。一般由模块之间的调用方式、传递信息的类型和数量决定。在设计软件时应追求尽可能松散耦合的系统。因为对这类系统中任一模块的设计、测试和维护相对独立。

耦合可分为以下几种类型。

① 非直接耦合。如果两模块中任一个都不依赖对方而能独立工作，也就是说两个模块之间没有直接关系，它们之间的联系完全是通过主模块的控制和调用实现的，则称这两个模块为非直接耦合。这种耦合的模块独立性最强。但是，在一个软件系统中不可能所有模块之间都没有任何联系。

② 数据耦合。如果两模块间通过参数交换信息，而传递的信息仅限于数据，则称这两模块间为数据耦合，如图 5-1 所示。数据耦合是松散的耦合，模块的独立性也比较强。在软件程序结构中至少要有这类耦合，而且数据耦合也是模块间进行数据传输的一种不可缺少的形式。模块之间传输的数据元素越少，产生模块间相互影响的不利因素就越少。因此，要尽量减少两个模块之间不必要的数据传输，从而使模块之间的接口尽量简单。

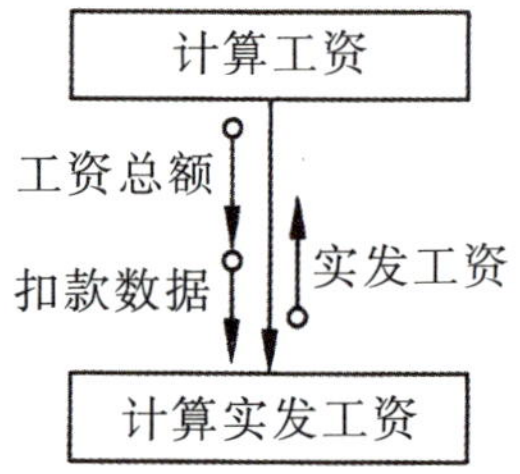

图 5-1　模块间的数据耦合

③ 标记耦合。如果两个模块通过传递数据结构（不是简单数据，而是记录、数组等）

加以联系，或者都与一个数据结构有关系，则称这两个模块间存在标记耦合。标记耦合要求这些模块都必须清楚该数据结构并按结构要求对它进行操作。在设计中应尽量避免这种耦合，因为它使在数据结构上的操作复杂化了。如果把在数据结构上的操作全部集中在一个模块中，或者给不同的模块只传递与本模块相关的数据，则可以消除这种耦合。这种耦合介于数据耦合与控制耦合之间。

④ 控制耦合。如果一个模块把控制信息传递到另一个模块，对其功能进行控制，这种耦合就是控制耦合。例如，一个模块通过传送开关、标志、名称等控制信息明显地控制另一模块的内部选择功能。控制耦合意味着控制模块必须知道所控制模块内部的逻辑关系，而且对所控制模块的任何修改都会影响控制模块，这些都会降低模块的独立性。一般软件系统中都存在控制耦合，它是完成某些功能所必需的，但控制耦合通常会增加系统的复杂性，有时适当分解模块可以消除控制耦合。

⑤ 外部耦合。当若干模块均与同一个外部环境关联并受到约束时，它们之间便存在外部耦合。例如，I/O 处理使得所有 I/O 模块与特定的设备、格式和通信协议相关联。这是一种耦合程度比较强的耦合，外部耦合尽管需要，但应限制在少数几个模块上。

⑥ 公共耦合。当若干模块通过全局的数据环境相互作用时（一组模块都访问同一个公共数据环境），则它们之间存在公共耦合。全局数据环境中可能含有全局变量、公用区、内存公共覆盖区、任何存储介质上的文件、物理设备等。这种耦合的耦合程度较高，若修改某个数据，将会影响所有模块，而且无法控制各个模块对公共数据的存取，严重影响软件模块的可靠性和适应性。对公共数据的使用也会明显降低程序的可读性。

⑦ 内容耦合。当出现下列情形之一时，模块之间的耦合就是内容耦合。

- 一个模块直接访问另一个模块的内部数据。
- 一个模块不通过正常入口转到另一模块内部。
- 两个模块有一部分程序代码重叠（只可能出现在汇编语言中）。
- 一个模块有多个入口。一个模块要直接使用另一模块内部的数据或控制信息，或一个模块直接转移到另一模块内部等。

在内容耦合的情形中，所访问模块的任何变更或者用不同的编译器对它再编译都会造成程序出错。这种耦合应坚决避免。好在大多数高级程序设计语言已经设计成不允许出现内容耦合。它一般出现在汇编语言程序中。这种耦合是模块独立性最弱的耦合。

不同类型耦合与模块独立性的关系如图 5-2 所示。

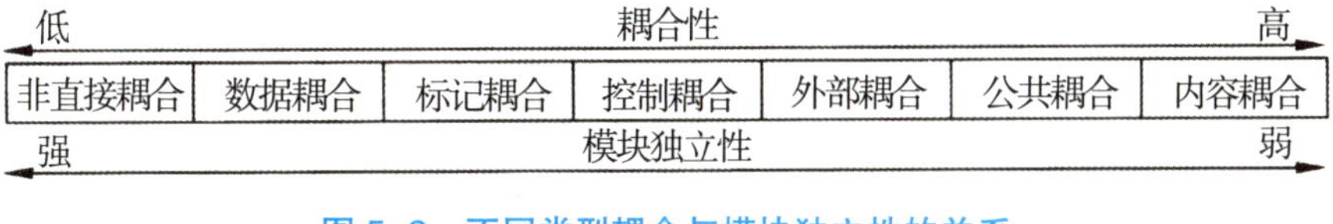

图 5-2　不同类型耦合与模块独立性的关系

一般说来，设计软件时应尽量使用数据耦合，减少控制耦合，限制外部环境耦合和公共数据耦合，杜绝内容耦合。以上七种耦合类型只是从耦合的机制上所做的分类，按耦合的松紧程度的排列只是相对的关系，但它给设计人员在设计程序结构时提供了一个决策准则。有时，并不需要完全确定多个模块之间到底属于什么类型的耦合，只要大体掌握这个顺序，设计时尽量避免高耦合即可。

（2）内聚

内聚是信息隐蔽和局部化概念的自然扩展，它标志一个模块内部各成分彼此结合的紧密程度。理想的模块只完成一个功能，模块设计的目标之一是尽可能高地内聚。内聚有以下几类。

① 偶然内聚。它是指一个模块内各成分为完成一组功能而组合在一起，模块内各部分之间没有关系或关系很松散。常见情形是，当程序员写完一个程序后发现有一组语句多处出现，为节省内存便将这些语句单独组成一个模块，如图 5–3 所示。

这种模块的缺点，首先是不易修改和维护，当修改此模块时，会涉及多个调用模块，有可能因相互制约而无法修改；其次是内容不易理解，很难描述它所完成的功能，增加了程序的模糊性。因此，在通常情况下应避免构造这种模块。

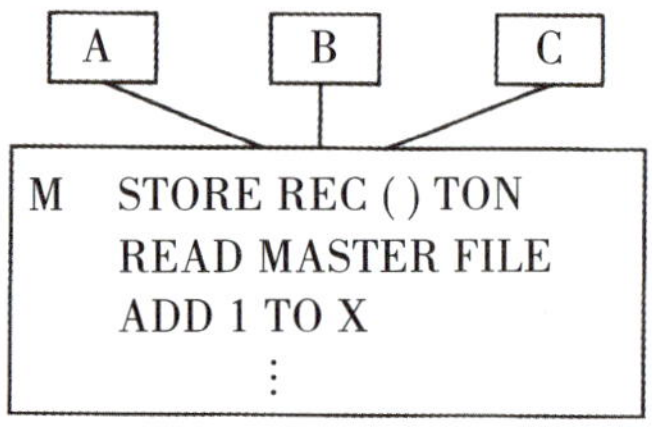

图 5–3　偶然内聚示例

② 逻辑内聚。如果一个模块完成的诸任务逻辑上相同或相关，则称为逻辑内聚。这种模块把几种相关的功能组合在一起，每次调用时，由传送给模块的判定参数确定该模块应执行哪一种功能。这种模块是单入口多功能模块。如错误处理模块，它接收出错信号，对不同类型的错误打印出不同的出错信息。逻辑内聚模块比偶然内聚模块的内聚程度要高，但是它所执行的不是一种功能，而是执行若干功能中的一种，因此它不易修改。另外，当调用时需要进行控制参数的传递，这就增加了模块间的控制耦合。而将未用的部分也调入内存将降低系统的效率。

③ 时间内聚。如果一个模块包含的诸任务必须在同一时间段内执行，则称为时间内聚（又称经典内聚）。这种模块大多为多功能模块，但模块的各个功能的执行与时间有关，通常要求所有功能必须在同一时间段内执行，如初始化模块、退出模块及紧急处理模块。而且，在一般情形下，时间内聚模块中各部分可以任意地顺序执行，因此它的内部逻辑更简单，存在的开关（或判定）转移更少。因而，时间内聚模块比逻辑内聚模块的内聚程度又高一些。

以上三种内聚形式通常被认为是低级内聚，其内聚程度较低。

④ 过程内聚。如果模块内各个组成部分的处理动作各不相同、彼此相关，并且受同一控制流支配，必须按特定的次序执行，则称为过程内聚，如统计并打印库存信息。过程

内聚中各步骤连续发生，是一种较弱的内聚，并且隐含着时间内聚。这类模块的内聚程度比时间内聚模块的内聚程度更强一些，但是因为过程内聚模块的功能不唯一，所以它的内聚程度仍然较低，模块间的耦合程度还比较高。

⑤ 通信内聚。如果一个模块内各功能部分都使用了相同的输入数据或产生了相同的输出数据，则称为通信内聚模块。如产生工资报表及计算平均工资模块，模块中的两部分功能都使用工资记录。通信内聚模块的内聚程度比过程内聚模块的内聚程度要高，因为在通信内聚模块中包括了许多独立的功能。但是，这种模块的缺点是它容易产生重复的联结或重复的功能，因此维护起来不方便。

以上两种内聚形式为中级内聚。

⑥ 顺序内聚。如果一个模块内的各个组成部分顺序执行几个处理动作，前一个处理动作产生的输出数据是下一个处理动作的输入数据，则称为顺序内聚。顺序内聚的模块中某一部分的执行依赖于另一部分，因此有高强度的内部紧凑性。但是，模块中可能包含了几个功能，也可能仅包含某个功能的一部分。因此，还不是最高程度的内聚。

⑦ 功能内聚。如果模块内所有成分形成一个整体，完成单个功能，则称为功能内聚。功能内聚模块中各个部分都是为完成某一具体功能所必不可少的组成部分，是紧密联系，不可分割的。如果把一个功能分成两个模块，就会导致模块之间有很强的耦合，而且它们不易单独理解和实现。功能内聚模块符合“黑盒”特性，即其他模块不必了解它的内部结构，就可以使用它，其内聚程度最高。功能内聚模块的优点是容易修改和维护。在把一个系统分解成模块的过程中，应当尽可能使模块达到功能内聚这一级，便于主程序的调用和控制。

以上两种内聚形式为高级内聚。

各种内聚类型与模块独立性的关系如图 5-4 所示，其中偶然内聚是最低程度的内聚形式，功能内聚是最高程度的内聚形式。

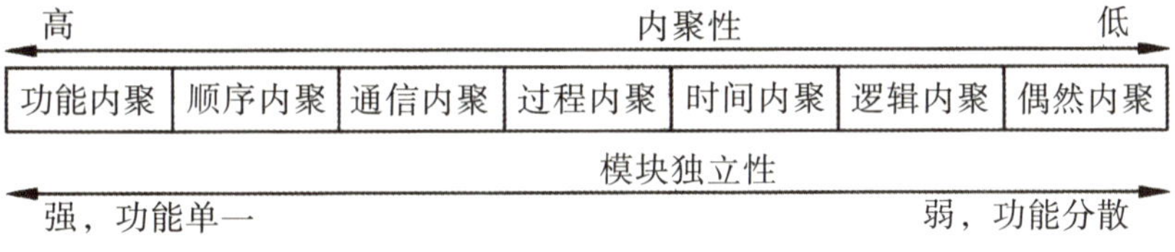

图 5-4　各种内聚类型与模块独立性的关系

对于模块内聚类型的判定，可以通过如图 5-5 所示的判断树完成。对于任一给定的模块，都可以按照判断树所提的问题进行分析，当把问题回答出来以后，模块属于哪一种内聚也就清楚了。

事实上，没有必要精确确定内聚的级别。重要的是设计软件时应当识别内聚度的高低并通过修改设计尽可能提高模块内聚度，从而获得较高的模块独立性。内聚和耦合是相互关联的。在程序结构中各模块的内聚程度越高，模块间的耦合程度就越低。但这也不是绝对的。在设计时要力求增加模块的内聚，尽量减少模块间的耦合。但增加内聚比减少耦合更重要，应当把更多的注意力集中到提高模块的内聚程度上。

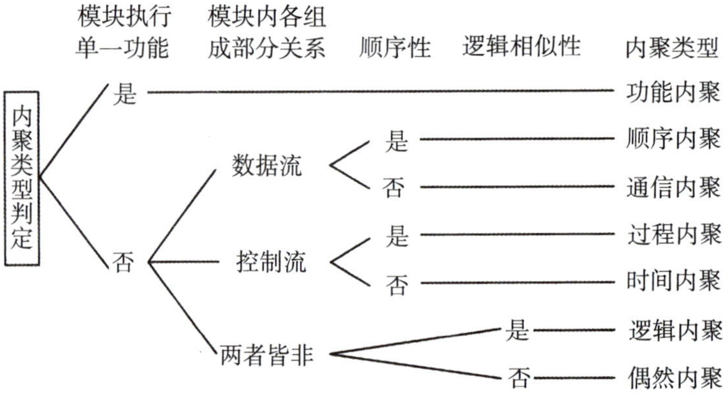

图 5-5　模块聚合强度判断树

3. 启发式规则

除了上面介绍的基本原理和概念外，人们在开发计算机软件的长期实践中积累了丰富的经验，通过总结这些经验得出了一些启发式规则。这些启发式规则往往能帮助软件设计者找到改进软件结构、提高软件质量的途径。

（1）通过模块分解或合并提高模块独立性

设计出软件的初始结构后，应该审查分析这个结构，通过模块分解或合并，力求降低耦合提高内聚。例如，多个模块共有一个子功能，可以将此功能独立成一个模块，由原模块调用；有时也可以通过分解或合并模块以减少控制信息的传递及对全程数据的引用，并且降低接口的复杂程度。如图 5-6（a）所示，C1、C2 有类似功能，也有不同功能，可把功能类似的部分分离出来，增加一个公共下属模块 C，如图 5-6（b）所示。如果余下的 C1 '、C2 ' 比较简单，也可以分别与其上级模块合并成 A ' 和 B '，以减少控制的传递和全局数据的引用，如图 5-6（c）所示。

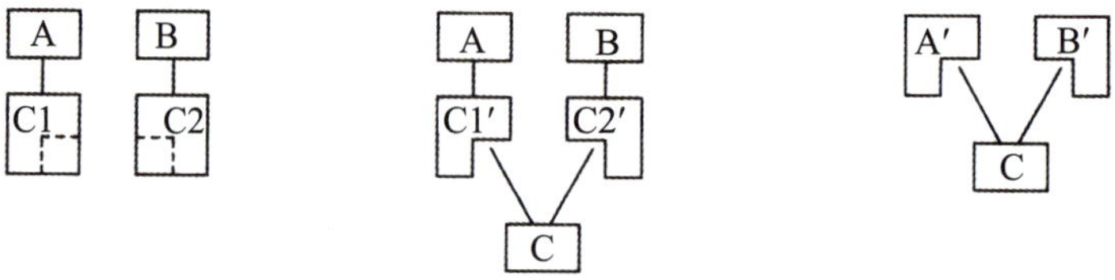

（a）具有共同子功能　（b）子功能分离　（c）余下部分与上级模块合并

图 5-6　模块的分解或合并

（2）模块规模应该适中

模块的大小可以用模块中所含语句的数量的多少衡量。经验表明，一个模块的规模不应过大，最好能写在一页纸内（通常不超过 60 行语句），控制在 50 ~ 100 行。语句行数过多会显著降低程序的可理解性。

过大的模块往往是由于分解不够充分，因此可以对功能进一步分解，生成一些下级模块或同层模块。但是进一步分解必须符合问题结构，一般说来，分解后不应该降低模块的独立性。

过小的模块开销大于有效操作，而且模块数目过多将使系统接口复杂。因此过小的模块有时不值得单独存在，特别是只有一个模块调用它时，通常可以把它合并到上级模块中去而不必单独存在。但是如果这个模块是功能内聚性模块，它为多个模块所共享，或者调用它的上级模块很复杂，则一定不要把它合并到其他模块中去。

（3）深度、宽度、扇出和扇入都应适当

深度表示软件结构中控制的层数，它往往能粗略地标志一个系统的大小和复杂程度。深度和程序长度之间应该有粗略的对应关系，当然这个对应关系是在一定范围内变化的。如果层数过多，则应该考虑是否有许多管理模块可适当合并，如图 5–7 所示。

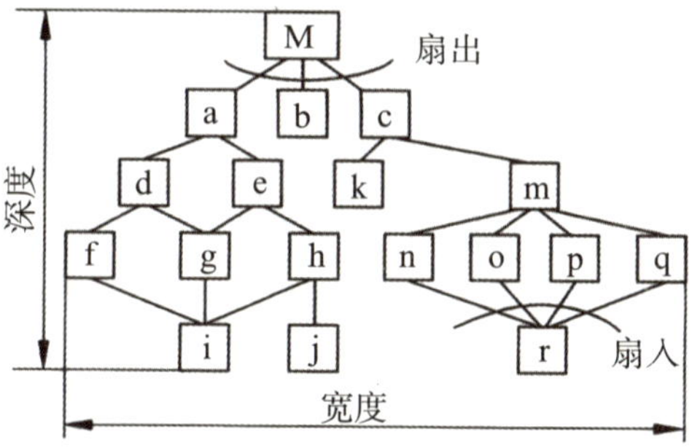

图 5–7　模块的深度、宽度及扇入和扇出

宽度是软件结构内同一个层数上的模块总数的最大值。一般来说，宽度越大，系统越复杂。对宽度影响最大的因素是模块的扇出。

扇出是一个模块直接控制（调用）的子模块数目。扇出过大意味着模块过分复杂，需要控制和协调过多的下级模块；扇出过小也不好。经验表明，一个设计良好的典型系统的平均扇出通常是 3 或 4（扇出的上限通常是 5 ～ 9）。

扇出太大一般是因为缺乏中间层次，应该适当增加中间层次的控制模块。扇出太小时可以把下级模块进一步分解成若干子功能模块或者合并到它的上级模块中去。当然分解模块或合并模块必须符合问题结构，不能违背模块独立原理。

一个模块的扇入表明有多少个上级模块直接调用它，扇入越大则共享该模块的上级模块数目越多，这是有好处的。但是，不能违背模块独立原理单纯追求高扇入。如果一个模块的扇入太大（如超过 8），而它又不是公用模块，说明该模块可能具有多个功能，则应当对它进一步分析并将其功能分解。

经验证明，一个设计良好的软件模块结构通常顶层扇出比较高，中间层次扇出比较少，底层模块有高扇入。

（4）模块的作用范围应在控制范围之内

模块的作用范围是受该模块内判定影响的所有模块的集合。模块的控制范围包括这个模块本身及其所有直接或间接从属于它的模块的集合。如图 5–8 所示，模块 A 的控制范围为 A、B、C、D、E、F，模块 C 的控制范围为模块 C、D、E、F。如果一个判定的作用范围包含在这个判定所在模块的控制范围之内，则这种结构是简单的，否则它的结构是不简单的。

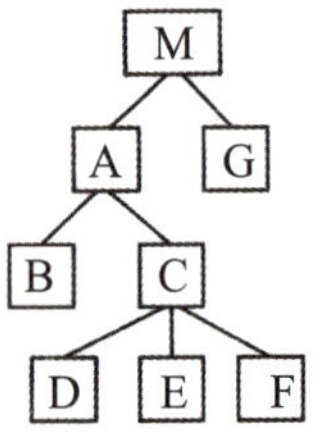

图 5–8　模块的作用范围和控制范围

例如，在图 5–8 中，模块 A 做出的判定只影响模块 B，那么是符合这条规则的。但是，如果模块 A 做出的判定同时还影响模块 G 中的处理过程，会有什么坏处呢？首先，这样的结构使得软件难于理解；其次，为了使得 A 中的判定能影响 G 中的处理过程，通常需要在 A 中给一个标记设置状态以指示判定的结果，并且应该把这个标记传递给 A 和 G 的公共上级模块 M，再由 M 把它传给 G。这个标记是控制信息而不是数据，因此将使模块间出现控制耦合。

若 F 中有判定，影响到 B，则产生不好的结果：F 的作用范围为 B、F，控制范围为 F。这样，作用范围不属于控制范围的子集。F 中的判定为了要影响模块 B 的处理，必须通过模块 C 和 A 这一不必要的路径传递参数。

若 M 中有判定，影响到 B 和 F，可用但不佳：M 的作用范围为 B、F，控制范围为所有模块。控制范围相对于作用范围来说太大，判定在模块层次中的位置太高。

若 C 中有判定，影响到 D 和 F，则是最理想的设计。

如果在设计过程中，发现作用范围不在控制范围内，可采用如下办法把作用范围转移到控制范围之内。

① 将判定所在模块合并到父模块中，使判定处于较高层次。

② 将受判定影响的模块下移到控制范围内。

③ 将判定上移到层次中较高的位置。

到底采用哪种方法改进软件结构需要根据具体问题统筹考虑。一方面应该考虑哪种方法更易实现，另一方面应该使软件结构能最好地体现问题原来的结构。

（5）力争降低模块接口的复杂程度

模块接口复杂是软件发生错误的一个主要原因。应该仔细设计模块接口，使信息传递变得简单并且和模块的功能一致。在模块中进行数据传递时，尽量用简单数据结构（如变量），而不用复杂数据结构（如数组）。

例如，求一元二次方程的根的模块 QUAD–ROOT（TBL，X），其中用数组 TBL 传送方程的系数，用数组 X 回送求得的根。这种传递信息的方法不利于对这个模块的理解，不仅在维护期间容易引起混淆，在开发期间也可能发生错误。下面这种接口可能是比较简单的。

QUAD-ROOT（A，B，C，ROOT1，ROOT2），其中 A、B、C 是方程的系数，ROOT1 和 ROOT2 是算出的两个根。

接口复杂或不一致（即看起来传递的数据之间没有联系）是紧耦合或低内聚的征兆，应该重新分析这个模块的独立性。

（6）设计单入口单出口的模块

设计单入口单出口的模块这条启发式规则，是用来警告软件工程师不要使模块间出现内容耦合。当从顶部进入模块并从底部退出来时，软件是比较容易理解的，因此也是比较容易维护的。

（7）模块功能应该可以预测

模块的功能应该能够预测，但也要防止模块功能过分局限。

如果一个模块可以作为一个黑盒子，也就是说，无论内部处理细节如何，只要输入的数据相同就产生同样的输出，这个模块的功能就是可以预测的。

如果一个模块只完成一个单独的子功能，则呈现高内聚。但是，如果一个模块过分限制局部数据结构的大小，过分限制在控制流中可以做出的选择或者外部接口的模式，那么这种模块的功能就过分局限，使用范围也就过分狭窄，将很难适应用户新的要求或环境的变更，会给将来的软件维护造成很大的困难。因此为了能够适应将来的变更，软件模块中局部数据结构的大小应当是可控制的，调用者可以通过模块接口上的参数表或一些预定义外部参数来规定或改变局部数据结构的大小。另外，控制流的选择对于调用者来说应当是可预测的。与外界的接口应当是灵活的，也可以用改变某些参数的值来调整接口的信息，以适应未来的变更。

以上列出的启发式规则多数是经验规律，对改进设计、提高软件质量往往有重要的参考价值；但是，它们既不是设计的目标也不是设计时应该普遍遵循的原理。

4. 模块结构图

模块结构图（structure chart，SC）是用于描述系统模块结构的图形工具，它不仅描述了系统的子系统结构与分层的模块结构，还清楚地表示了每个模块的功能，直观地反映了块内联系和块间联系等特性。

模块结构图是结构化设计中描述系统模块结构的图形工具。模块结构图能严格地定义模块的名称、功能和接口，同时还能反映出结构化设计的思想。模块结构图由模块、调用、数据、控制信息等基本符号组成，如图 5-9 所示。

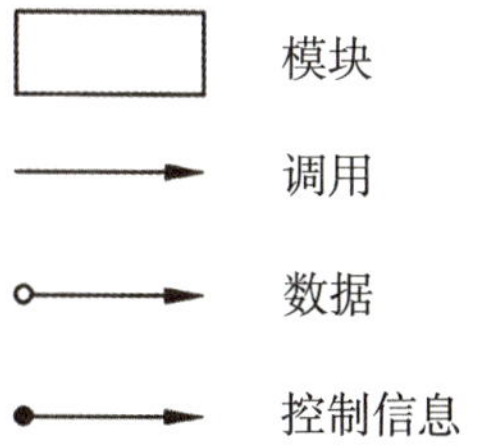

图 5-9　模块结构图的基本符号

（1）模块

在模块结构图中，用长方形框表示一个模块，长方形中间标上能反映模块处理功能的模块名称。模块名通常由一个动词和一个作为宾语的名词组成。

（2）调用

在模块结构图中，用连接两个模块的箭线表示调用，箭头总是由调用模块指向被调用模块，但是应该理解成被调用模块执行后又返回到调用模块。

如果一个模块是否调用一个从属模块取决于调用模块内部的判断条件，则该调用称为模块间的判断调用，采用菱形符号表示。如果一个模块通过其内部的循环功能循环调用一个或多个从属模块，则该调用称为循环调用，用弧形箭头表示。调用、判断调用和循环调用的表示方法如图 5-10 所示。

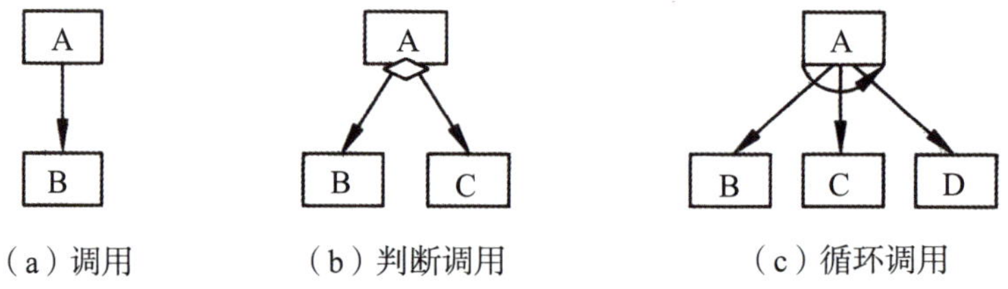

图 5-10　调用、判断调用和循环调用的表示方法

图 5-11 为判断调用的例子。“确定录取学生”模块根据考生的成绩，如达到录取标准，则调用“产生录取通知”模块；否则，调用“产生不录取通知”模块。

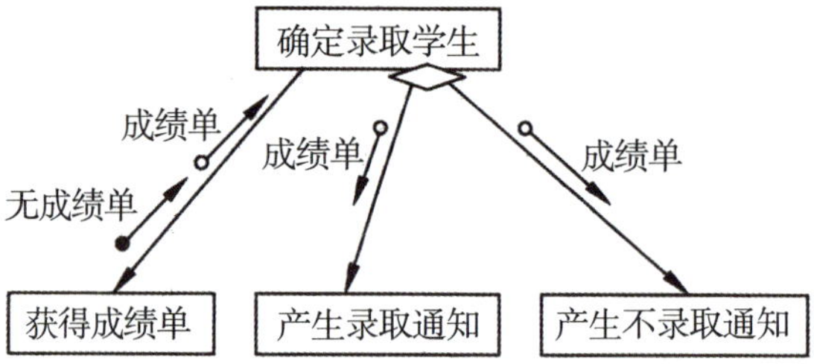

图 5-11　判断调用的例子

图 5-12 为循环调用的例子，对于每个学生的成绩单，内层循环用于控制计算每个人的总成绩，外层循环用于控制取出每个学生的成绩单，计算每个学生的总成绩及平均成绩。

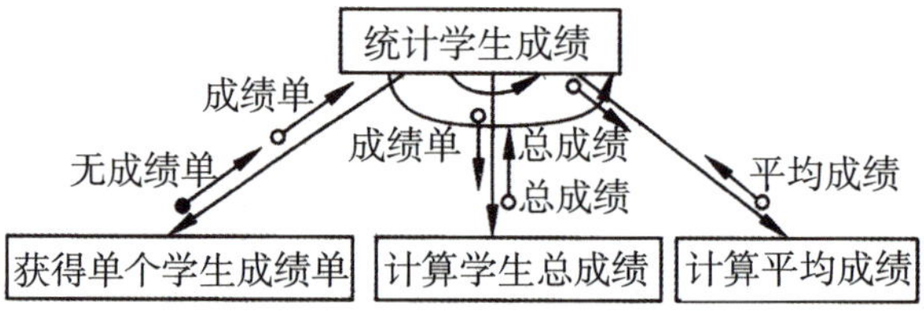

图 5-12　循环调用的例子

（3）数据

当一个模块调用另一个模块时，调用模块可以把数据传送到被调用模块处供处理，而被调用模块又可以将处理的结果数据送回到调用模块。在模块之间传送的数据，使用与调用箭头平行的带空心圆的箭头表示并在旁边标上数据名。

（4）控制信息

为指导程序下一步的执行，模块间有时还必须传送某些控制信息。例如，数据输入完成后给出的结束标志、文件读到末尾所产生的文件结束标志等。控制信息与数据的主要区别是前者只反映数据的某种状态，不必进行处理。在模块结构图中，用带实心圆点的箭头表示控制信息。

5. 模块分解的原则和步骤

模块分解是根据目标系统数据流程图的分解过程，遵照模块分解的原则，将系统处理逐层分解的过程。一个合理的子系统或模块划分应该是内部联系强，子系统或模块间尽可能独立，接口明确、简单，尽量适应用户的组织体系，有适当的共用性。为能够合理地划分系统的各个模块，使其具有较强的独立性，要遵循的总原则是：尽量把密切相关的子问题划归到同一模块；把不相关的子问题划归到系统的不同模块。分解完成的系列处理模块应反映数据流程图所规定的各项任务和处理顺序，但并非一定是数据流程图中各处理的简单排列，而是根据模块分解基本原则所进行的优化分解的结果。

模块分解没有固定的答案，通常情况下，各子系统都设立了原始数据的输入模块、查询模块、报表输出模块、统计分析模块，以及其他特殊处理模块。另外，还设立了系统管理模块，用于系统的初始化、数据备份、系统用户的管理。

模块分解的具体步骤如下。

（1）根据顶层数据流程图的分解情况，将目标系统分解成若干子系统。

（2）根据各子系统的分解过程，将子系统逐步分解为若干按层次分布的模块。

（3）按照模块分解的基本原则，为便于管理和应用，优化模块分解，调整模块调用关系。

（4）绘制系统层次化模块结构图。

6. 结构化设计

系统结构设计在技术上有相当的难度，为此需要有一定的设计方法和设计工具来指导。自 20 世纪 70 年代以来，出现了多种设计方法，比较有代表性的是杰克逊方法、帕纳斯方法、结构化设计方法，其中结构化设计方法是较为典型的方法。

（1）结构化设计

结构化设计（structured deesign，SD）方法是使用最广的一种设计方法，是 20 世纪 70 年代中期由美国 IBM 公司提出的一种面向数据流的设计方法，重点是确定软件的结构，其目的是提出满足软件需求的最佳软件结构。面向数据流的设计方法定义了一些不同的“映射”，利用这些映射可以把数据流图变换成软件结构。因为任何软件系统都可以用数据流图表示，所以面向数据流的设计方法理论上可以设计任何软件的结构。该方法适合于软件系统的总体设计和详细设计，特别是将一个复杂的系统转换成模块化结构系统，该方法具有优势。在使用过程中可将结构化设计方法与结构化分析方法及编程阶段的结构化程序设计方法前后衔接起来。

（2）结构化设计的概念与原理

根据 Yourdon 和 Constantine 的定义，“结构化设计就是采用最佳可能方法设计系统的各个组成部分以及各成分之间的内部联系的技术。”

结构化设计的基本思想是使系统模块化，即把一个系统自上而下逐步分解为若干彼此独立而又有一定联系的组成部分，这些组成部分被称为模块。任何一个系统都可以按功能逐步由上到下、由抽象到具体，逐层分解为一个由多层次的、具有相对独立功能的模块所组成的系统。在这一基本思想的指导下，系统设计人员以逻辑模型为基础，并且借助于一套标准的设计准则和图表等工具，逐层地将系统分解成多个大小适当、功能单一、具有一定独立性的模块，从而把一个复杂的系统转化成易于实现、易于维护的模块化结构系统。

结构化设计的工作过程可分为两步：第一步是根据数据流程图导出系统的初始结构，第二步是对初始结构图进行优化。

（3）结构化设计方法的特点

结构化设计方法具有以下特点。

① 设计结果是相对独立、功能单一的模块结构。结构化设计的基本思想是将系统设计成由多个相对独立、功能单一的模块组成的结构。因此，对于复杂的系统，可以用分解的方法予以简化。由于模块之间相对独立，因此每一模块就可以单独地被理解、编写、测试、排错和修改，从而有效地防止错误在模块之间扩散蔓延，提高了系统的质量（可维护性、可靠性等）。因而，大大简化了系统研制开发的工作。

② 有一组基本的设计原则与方法。在从数据流程图导出初始结构图时，有确定的方法可以遵循，如变换型或事务型设计方法。

③ 有一组评价标准和质量优化技术。“高内聚，低耦合”是结构化设计中衡量模块“相对独立”性能的标准。对于模块内聚性的衡量及块间联系紧密程度的度量都有明确的标准及优化的技术。

④ 采用模块结构图的描述方式。模块结构图是结构化设计的主要工具，它不仅可以表示一个系统的层次结构关系，还反映了模块的调用关系和模块之间数据流及控制流的传递关系等特性。

7. 导出初始结构图的方法

（1）判断信息流的类型

无论数据流程图如何庞大复杂，其信息流一般可分为变换流和事物流。信息流的类型决定了映射的方法。

① 变换流

变换流的数据流图是一个线性结构，由输入、变换和输出三部分组成，如图 5-13 所示。

信息沿输入通路进入系统，同时由外部形式变换成内部形式，进入系统的信息通过变换中心，经加工处理以后再沿输出通路变换成外部形式离开软件系统。当数据流图具有这些特征时，这种信息流就被称为变换流。

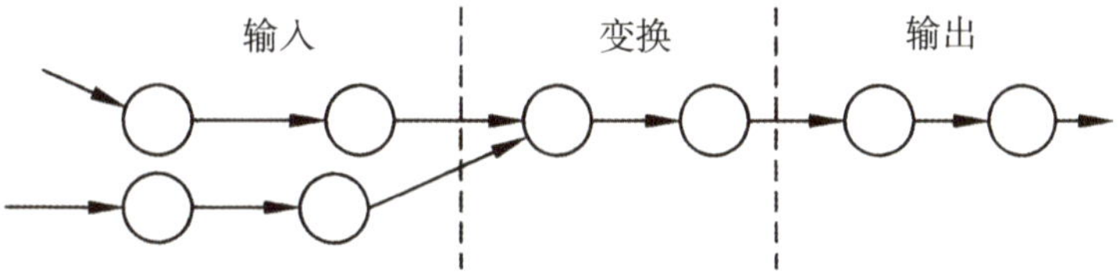

图 5-13 变换流

变换是系统的变换中心，变换输入端的数据流为系统的逻辑输入，输出端为逻辑输出。而系统输入端的数据流为物理输入，输出端为物理输出。变换型数据处理的工作过程大致分为三步，即取得数据、变换数据和给出数据。这三步反映了变换型问题数据流图基本思想。其中，变换数据是数据处理过程的核心工作，而取得数据是为它做准备，给出数据则是对变换后的数据进行后处理工作。

② 事务流

基本系统模型意味着变换流。因此，原则上所有信息流都可以归结为这一类。但是，当数据流图具有与图 5-14 类似的形状时，这种数据流是“以事务为中心的”，也就是说，数据沿输入通路到达一个处理 T，这个处理根据输入数据的类型在若干动作序列中选出一个来执行。

这类数据流应该划为一类特殊的数据流，被称为事务流。图中的处理 T 称为事务中心，它完成下述任务。

• 接收输入数据（输入数据又称为事务）。

• 分析每个事务以确定它的类型。

• 根据事务类型选取一条活动通路。

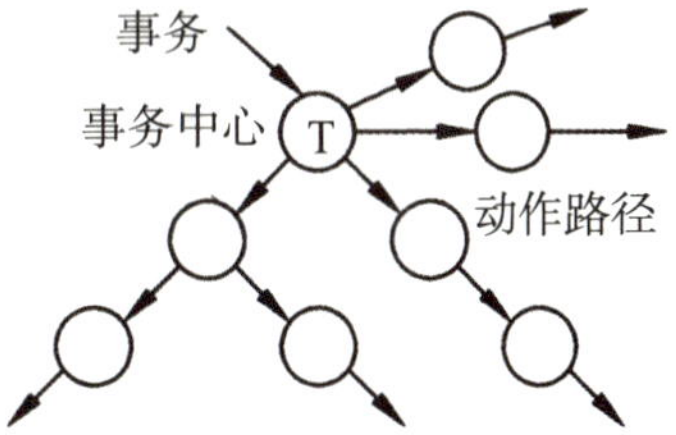

图 5-14 事务流

对于具有变换流或事物流的数据流图，在从数据流图映射成软件结构时，要分别进行变换分析或事物分析。

（2）从数据流图导出初始结构图的步骤

从数据流图导出初始结构图，一般要经过以下步骤。

① 对数据流图进行复审，必要时修改或细化。

② 根据数据流图确定软件结构属于变换型还是事务型。

③ 把数据流图映射成结构图。

④ 改进结构图，使设计更加合理。

（3）变换分析

变换分析是一系列设计步骤的总结，经过这些步骤把具有变换流特点的数据流图按预先确定的模式映射成软件结构。变换分析方法由以下几步组成：区分有效（逻辑）输入、有效（逻辑）输出和中心变换部分；进行一级分解，设计上层模块；进行二级分解，设计中、下层模块。具体过程见例 5–1。

【例 5–1】对图 5–15 所示的数据流图进行结构设计。

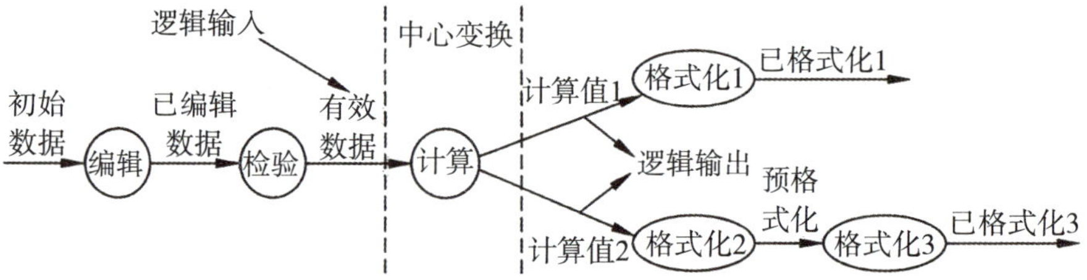

图 5–15　具有变换数据流的数据流图

① 在数据流图上区分系统的逻辑输入、逻辑输出和中心变换部分

首先，从输入的数据源开始，沿着每一个由数据源传入的数据流的移动方向进行跟踪，逐个分析它所经过的处理逻辑功能。如果只是对传入的数据流做形式上的转换，逻辑上还没有进行实际的数据处理功能，则这些处理逻辑都属于系统的输入处理部分，沿着传入的数据流的移动方向，一直跟踪到它被真正地处理为止。从输入设备获得的物理输入一般要经过编辑、数制转换、格式变换、合法性检查等一系列预处理，最后才变成逻辑输入传送给中心变换部分。其次，从输出结果的地方开始，沿每一个传递出去的数据流回溯，逐个分析它所经过的处理逻辑。如果只是对传送出去的数据流做形式上的转换，这些处理逻辑都属于整个系统的输出处理部分，一直回溯到它被真正地产生出来为止。从中心变换部分产生的是逻辑输出，它要经过格式转换、组成物理块等一系列处理后，才成为物理输出。中心变换部分是系统的中心加工部分。这样，就区分出系统的逻辑输入、逻辑输出和中心变换部分。

② 进行一级分解，设计系统模块结构的顶层和第一层

首先设计一个主模块并用系统的名称为它命名，其次将它画在与中心变换相对应的位置上。作为系统的顶层，它的功能是调用下一层模块，完成各下层模块的协调工作。

主模块设计好后，下面的程序结构就可按输入、中心变换和输出等分支处理。程序结构的第一层可以这样设计：为每一个逻辑输入设计一个输入模块，它的功能是为主模块提供数据；为每一个逻辑输出设计一个输出模块，它的功能是将主模块提供的数据输出；为中心变换设计一个变换模块，它的功能是将逻辑输入转换成逻辑输出。

第一层模块与主模块之间传送的数据应与数据流图相对应，如图 5–16 所示。在图中，主模块控制并协调第一层的输入模块、变换模块和输出模块的工作。一般说来，它要根据一些逻辑条件或循环来控制对这些模块的调用。

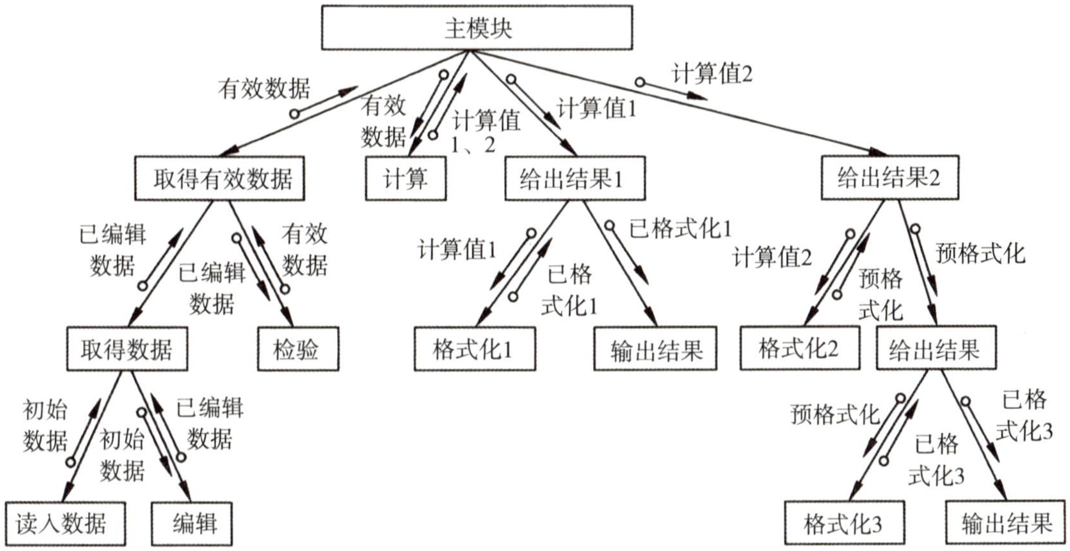

图 5-16　第一层模块与主模块之间传送的数据

③ 进行二级分解，设计输入、中心变换和输出部分的中下层模块

自顶向下，逐层细化，为第一层的每一个输入模块、输出模块、变换模块设计它们的从属模块。设计下层模块的顺序是任意的。但一般是先设计输入模块的下层模块。因为输入模块的功能是向调用它的上级模块提供数据，所以它必须有一个数据来源。因而它必须有两个下属模块：一个是接收数据；另一个是把这些数据变换成它的上级模块所需的数据。如果接收数据模块又是输入模块，要重复上述工作。如果输入模块已经是物理输入端，则细化工作停止。因此，对于每一个逻辑输入，在数据流图上向物理输入端方向逆向移动，只要还有加工，就在相应输入模块下面建立一个子输入模块和一个子变换模块。

同样，输出模块是从调用它的上级模块接收数据，用于输出，因而也应当有两个下属模块：一个是将上级模块提供的数据变换成输出的形式，另一个是将它们输出。因此，对于每一个逻辑输出，在数据流图上向物理输出端方向正向移动，只要还有加工框，就在相应输出模块下面建立一个子变换模块和一个子输出模块。

设计中心变换模块的下层模块没有通用的方法，一般应参照数据流图的中心变换部分和功能分解的原则考虑如何对中心变换模块进行分解。图 5-16 是对图 5-15 进行变换分析的结果。

（4）事务分析

与变换分析一样，事务分析也是从分析数据流图开始。自顶向下，逐步分解，建立系统的结构图。进行事务分析时，通常采用以下步骤。

① 在数据流图上确定事务中心、接收部分和发送部分。

② 画出初始结构化框架，把数据流图上的三部分分别映射为事务控制模块、接收模块和动作发送模块。

③ 分解细化接收分支和发送分支，完成初始结构化。

【例 5–2】对图 5–17 所示的数据流图进行结构设计。

图 5–17 为一个以事务为中心的数据流图。显然，加工 T 是它的事务中心，由该数据流图经事务分析所得到的模块结构图如图 5–18 所示。

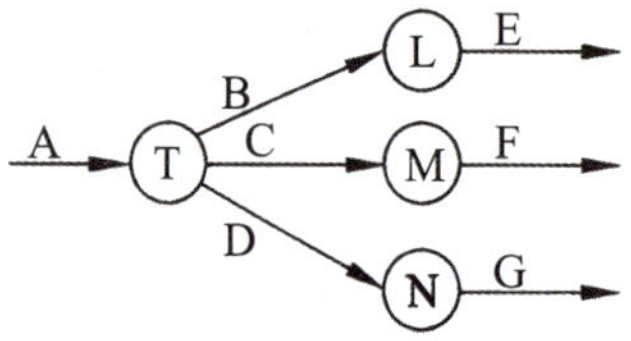

图 5–17　具有事务型数据流的数据流图

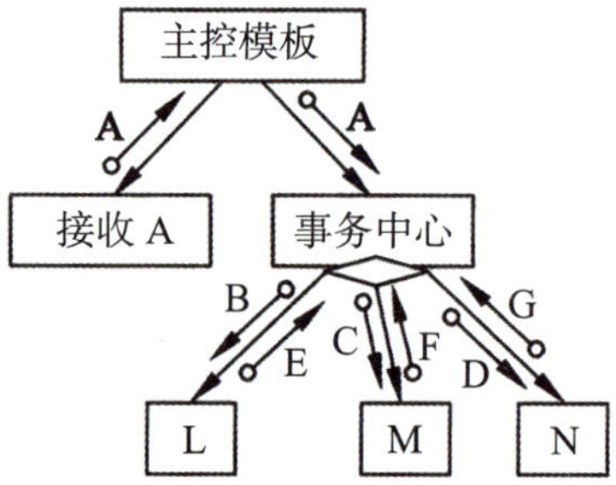

图 5–18　由数据流图经事务分析所得到的模块结构图

变换分析是软件系统结构设计的主要方法。因为大部分软件系统都可以应用变换分析进行设计。但是，在一些情况下，仅使用变换分析是不够的，还需要其他方法作为补充。事务分析就是最重要的一种方法。如果数据流不具有显著的事务特点，最好使用变换分析；反之，如果具有明显的事务中心，则应该采用事务分析技术。通常，一个大型的软件系统是变换型结构和事务型结构的混合结构。因此，我们通常利用以变换分析为主，事务分析为辅的方式进行软件结构设计。在系统结构设计时，首先利用变换分析方法把软件系统分为输入、中心变换和输出三部分，设计上层模块，即主模块和第一层模块。其次根据数据流图各部分的结构特点，适当地利用变换分析或事务分析，就可以得到初始系统结构图的某个方案。

5.3　处理流程设计

系统结构设计的重点在于描述系统的功能特征及模块之间的调用关系。但是，它并不能表达出系统中数据的存储情况，系统对数据的处理过程，以及各功能模块的输入数据、处理过程和输出数据之间的逻辑关系。因此，为进一步表达系统的处理过程和系统中数据的传递关系，还必须进行系统处理流程设计和具体模块的处理流程设计，以便为程序设计提供详细资料。

5.3.1　系统流程设计

在实际工作中，许多业务和功能都是通过数据存储文件联系起来的，这个情况在模块结构图中未能反映出来。例如，某一模块向某一数据文件中存入数据，而另一个功能模块则从该数据文件中读取数据。系统流程设计主要是通过系统处理流程图描述数据在计算机存储介质间的流动、转换和存储情况，以便为模块的处理流程设计提供详细的输入输出依据。系统流程图以新系统的数据流图和模块结构图为基础，首先，找出数据之间的关系，即由什么输入数据，产生什么中间输出数据（可建立一个临时中间文件），最后得到什么输出信息。其次，把各个处理功能与数据关系结合起来，形成整个系统的信息系统流程图。绘制系统流程图应使用统一的符号。

国际国内都有关于系统流程图的符号标准，我国国家标准 GB/F 1526–1989《信息处理数据流程图、程序流程图、系统流程图、程序网络图和系统资源图的文件编制符号及约定》与国际标准化组织标准 ISO 5807:1985 以及美国国家标准协会（ANSI）的符号大致相同，常用的系统流程图符号如图 5–19 所示。工资管理子系统的系统流程图如图 5–20 所示。

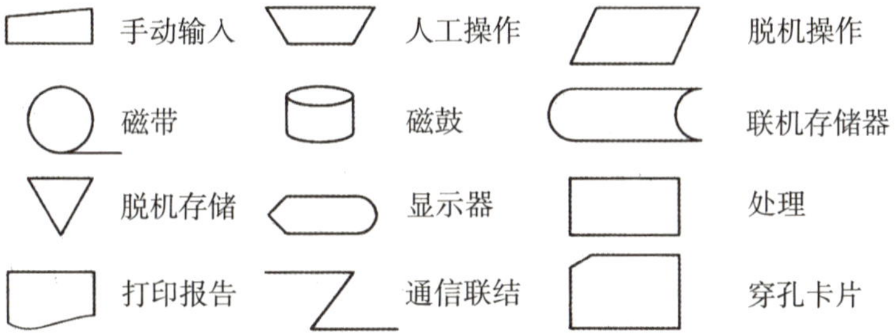

图 5–19　常用的系统流程图符号

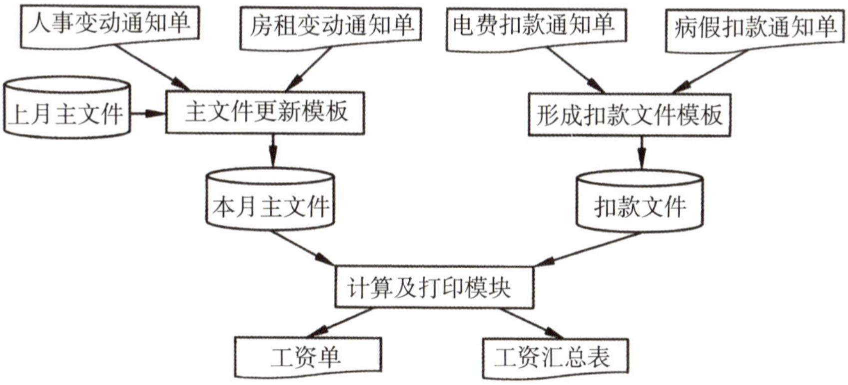

图 5–20　工资管理子系统的系统流程图

工资管理子系统有主文件更新模块、形成扣款文件模块和计算及打印模块三个处理模块。系统的数据分别放在主文件和扣款文件中。主文件中所放数据为相对固定的数据，变动量很少，而扣款文件中放的都是每月变动量很大的文件，如各种扣款数据。每月根据各种扣款通知单，形成扣款文件。每月要进行工资发放时，由计算及打印模块对主文件和扣款文件进行相关处理，计算出每个职工的工资项目及汇总数据，并打印出工资单和工资汇总表。由于并不要求处理流程图提供详细的处理细节，因此对它的设计可以粗略一些，只要反映出相关的处理模块即可。

系统流程图可用于描述现行系统的工作流程、新系统的工作流程以及处理功能的工作流程情况。通过系统流程图可以反映出系统处理的方式，各个数据文件存放的介质，处理程序的目的和个数，数据在系统中的流动、处理和存储过程，处理程序的输入输出形式和内容，对计算机外部设备的要求以及对各类文件保存形式的要求等内容。

5.3.2 模块处理流程设计

模块处理流程设计也称为程序处理流程设计，是指用统一规定的标准符号描述某一模块内部具体运行步骤的设计过程，为程序员提供详细的技术资料。

对模块处理流程的设计是在系统处理流程图的基础上，通过将具体的处理模块在计算机中的主要运行步骤表示出来而形成模块处理流程图，作为程序设计的最基本依据。模块处理流程设计主要采用程序流程图、盒图、问题分析图（problem analysis diagram，PAD）和 PDL 语言作为设计工具。

1. 程序流程图

程序流程图（flow chart，FC）又称框图，是经常使用的程序细节描述工具。它由 Goldstine 于 1946 年首先采用，是历史最悠久、使用最广泛的描述软件设计的方法。框图的特点是清晰易懂，能直观地描述过程的控制流程，便于初学者掌握。然而它也是用得最混乱的一种方法。常用的程序流程图符号如图 5-21 所示。

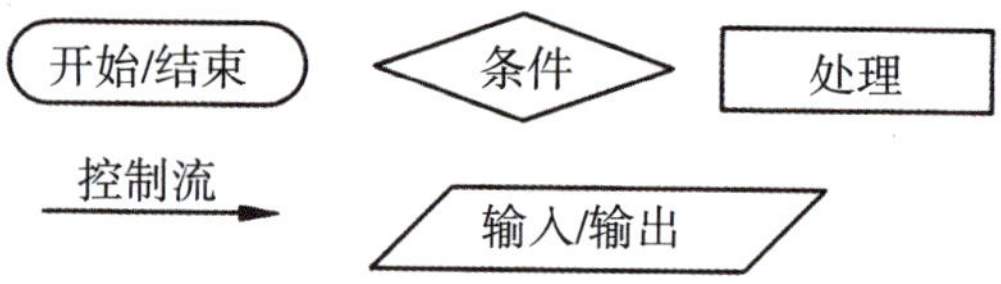

图 5-21　程序流程图的常用符号

基于结构化的程序设计，框图包括五种基本结构，如图 5-22 所示。

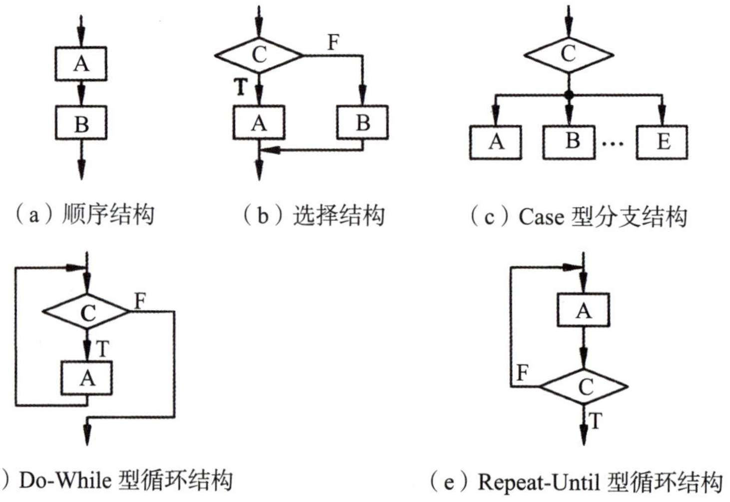

（a）顺序结构　（b）选择结构　（c）Case 型分支结构

（d）Do-While 型循环结构　（e）Repeat-Until 型循环结构

图 5-22　结构化程序流程图的五种基本结构

在结构化程序设计出现之前，框图一直可用箭头实现向程序任何位置的转移（即 goto 语句），往往不能引导设计人员用结构化方法进行详细设计。箭头使用不当会使框图非常难懂，而且无法维护。因此在使用框图时要注意箭头的流向，坚持使用结构化的程序流程图符号，以保证所设计的程序处理流程符合结构化程序设计的需要。从 20 世纪 40 年代末到 70 年代中期，程序流程图一直是软件设计的主要工具。它的主要优点是对控制流程的描绘很直观，便于初学者掌握。由于程序流程图历史悠久，为最广泛的人所熟悉，尽管它有种种缺点，许多人建议停止使用它，但至今仍在广泛使用着。不过总的趋势是越来越多的人不再使用它。

【例 5-3】给出一串数，求出正数的数目、负数的数目以及所有正数的和。若所遇到的数是 0 或者正数的和超过 1 000，那么程序就停止。用程序流程图表达处理过程，其结果如图 5-23 所示。

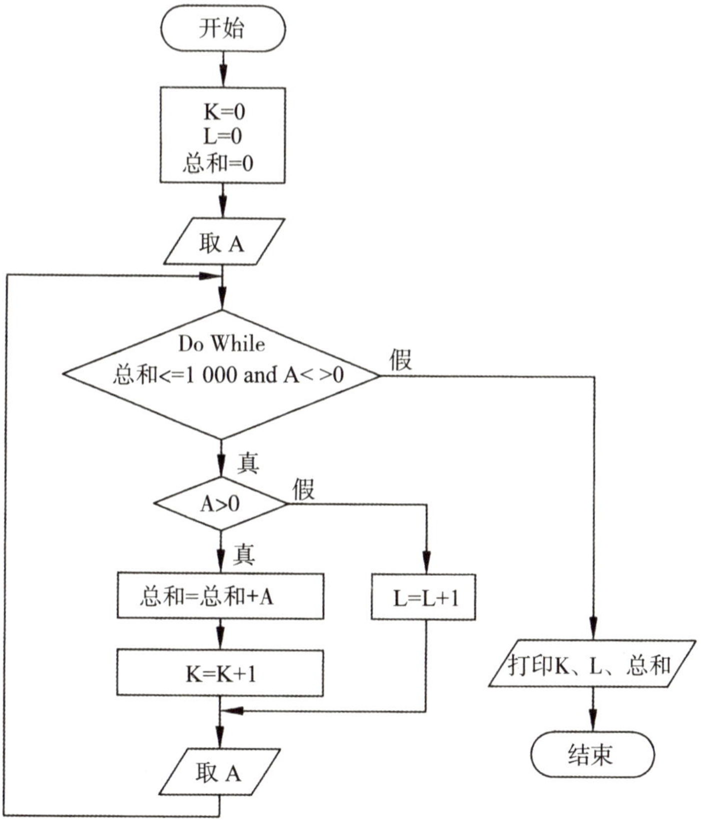

图 5-23 程序流程图示例

2. 盒图

1973 年，Nassi 和 Shneiderman 提出了盒图（又称 N-S 图）。每个处理步骤都用一个盒子表示，这些处理步骤可以是语句或语句序列。在需要时，盒子中还可以嵌套另一个盒子，嵌套深度一般没有限制，只要整张图可以在一张纸上容纳下就行。它有下述特点。

① 功能域（即一个特定控制结构的作用域）明确，可以从盒图上一眼就看出来。

② 由于只能从上边进入盒子然后从下面走出盒子，除此之外没有其他的入口和出口，因此盒图限制了任意的控制转移，保证程序有良好的结构。

③ 很容易确定局部和全局数据的作用域。

④ 很容易表现嵌套关系，也可以表示模块的层次结构。

图 5-24 给出了结构化控制结构的盒图符号，也给出了调用子程序的盒图表示方法。

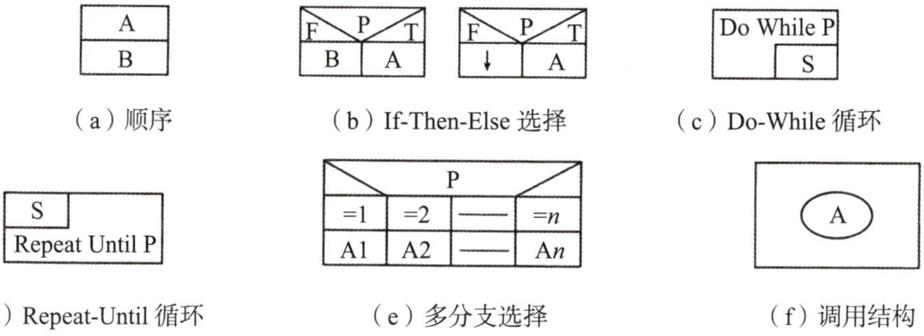

图 5-24　结构化控制结构的盒图符号

盒图没有箭头，因此不允许随意转移控制。坚持使用盒图作为详细设计的工具可以使程序员逐步养成用结构化的方式思考问题和解决问题的习惯。

【例 5-4】用 N-S 图表示例 5-3，如图 5-25 所示。

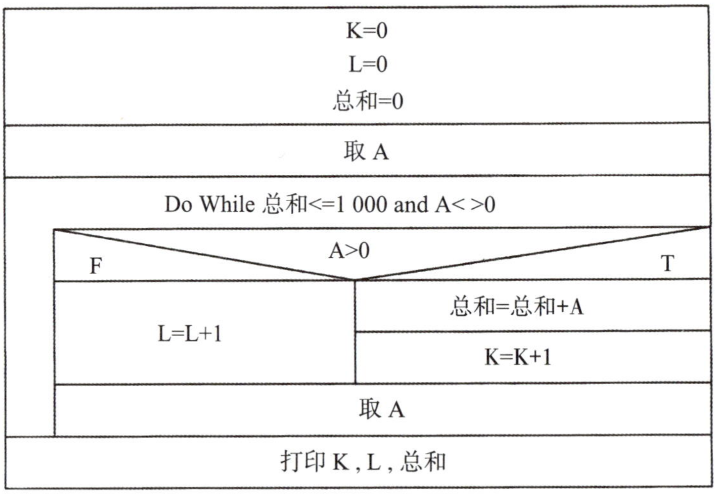

图 5-25　盒图示例

3.PAD 图

问题分析图（PAD）的英文缩写，自 1973 年由日本日立公司发明以后，已得到一定程度的推广。它由程序流程图演化而来，用二维树形结构的图表示程序的控制流。将这种图翻译成程序代码比较容易。图 5-26 为 PAD 图的基本符号。

PAD 图的基本原理是：采用自顶向下、逐步细化和结构化设计的原则，力求将模糊的问题解的概念逐步转换为确定的和详尽的过程，使之最终可采用计算机直接进行处理。

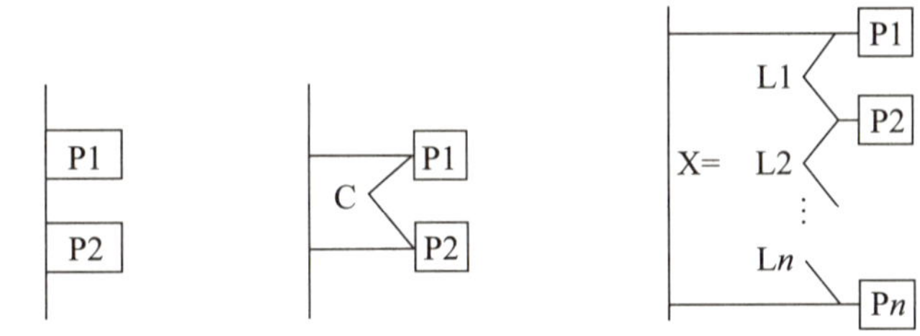

（a）顺序　（b）If-Then-Else 选择　（c）Case 多分支选择

（d）Do-While 型循环　（e）Repeat-Until 型循环

图 5-26　PAD 图的基本符号

PAD 图的主要优点如下所示。

① 使用表示结构化控制结构的 PAD 符号设计出来的程序必然是结构化程序。

② PAD 图所描绘的程序结构十分清晰。图 5-26 中最左边的竖线是程序的主线，即第一层结构。随着程序层次的增加，PAD 图逐渐向右延伸，每增加一个层次，图形向右扩展一条竖线。PAD 图中竖线的总条数是程序的层次数。

③ 用 PAD 图表现程序逻辑，易读、易懂、易记。PAD 图是二维树形结构的图形，程序从图中最左竖线上端的结点开始执行，自上而下，从左向右顺序执行，遍历所有结点。

④ 容易将 PAD 图转换成高级语言源程序，这种转换可用软件工具自动完成，从而省去人工编码的工作，有利于提高软件可靠性和软件生产率。

⑤ 既可用于表示程序逻辑，又可用于描绘数据结构。

⑥ PAD 图的符号支持自顶向下、逐步求精方法的使用。开始时设计者可以定义一个抽象的程序，随着设计工作的深入而使用 def 符号逐步增加细节，直至完成详细设计，如图 5-27 所示。

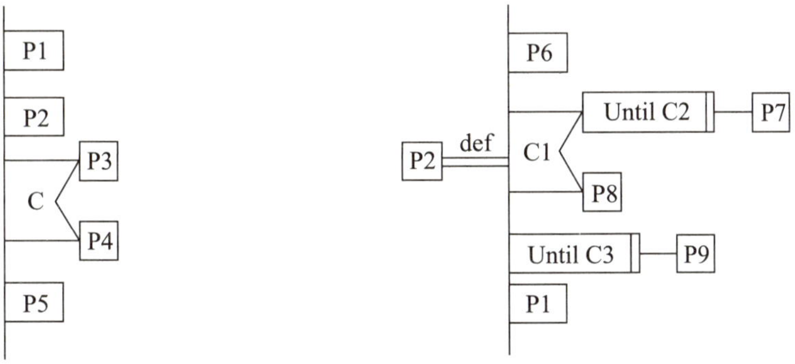

（a）初始 PAD 图　（b）使用 def 符号细化处理框 P2 后的 PAD 图

图 5-27　PAD 图中定义符号的使用

4. 过程设计语言

过程设计语言（PDL）是一种用于描述功能模块的算法设计和加工细节的语言，是一种伪码。伪码的语法规则一般分为外语法和内语法。外语法应当符合一般程序设计语言常用语句的语法规则，而内语法可以用英语中一些简单的句子、短语和通用的数学符号描述程序应执行的功能。

PDL 具有严格的关键字外语法，用于定义控制结构和数据结构，同时它的表示实际操作和条件的内语法又是灵活自由的，可使用自然语言的词汇。PDL 作为一种用于描述程序逻辑设计的语言，具有以下特点。

（1）有固定的关键字外语法，提供全部结构化控制结构、数据说明和模块特征。属于外语法的关键字是有限的词汇集，它们能对 PDL 正文进行结构分割，使之变得易于理解。为区别关键字，规定关键字一律大写，其他单词一律小写。

（2）内语法使用自然语言描述处理特性，易写易读。内语法比较灵活，只要写清楚就可以，不必考虑语法错误，以利于人们把主要精力放在描述算法的逻辑上。

（3）有数据说明机制，包括简单的与复杂的数据结构。

（4）有子程序定义与调用机制，用于表达各种方式的接口说明。

（5）可以使用普通的正文编辑程序或文字处理系统，很方便地完成 PDL 的书写和编辑工作。

使用 PDL 语言可以做到逐步求精：从比较概括和抽象的 PDL 程序起，逐步写出更详细的更精确的描述。PDL 较好地表达了设计细则。PDL 可直接嵌在源代码中作为设计文档和注释，减少维护的困难；PDL 描述可用一般正文编译器或字处理软件编辑；PDL 自动处理器已经面世并有可能开发出“代码自动产生器”。然而，这并不意味着其他的设计工具一定弱于 PDL，例如流程图和盒图能直观地表示控制流程。经验表明，具体选择过程设计工具时，人的因素可能比技术因素更具有影响力。

5.3.3 模块设计说明书

模块设计说明书是模块的说明文件，由系统设计人员编写，交给程序设计人员使用。详细的模块设计说明书不仅是程序设计人员进行程序设计时的重要参考，也是系统维护时的重要参考依据。模块设计说明书包括的内容主要有如下这些。

（1）模块名称：包括反映模块功能的文字名称和标识符。

（2）模块所属的系统及子系统名称。

（3）输入数据的方式与格式：当有多种数据输入时，应当分别对每种数据的输入方式和格式做出具体而详细的说明。

（4）输出信息的方式与格式：当有多种信息按不同方式输出时，应当分别说明按各种方式输出的格式要求。

（5）模块处理过程说明：包括在模块中使用的计算公式、数学模型和控制方法等。

（6）程序运行环境的说明：主要是对保证程序能够正常运行需要的输入 / 输出设备的类型和数量、内存储器的容量，以及支持程序运行的操作系统等内容进行说明。

5.4 代码设计

在信息系统中，需要保存大量的各类对象信息，对不同的对象要能有效区分。设计一套良好的代码体系对于系统开发及提高系统的处理效率乃至简化用户的操作都具有十分重要的意义。

5.4.1 代码及其作用

在信息系统中需要保存大量的各种业务涉及的对象信息，有效区分各种对象是管理这些对象信息的前提，给各个对象赋予代码就是解决这个问题的有效手段。

1. 代码的定义

代码是人为确定的用于代表客观事物（实体）名称、属性或状态等的数字、字母等符号。管理信息系统的主要任务就是对管理活动中产生的大量数据进行加工整理，以满足各种管理职能和各个管理层次对信息的需求。在现代管理活动中，产生的数据量大，需要的信息种类多，必须对数据进行分类整理后才能更有效地利用。在信息系统中，代码是人和机器的共同语言，是系统进行信息分类、校对、统计和检索的依据。

2. 代码的作用

代码的作用主要表现在以下几个方面。

（1）利用代码便于反映数据或信息间的逻辑关系并使其具有唯一性。最简单、最常见的例子就是职工编号。在人事档案管理中我们不难发现，人的姓名不管在一个多么小的单位里都很难避免重名。为避免二义性以唯一地标识每一个人，人们编制了职工代码。

（2）便于利用计算机进行识别和处理，提高计算机的工作效率。合理的编码方式能通过代码反映编码对象本身的特性，且代码短小精悍，因此利用代码进行检索、分类、统计等操作方便快捷。

（3）利用代码可以节省计算机的存储空间，提高运算速度。通过合理地设计数据库中数据表的结构，可以减少数据的冗余，大大节省计算机的存储空间，提高计算机的运算速度。

（4）利用代码可以提高系统的可靠性。通过在代码中加入校验码，可以在输入数据时利用计算机进行检验，以保证输入的数据准确可靠，从而可以提高整个系统的可靠性。

5.4.2 代码的种类

代码可以从不同的角度进行分类，这里从代码的组成元素及编码方式两方面对代码进行分类。

1. 按组成元素分类

（1）数字码

数字码就是用一位或多位阿拉伯数字组成的代码。这一类代码应用很广泛，如我国居民身份证号编码、邮政编码、会计科目编码等都是数字码。数字码的优点是结构简单，编码容易，使用方便，易于处理。其缺点是对编码对象特征表示不直观，不便于记忆。

（2）字符码

字符码是使用一个或多个纯字符（英文字母）进行编码的代码。这类编码常见于程序设计中的程序名、变量名等的编码，或者对某些事物进行大的分类，如《中国图书馆分类法》中对图书大类的分类就用字符码（如用 K 表示历史、地理类图书）。这种编码的优点是可辅助记忆，但这种编码不易校对，不易反映分类的结构。

（3）混合码

由数字、字母混合组成的代码即为混合码。混合码在各类管理中应用很广泛，例如《中国图书馆分类法》中对图书分类就采用混合码方式，如 G64 表示高等教育类。在每类图书中还可以再进一步细分，就是在每类后继续添加分类数字。国家标准也是采用混合码方式进行编码的，由字母 GB 加数字表示国家标准，如国家标准 GB 2312—1980《信息交换用汉字编码字符集基本集》。另外，在信息系统中常用混合码编码方式，例如某单位员工编号是由代表部门的字母加部门内顺序号组成。这种编码的优点是易于表现对象的系列性、易于识别和记忆，缺点是不易校验。

2. 按编码方式进行分类

目前人们对代码分类的看法很不一致。一般来说，代码可按文字种类或功能进行分类。按文字种类可分为数字代码、字母代码（英语字母或汉语拼音字母）和数字字母混合码；按功能则可分为以下几类。

（1）顺序码

用连续数字代表编码对象，通常从 1 开始编码。

例如，一个公司里的各个部门可采用顺序编码。

01——人事处

02——销售处

03——生产处

⋮

10——后勤管理处

顺序码的优点是简单、易处理；缺点是不能反映编码对象的特征，代码本身无任何含义。另外，由于代码按顺序排列，新增加的数据只能排在最后，删除数据则会造成空码，缺乏灵活性，因此通常作为其他编码的一个组成部分。

（2）层次码

层次码也称区间码。它是将代码的各数字位分成若干区间，每一区间都规定不同的含义。因此该码中的数字和位置都代表一定意义。

例如，全国行政区邮政编码即为典型的区间码。这种代码由 6 位数字组成，分成三个区段，每个区段的含义如图 5-28。

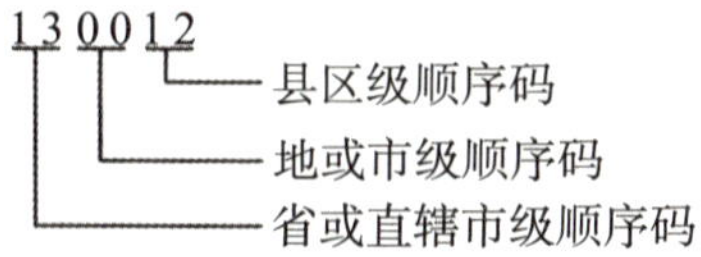

图 5-28　区间码每个区段含义

层次码的优点是从结构上反映了数据的类别，便于计算机分类处理，排序、分类、插入和删除也比较容易。它的缺点是代码的位数一般都比较多。层次码往往要和顺序码混合使用。

（3）归组分类码

将信息按一定的标准分为大类、中类、小类，每类分配顺序代码，就构成归组分类码。

与层次码不同的是，不是按整个代码分组，而是按代码的代号分组，各组内的位数没有限制。归组分类码示例见表 5-1。

表 5-1　归组分类码示例

信息	代码
哲学	100
宗教	200
社会科学	300
法律	320
商法	325
公司法	3252
股份公司法	32524
合股公司法	32525

（4）助记码

将编码对象的名称、规格等作为代码的一部分，以帮助记忆。助记码多用汉语拼音、英文字母、数字等混合组成。例如：

TVB14——14 英寸黑白电视机

TVC20——20 英寸彩色电视机

DFI1 × 8 × 20——规格 1 英寸 × 8 英寸 × 20 英寸的国产热轧平板钢

助记码的优点是直观、便于记忆和使用；缺点是不利于计算机处理，当编码对象较多时，容易引起联想出错，主要用于数据量较小的人工系统。

知 识 链 接

代码设计的原则

代码设计是一项重要的工作，合理的编码结构是使信息系统具有生命力的重要因素。设计代码的基本原则如下。

（1）唯一性。每一个代码都仅代表唯一的实体或属性；而一个实体或实体属性也只能由一个代码唯一地表示。

（2）标准化与通用性。凡国家和主管部门对某些信息分类和代码有统一规定和要求的，都应采用标准形式的代码，以提高其通用化程度及方便代码的使用。

（3）可扩充性。要考虑今后的发展，为增加新代码留有余地。当某个代码在条件或代表的实体改变时，应容易进行变更。

（4）简单性。代码的长度会影响所占据的内存空间、处理速度以及输入时的出错概率，因此要尽量短小。简短的代码便于输入和记忆，可以减少读写的差错。

（5）规律性及适用性，便于编码和识别。代码设计应与编码对象的分类体系相适应，应具有逻辑性强、直观性好的特点，要尽量反映编码对象的特点，便于用户识别和记忆。

（6）规范化。代码的结构、类型、编码格式必须严格统一，以便于计算机处理。

（7）无歧义性。在编码时不要使用易于混淆的字符，以免引起误解，例如，O、Z、I、S、V 易与 0、2、1、5、U 混淆；不要把空格作代码；时间用 24 小时制表示。

（8）要注意避免使用易于出错的编码结构。对于字母数字混合码来说，字母 - 字母 - 数字（如 AD6）的结构要比字母 - 数字 - 字母的结构（如 A6D）发生错误的几率小，且前者更便于用户输入。

5.4.3 代码校验

代码作为系统中实体或实体属性的代表，是系统中的重要输入内容之一。代码的正确性直接影响计算机处理的质量，因此需要对输入计算机中的代码进行校验。

1. 校验代码

校验代码的一种常用做法是事先在计算机中建立一个代码字典，然后将输入的代码与字典中的内容进行比较，若不一致则说明输入的代码有错。

校验代码的另一种做法是设校验位，即设计代码结构时，在原有代码基础上另外加上一个校验位，使其成为代码的一个组成部分，校验值通过事先规定的数学方法计算出来。当代码输入后，计算机会以同样的数学方法按输入的代码计算出校验值并将它与输入的校验值进行比较，以证实是否有错。

校验位可以发现以下几种错误。

（1）抄写错误，例如 1234 写成 1334。

（2）易位错误，例如 1234 写成 1324。

（3）双易位错误，例如 1234 写成 1423。

（4）随机错误，以上两种或三种错误综合形成的错误。

2. 校验方法

产生校验值的方法有许多种，各具不同的优缺点。下面介绍较适用于信息系统的一种方法——“加权取余”的校验方法。

（1）校验值的生成过程

第一步：对原代码中的每一位乘以一个权数，然后求它们的乘积之和 S。

设原 n 位代码为 C_1，C_2，C_3，…，C_n。权因子为 P_1，P_2，P_3，…，P_n。加权和为 $S=C_1\times P_1+C_2\times P_2+C_3\times P_3+\cdots+C_n\times P_n$。

其中，权因子可任意选取，常用的有：自然数列 1，2，3，4，…；摆动数列 1，2，1，2，…或 1，3，1，3，…；质数列 3，5，7，11，13，…；算术级数列（等差数列）2，5，8，11，…；几何级数列（等比数列）2，4，8，16，32，…。

第二步：求余数 R。

用加权和 S 除以模数 M 可得余数 R。即

$S/M=Q\cdots R$，　Q 为商数

其中，模数 M 也可任意选取，常用的模数有 7、9、10、11、37、97 等。

最后取码，即选择校验值。

可选用下述方法中的一种获得校验值：余数 R 直接作为校验值，称为取余法；或者把模数 M 和余数 R 之差（即 $M-R$）作为校验值，称为减余法。把获得的校验值放在原代码的最后作为整个代码的组成部分。

（2）用校验值检查代码的过程

此过程是上述生成过程的逆过程，如果采用的是模数与余数之差作为校验位，可利用下面的公式对输入的代码进行校验，若

（原代码与权数乘积之和＋校验码）/ 模 = 整数

则认为输入是正确的，否则认为输入有错。

如果采用余数作为校验位，可利用下面的公式对输入的代码进行校验，若

（原代码与权数乘积之和 - 校验码）/ 模 = 整数

则认为输入是正确的，否则认为输入有错。

【例 5-5】为原代码 11862 生成一个校验位并写出校验过程。

校验值生成过程：

首先选取加权值 1，2，1，2，1，然后求加权和 S。

$S=1\times1+1\times2+8\times1+6\times2+2\times1=25$

取 M=10，求余数：S/M=25/10=2⋯5（R）。

加上校验值 5 以后的代码：118625。

代码校验过程：

（1×1 ＋ 1×2 ＋ 8×1 ＋ 6×2 ＋ 2×1 − 5）/10=2

结果 2 为整数，则输入正确。

若输入的是 178625，则（1×1 ＋ 7×2 ＋ 8×1 ＋ 6×2 ＋ 2×1 − 5）/10=3.2，为小数，证明输入有错。

5.4.4 代码设计步骤

所谓代码设计是将系统中具有某些共同属性或特征的信息归并在一起并通过一些便于计算机或人类识别和处理的符号表示各类信息。代码设计的任务是要设计出一套能为系统各部门公用的、便于计算机处理的优化的代码系统，这是实现计算机管理的一个前提条件。代码设计的步骤如下。

（1）确定编码对象。一般系统中涉及的各类实体都是需要编码的对象。

（2）明确编码目的。确定各类对象的代码的应用场合，如识别、分类、排序等。

（3）确定代码的个数。确定需要编码的每类对象中对象的个数及未来可能的扩充数。

（4）确定代码使用范围和使用期限。

（5）确定是否已有标准代码。如果没有，应参照国际标准化组织、其他国家、部门或单位的编码标准，以便将来标准化。

（6）确定代码类型及代码位数。根据代码的使用范围、使用时间和编码对象的个数、特征等实际情况确定代码的类型及代码位数。

（7）确定编码规则。明确代码每位或每区段的含义及取值。

（8）考虑代码的检验性能。根据代码的重要程度考虑是否加校验位。

（9）填写代码设计书。代码设计书见表 5-2。

表 5-2 代码设计书

<table>
<tr><td>代码对象名：学生学号</td><td colspan="2">使用范围：校内使用</td></tr>
<tr><td>代码类型：层次码</td><td>位数：8</td><td>校验位：无</td></tr>
<tr><td>代码数量：20000</td><td>使用期限：2023.01.01 以后</td><td>使用范围：校内使用</td></tr>
<tr><td colspan="3">代码结构
× × × ×　× ×　× ×
入学年份　班级　班内顺序</td></tr>
<tr><td colspan="3">代码组成元素类型及取值范围：代码由阿拉伯数字组成，第 1 ～ 4 位取值范围为 2018 ～ 9999；第 5 ～ 6 位取值范围为 01 ～ 99；第 7 ～ 8 位取值范围为 01 ～ 50</td></tr>
<tr><td colspan="3">代码示例：20230322 2023 年入学 03 班 22 号</td></tr>
<tr><td colspan="3">备注：</td></tr>
<tr><td>设计人：杨洋</td><td>审核人：庄敏</td><td>2022 年 10 月 10 日</td></tr>
</table>

（10）编写代码及编写代码词典。按确定的代码类型、代码位数及编码规则编写代码，并且编写代码词典，对代码做详细的说明并通知有关部门，以便正确使用代码。

5.5 输入 / 输出设计

输入 / 输出部分主要负责系统与用户之间的交互，输入 / 输出界面的质量直接关系到用户的使用效果。符合用户习惯、设计良好的输入 / 输出界面能够为用户建立良好的工作环境，方便用户操作，使目标系统易于为用户所接受。

5.5.1 输出设计

输出是系统产生的结果或提供的信息。系统的各种输出是管理人员处理日常业务和各级领导进行经营决策所需的信息。对于 MIS 来说，输出是系统开发的目的和评价系统开发成功与否的标准，输出设计的目的是为正确及时地反映和组成用于管理各部门所需要的信息。输出设计要确定输出的内容及格式，选择输出方式。

1. 确定输出的内容

为满足用户的使用要求，在确定输出的内容时要考虑以下几个方面的问题。

（1）有关输出信息使用方面的情况。包括信息的使用者、使用目的、信息量、输出周期、有效期、保管方法和输出份数等。

（2）输出信息的内容。包括输出项目、长度、精度、信息形式（文字、数字）。

（3）输出格式。见表格、报告、图形等。

（4）输出设备和介质。设备有打印机、显示器等；介质有磁盘、磁带、纸张（普通、专用）等。

2. 输出形式

在系统设计阶段，设计人员应给出系统输出的说明，这个说明既是将来编程人员在软件开发中进行实际输出设计的依据，也是用户评价系统实用性的依据。因此，设计人员要能选择合适的输出方法并以清楚的方式表达出来。

从输出内容的表现形式来看，输出形式主要有以下几种。

（1）表格。表格是一种常用的输出信息形式，一般用来表示详细的信息。

（2）图形。信息系统用到的图形信息主要有直方图、圆饼图、曲线图、地图等。图形信息在表示事物的趋势、多方面的比较等方面有较大的优势，在进行各种类比分析中起着数据报表所没有的显著作用。图形表示方式直观，常为决策层用户所喜爱。

（3）文字。一般用于输出内容无固定格式的文字信息的输出。

（4）报告。可综合运用前三种输出形式，一般用于输出内容较多且既含有说明文字又包括较多有格式数据的情况。

（5）多媒体数据。包括声音和视频。

3. 输出设备与输出方式

（1）输出设备

当前常用的输出设备及介质见表 5-3。

表 5-3　当前常用的输出设备及介质

设备	介质	用途	特点
行式打印机	打印纸	打印各种报表和图形	费用低且便于保存
磁带机	磁带	保存磁带档案文件	容量大且适用于顺序存取文件
磁盘机	磁盘	保存磁盘档案文件	容量大且适用于随机存取文件
光盘机	光盘	保存档案文件	容量大且适用于长期保存文件
终端	屏幕	显示各种报表和图形	立即响应、灵活且便于人机对话
绘图仪	绘图纸	绘制图形	图形精度高
微缩胶卷输出器	微缩胶卷	保存图形资料数据	体积小且易保存

（2）输出方式

常见的输出方式有以下几种。

① 屏幕显示输出。将输出内容按用户要求以一定格式在屏幕上显示出来，供用户查看。这种方式的优点是实时性强，但输出的信息不保存。通常在进行功能选择、结果预览及显示结果不需要长期保存的信息查询 / 检索时采用。

② 打印输出。通过打印机将输出结果打在打印纸上。打印输出一般用于输出报表、发票等，这种方式输出的信息可以长期保存和传递。输出介质主要是各种规格的打印用纸，包括专用纸和通用纸。通用纸用于我们通常用的打印机，输出内容全部需打印。专用纸是事先印刷好的报表或票据，输出时只要打印有关的数据即可，不需要打印表格框架等。

③ 电子文档。是常用的输出方式，将处理结果以文件形式存储到存储介质中，文件可长期保存，有利于进一步处理及重复使用。音频及视频文件也属于电子文档类。存储在磁盘或磁带上的电子文档往往作为一种备份（保存）数据的手段。

④ 语音播报及视频播放。这是近些年在信息系统领域应用的输出形式，如导航系统的语音播报及图形指示、银行 / 医院的语音叫号服务等。这种输出形式便于用户接收，但不便于长期记忆，数据进一步处理也不方便，适用于内容较少的提醒、提示、实时指挥控制等方面，一般不需要长期保存输出结果。

⑤ 网络传输和卫星通信。将输出结果转换成可以在网上传输的网络信号或能被卫星监测到的卫星信号传递给其他网络节点。这种方式传输速率高，通过网络传送可以使发送

方所发出的信息直接转换为接收方的输入，减少了数据的不必要的重复输入。网络输出要求信息的发送方和接收方都要在统一的网络协议和数据标准规范下来完成相应的输入和输出。

4. 输出设计评价

输出是为用户服务的，系统设计人员必须站在用户的角度对自己的输出设计结果做出正确、全面的评价。进行输出设计评价时，主要看设计结果是否满足以下几方面的要求。

（1）能否为用户提供及时、准确、全面的信息服务。

（2）是否便于阅读和理解以及符合用户的习惯。

（3）是否充分考虑和利用了输出设备的功能。

（4）是否为今后的发展变化预留一定的余地。

（5）规格是否标准化，文字和术语是否统一。

为提高系统的规范化程度和编程效率，在输出设计上应尽量保持输出内容和格式的统一性。设计屏幕输出格式时，除了合理安排数据项的显示位置，还应注意适当的色彩搭配，美观的屏幕格式能给人以享受，容易获得用户的好感。设计纸质报表的格式时，要先了解打印机的特性，包括对各种制表符号、打印字体大小、换页走纸命令的熟悉，因为不少打印机往往其控制方式有独特之处。

5. 数据输出显示设计

进行数据输出显示设计时，应当了解数据显示的要求，解决应该显示哪些数据、屏幕上一次显示多少信息的问题。画面显示信息过少，则用户需要不断切换屏幕才能找到所需的数据；画面显示过多，则发生“只见森林，不见树木”的现象。因此，显示的信息对于用户任务来说应当是适当的，不要过于拥挤。

① 选择显示内容时应当只显示必需的数据，与用户需求无直接关系的一律省略，在一起使用的数据应显示在一起。要根据用户要求，将数据分组，然后将每组数据按一定的结构形式来安排，总的目的是使得用户感到使用方便，通过结构形式便于了解数据项的含义。

② 安排显示结构时，应按逻辑方式把数据分组。例如，根据使用频率、操作顺序或功能分组，这取决于用户的需要。安排数据要考虑是否有益于用户的使用，关键词和识别符应安排在显示部分的左上角，其余数据可按其重要性、使用频率、正常使用顺序来安排。可根据一个或多个关键因素将数据分类，使得每组数据同属同一类型。如果需要，可显示数据的抽象特性并用图表说明这些特性的趋势、联系和区别。显示设计要使得相关的数据成组地出现并由用户与系统的会话来控制。若不使用覆盖技术，则可根据屏幕的大小，使每帧屏幕包含若干子区域，让每个子区域显示不同的信息。

③ 屏幕布局时应当尽量少使用代码和缩写，显示的数据对于读者来说，应是易于理

解的。显示画面中应提供明了的标题、栏目以及其他提示信息，帮助用户浏览各种显示画面。

④ 要遵循用户的习惯，在画面中保留用户使用的术语。对于重要的数据，可采用颜色、字符大小、下划线或不同的字体等方式强化显示效果。

6. 填写输出设计说明书

输出设计各项内容完成后，要填写输出设计说明书，具体内容见表 5-4。在输出设计说明书中要标明输出的名称、所包含的具体项目、输出格式、处理周期、份数等内容。

表 5-4　输出设计说明书

<table>
<tr><td>编号</td><td>kc002</td><td>填表人</td><td>×××</td><td>填表日期</td><td>2022. 07.05</td></tr>
<tr><td colspan="3">输出名称</td><td>产品（ ）月库存统计表</td><td>处理周期</td><td>每月 1 次</td></tr>
<tr><td colspan="3">输出形式：表格</td><td>输出方式：打印输出</td><td>份数</td><td>4</td></tr>
<tr><td colspan="2">报送</td><td colspan="4">财务处，销售处，经理办公室</td></tr>
<tr><td>项目号</td><td>项目名</td><td>类型及宽度</td><td colspan="2">计算方法</td><td>备注</td></tr>
<tr><td>1</td><td>产品编号</td><td>C（6）</td><td colspan="2"></td><td></td></tr>
<tr><td>2</td><td>产品名称</td><td>C（20）</td><td colspan="2"></td><td></td></tr>
<tr><td>3</td><td>单价</td><td>N（8，2）</td><td colspan="2"></td><td></td></tr>
<tr><td>4</td><td>入库数量</td><td>N（8）</td><td colspan="2"></td><td></td></tr>
<tr><td>5</td><td>出库数量</td><td>N（8）</td><td colspan="2"></td><td></td></tr>
<tr><td>6</td><td>上月结余</td><td>N（8）</td><td colspan="2"></td><td></td></tr>
<tr><td>7</td><td>库存数量</td><td>N（8）</td><td colspan="2">上月结余＋入库数量－出库数量</td><td></td></tr>
<tr><td>8</td><td>资金占用</td><td>N（10，2）</td><td colspan="2">单价 * 库存数量</td><td></td></tr>
<tr><td>9</td><td>合计资金占用</td><td>N（12，2）</td><td colspan="2">各产品资金占用之和</td><td></td></tr>
<tr><td>格式</td><td colspan="5">产品（3）月库存统计表
2023.3.31
<table>
<tr><td>产品编号</td><td>产品名称</td><td>单价（元）</td><td>入库数量（个）</td><td>出库数量（个）</td><td>上月结余（个）</td><td>库存数量（个）</td><td>资金占用（元）</td></tr>
<tr><td>100121</td><td>手把</td><td>20</td><td>1 000</td><td>1 050</td><td>300</td><td>250</td><td>5 000</td></tr>
<tr><td>……</td><td>……</td><td>……</td><td>……</td><td>……</td><td>……</td><td>……</td><td>……</td></tr>
<tr><td></td><td></td><td></td><td></td><td></td><td></td><td></td><td></td></tr>
<tr><td colspan="8">合计资金占用：6 890 650（元）</td></tr>
</table></td></tr>
</table>

5.5.2　输入设计

输出设计完成后，可根据输出的要求进行输入设计。良好的输入是系统正确运行的基本保障，输入设计的重要性可以用这样一句话形容："进去的是垃圾，出来的也还是垃圾。"即要想输出高质量的信息，首先就要求输入高质量的信息。如果输入数据不正确，即使处理过程毫无差错，也不会得到正确的结果。因此，输入设计的目标是：在保证输入信息正确性和满足输出需要的前提下，应做到输入内容少，输入方法简便、迅速、经济。

1. 输入设计的原则

在输入设计中，提高效率和减少错误是两个最根本的原则，具体来说输入设计应遵循以下基本原则。

① 输入量应保持在能满足处理要求的最低限度。输入的数据越多，则可能产生的错误也越多。在数据录入时，系统大多数时间都处于等待状态，系统效率显著降低，而且会浪费大量的人力，增加系统的运行成本。因此，在输入设计时，只需要输入基本的信息，其他可以通过计算、统计、检索得到的信息则应由系统自动产生。在软件设计的范围，可以通过以下方式减少用户输入的工作量：对共同的输入内容设置默认值；使用代码或缩写；自动填入已输入过的内容或需要重复输入的内容；如果输入内容是来自一个有限的备选集，可以采用列表选择（下拉列表框）或指点方式。

② 杜绝重复输入，特别是数据能共享的大系统、多子系统一定要避免重复输入。

③ 减少输入延迟。为减少输入数据时的延迟，可以采用周转文件、批量输入等方式。

④ 输入数据应尽早地用其处理所需的形式进行记录，以便减少或避免数据由一种介质转换到另一种介质时可能产生的错误。

⑤ 界面友好，容错能力强。要提供数据校验功能，以便使错误及时得到改正。对于用户操作上的错误（如击错键、未按要求操作）、数据输入错误（如类型错误、数据不合理、数据越界等）、多用户环境冲突等必须给予提示，并且让用户予以纠正。

⑥ 输入过程应尽量简化。在输入设计时，应尽量避免不必要的输入步骤，要尽量减少汉字的输入。可根据实际情况，提供默认值。要提供全屏幕输入功能，避免出现“只能下不能上，只能右不能左”的不良现象。在为用户提供纠错和输入校验的同时，要保证输入过程简便易用，不能因查错、纠错而使输入复杂化，增加用户负担。

⑦ 处理方便、快速。尽量缩短数据输入时系统的查找和计算时间，以避免用户出现烦躁与不安。

⑧ 输入过程随意、灵活。用户在数据输入过程中，应处于主导地位，随意灵活。用户可一次性输入所有单据，也可分批输入，用户可输入，也可修改；用户可通过运行其他功能缓解数据输入的单调感受和疲劳感觉。总之，输入界面应减少约束、增加自由。

2. 确定输入数据的内容及输入格式

系统的输入数据在系统分析阶段已基本确定，这一阶段主要是结合系统输出的需要，详细确定输入数据的项目名称、数据类型、取值范围和精度、输入数据存放的逻辑位置等内容。

需要输入的数据一般包括各种日常发生的业务数据及控制系统运行的各种操作指令。确定好输入数据的内容后，还要设计供数据录入的输入格式即输入界面。合适的输入格式能简化用户的操作，提高输入效率及输入数据的准确性。应根据输入数据的特点及业务处理的需要在输入界面中设置相应的数据输入形式。在界面中数据输入的形式一般有以下三种。

（1）问答式数据输入

根据问答式对话进行数据输入，其优点是输入数据简单易用，但它单调、冗长且慢速，因此不适用于大量的数据输入。除了生疏型用户和简单系统外，现在一般不使用这种输入界面。

（2）填表输入

填表输入是常用的数据输入形式，屏幕显示一张待充填的表格，表格中有明确的输入项目提示，用户可以按提示填入合适的数据。填表输入可将系统需要的数据按提示准确输入，用户不用学习和训练，也不必记忆有关的语义、语法规则，便可以在系统引导下完成数据输入工作。填表输入界面充分有效地利用了屏幕空间，表中信息之间联系紧密，有利于用户识别输入，而且填表输入过程是可视的，出现的错误可显示、可修改。对于大量相关信息的输入（如数据库数据的输入），填表输入是最合适的数据输入方法。

（3）点取输入

在面向对象编程环境下，可以利用组合框或列表框显示要输入的内容，通过移动光标进行查找并按键选取来完成数据的输入。显然，点取输入界面输入简单、方便，不会出错。但是，输入数据被限定在预定范围内，如果数据量很大，会有一定的系统开销。

在进行输入格式设计时，应该针对输入设备的特点进行设计。若选用键盘方式人机交互输入数据，则输入格式的编排应尽量做到计算机屏幕显示格式与单据格式一致。数据内容应当根据它们的使用频率、重要性、功能关系或它们的使用次序进行组织。在用户输入时，应对要输入的内容有明确的提示。在输入过程中，应允许用户对已输入的内容进行修改，应提供复原功能，允许用户恢复输入以前的状态，这在编辑和修改错误的操作中经常用到。

3. 数据输入方式

数据的输入方式有两种类型，即联机输入与脱机输入。联机输入方式有键盘输入、数／模和模／数转换方式、网络数据传送等形式；脱机输入方式有磁／光盘读入等形式。

（1）键盘输入

键盘输入适用于常规数据和控制信息的输入以及原始数据的录入。这种方式不适合大批中间处理性质的数据的输入。由数据录入员通过工作站录入，经拼写检查和可靠性验证后存入磁记录介质（如磁带、磁盘等）。

（2）数／模和模／数转换方式

数／模和模／数转换方式（D/A 和 A/D）是当前比较流行的基础数据输入方式。这是一种直接通过光电设备对实际数据进行采集并将其转换成数字信息的方法，是一种既省事又安全可靠的数据输入方式。这种方法最常见的有以下几种。

① 条码（棒码）输入：将统一规范化的条码贴于商品的包装上，然后通过光学符号阅读器（optical character reader，OCR）采集和统计商品的流通信息。这种数据采集和输入方式现已普遍地被应用于商业企业、工商、质检、海关等部门的信息系统中。

② 用扫描仪输入：这种方式与条码输入原理类似。它被大量地用于图形和图像的输入、大段印刷体文字的输入、标准考试试卷的自动阅卷、投票和公决的统计等方面。

③ 传感器输入：即利用各类传感器接收和采集物理信息，然后再通过 A/D 将其转换为数字信息，这也是一种用来采集和输入生产过程数据的方法。

（3）触摸式

触摸式是在屏幕表面直接安装透明的二维光敏器件阵列，通过用户直接用手指接触它时光束的被阻断来检测位置。它适用于简单的内容选择，而不适用于编辑或绘图。

（4）网络传送数据

网络传送数据既是一种输入数据的方式，又是一种输出数据的方式，使用网络可以方便快捷地传输数据。网络传送有以下两种方式。

① 利用数字网络直接传送数据。

② 利用电话网络（通过调制解调器）传送数据。

（5）磁盘传送数据

磁盘传送数据也具有输入与输出两重性，这种方式是一种非常方便的输入数据方式，随着磁盘容量的增大，通过磁盘可以同时传送大量的数据。

（6）手写输入

手写输入利用手写设备进行文字输入或绘制图形，在银行柜台业务及在线教学等场合应用较多。

（7）语音输入

语音输入利用语音设备直接接受声音转换成文字输入。

（8）摄录

摄录利用摄录设备（摄像头、语音设备等）直接拍摄图像、录制影音资料等多媒体数据。

4. 确定输入设备与介质

（1）输入设备与介质

常用的输入设备、数据存储介质及特点见表 5–5。

表 5–5　常用的输入设备、数据存储介质及特点

设备	介质	特点
磁带机	磁带	成本低，速度快，易于保存和携带，适用于大量数据输入
USB 输入设备	U 盘	成本低，速度快，便于携带，适用于大量数据输入
终端、控制台键盘		适用于数据的直接输入
磁性墨水阅读器	磁性墨水记录的单据	输入效率高，适合于少量数据的输入
光学标记读出器	光学标记、条码	输入效率高，适合于少量数据的输入

续表

设备	介质	特点
光阅读器	纸	价格高，速度快，正处于发展阶段；错误率高，但具有发展前景
手写板＋手写笔		可直接手写形成文字或绘制图形，既可识别文字也可保存图形
语音装置		可将语音转成文字，输入速度快，但识别文字有误差
摄像头＋语音装置		可直接录入声音、图像等多媒体数据

（2）设备选择的注意事项

确定输入设备时应注意以下几点。

① 输入的数据量与频度。

② 输入信息的来源和形式。

③ 输入类型与格式的灵活程度。

④ 输入的速度和准确性的要求。

⑤ 输入的校验方法、允许的错误率及纠正的难易程度。

⑥ 数据记录的要求、特点、保密性等。

⑦ 数据收集的环境，以及对于其他系统是否适应。

⑧ 可选用的设备和费用等。

5. 输入数据的校验

对于大多数信息系统来说，输入数据是经常发生的业务。输入数据过程中出现错误是不可避免的，对于系统中的主要数据，确保其正确性是非常重要的。因此，在输入这些数据时，要采取各种校验措施，以保证它们的正确性。

（1）校验对象

最重要的校验对象是主文件数据，其次是各种金额和数量数据。

（2）数据出错的种类

① 数据内容的错误：由于原始单据有错误或录入时产生的错误。

② 数据多余和不足：数据收集中的差错，由于原始单据丢失、遗漏或重复而引起的。

③ 数据的延误：不是内容和数量的错误，仅因为时间上延误而产生的差错。

（3）数据的校验方法

① 重复校验：将同一数据多次（一般为两次）进行输入，然后由系统进行对比的校验方法。由于工作量较大，一般用于数据比较重要的场合。

② 视觉校验：输入数据后，由系统将输入数据显示在屏幕上或打印出来，由人工进行检验。这种方法常用于少量数据或控制字符输入的校验，一般安排在原始数据转换到介质上时执行。其查错率一般为 75% ~ 85%，是一种效率较高而又简便易行的校验方法。

③ 分批汇总校验：这种方法常用于对财务报表和统计报表等这类完全数字型报表的输入校验中。具体做法是在原始报表的每行或每列中增加一位数字小计字段，然后在设计

新系统的输入时另设一个累计值，先让计算机将输入的数据累加起来，然后再将累加的结果与原始报表中的数字小计字段值自动比较。

④ 数据类型校验：校验数据是否为规定的数据类型，例如数字型还是字母型。

⑤ 格式校验：校验记录中各项数据的位数和位置是否符合预先确定的格式。

⑥ 逻辑校验：也称合理性校验，根据业务上各种数据的逻辑性，检查数据项是否符合逻辑。例如，人的年龄不会是负值，如果输入的值小于 0，则输入有错。

⑦ 界限校验：指某数据项输入是否位于预先指定的范围之内，界限校验分上限、下限和范围三种。如规定职工的年龄在 18 ~ 65 岁，若输入的职工年龄不在此范围内，则输入有错。

⑧ 记录计数校验：通过计算记录的个数检查数据记录是否有遗漏和重复。

⑨ 平衡校验：主要用于检查相反项目间是否平衡。例如，会计工作中检查借方会计科目合计与贷方会计科目合计是否一致。

⑩ 对照校验：将输入的数据与基本文件的相关数据相核对，检查二者是否一致。例如，当输入零件编号时，可将其与零件代码总表相核对，如找不到相应的代码，则认为输入有错。

（4）差错的纠正

差错的改正方法应根据出错的类型和原因而异。如果发现原始数据有错时，应将原始单据送交填写单据的原单位修改，不能由数据输入人员想当然地予以修改。如果是由程序查出的差错，出错的恢复方法有以下几种。

① 剔出出错数据留待纠正，正确数据照常处理。

② 出错数据查出后马上进行纠正，纠正后再与正确数据一起输入处理。

③ 废弃如错数据，只用正确数据进行处理。一般用于某些统计分析等业务，只要大体上正确即可。

6. 输入设计说明书

输入设计各项内容完成后，要填写输入设计说明书，其具体内容见表 5-6。

表 5-6　输入设计说明书

编号	Kc001	填表人	×××	填表日期	2023.07.20
输入名称		入库单	输入方式	键盘录入	
输入内容	项目号	项目名称	类型及宽度	取值范围	备注
	1	零件编号	C（7）	零件表中所有零件号	
	2	零件名称	C（20）	零件表中所有零件名称	
	3	单价	N（8，2）	大于 0	
	4	供应单位	C（30）	供应商档案中已有供应单位	
	5	入库数量	N（6）	大于 0	
	6	入库日期	D（8）		
	7	库管员	C（8）	全部库管员	

5.5.3 用户界面设计

用户界面也称人机界面（human computer interface，HCI），它介于用户和计算机系统之间，是用户与系统进行交互的接口，也是控制系统运行的主要途径。通过人机界面，用户向计算机系统提供命令、数据等输入信息。这些信息经计算机系统处理后，又通过人机界面将产生的输出信息回送给用户。人机界面是用户使用计算机系统的综合操作环境。用户界面设计就是从方便用户使用的角度出发，对界面的显示内容及风格、用户操作方式等进行设计，使用户界面友好，使用简单，有吸引性，为用户所喜爱。用户界面设计还要考虑系统响应时间、用户帮助设施、出错信息处理等问题。

1. 用户界面设计应注意的几个问题

用户界面设计的质量直接影响用户对信息系统的评价，设计一个友好的用户界面应注意以下问题。

（1）响应时间的及时性

从用户完成某个控制动作（按回车键或单击鼠标）到软件给出预期的响应之间的时间称为系统响应时间。响应时间长度要适当，不能过长或过短，且对于相同或相似操作，响应时间应相差不多。

（2）提供用户帮助设施

系统应提供帮助功能，帮助用户学习使用系统。帮助信息应该在用户出现操作困难时随时提供。帮助信息可以是综合性的内容介绍，也可以是与系统当前状态相关的针对性信息。可通过帮助菜单、特殊功能键或 Help 命令提供帮助信息，帮助信息界面应具有返回正常交互的手段。

（3）用户界面一致性

用户界面的一致性是指在菜单选择、命令输入、数据显示或输入等操作时，要具有相似的界面外观和布局，具有相似的人机交互方式及相似的信息显示格式等。一致性原则有助于用户学习和掌握系统操作，减少用户的学习量。

（4）提供有意义的反馈

反馈表示计算机对用户的操作所做的反应。如果系统没有反馈，用户就无法判断其操作是否为计算机所接受、操作是否正确、操作的效果如何。反馈信息可以以多种方式呈现，如响铃提示出错、高亮度提示选择、信息窗口提示信息等。如果执行某个功能或命令需要较长的时间时，则应给用户提供状态反馈，使用户能了解工作的进展情况。

（5）尽量减少用户记忆

用户在操作计算机时需要一定量的存于大脑中的知识和经验，即记忆的提取。一个界面良好的系统应该尽量减少用户的记忆要求。对话、多窗口显示、帮助等形式都可减少用户的记忆要求。

（6）及时的出错信息提示

当用户操作错误时，系统应该能够对出现的错误进行检测和处理并给出相关的错误信息提示。出错信息包含出错位置、出错原因及修改出错建议等方面的内容，出错信息应清楚、易理解。良好的系统还应能预防错误的发生，例如应该具备保护功能，防止因用户的误操作而破坏系统的运行状态和信息存储。

（7）使用图形

图形具有直观、形象、信息量大等优点，使用图形作为人机界面可使用户操作及信息反馈可视、逼真。

（8）允许取消操作

系统应能方便地取消已完成的操作，用于帮助用户将系统恢复到误操作前的状态。

（9）提高效率

在界面中，要尽量减少击键的次数和鼠标移动的距离，避免用户提问。

（10）要求用户确认

执行有较大破坏性动作之前要求用户确认。

2. 用户界面的形式

界面设计包括菜单式、填表式、选择性问答式及按钮式。

（1）菜单式

菜单的形式可以多种多样，通过屏幕显示出可选择的功能代码，由操作者根据需要进行选择。将菜单设计成层次结构，则通过层层调用，可以引导用户使用系统的每一个功能。菜单是系统整体功能结构的具体体现，应使得用户能够用尽可能少的操作找到所需要的功能，同时功能描述上应明确无误。随着软件技术的发展，菜单设计也更加趋于美观、方便和实用。目前，系统设计中常用的菜单设计方法主要有以下几种。

① 一般菜单。在屏幕上显示出各个选项，每个选项指定一个代号，然后根据操作者通过键盘输入的代号或单击鼠标左键，决定何种后续操作。

② 下拉菜单。它是一种二级菜单：第一级是选择栏，第二级是选择项。各个选择栏横排在屏幕的第一行上，用户可以利用光标控制键选定当前选择栏，在当前选择栏下立即显示出该栏的各项功能，以供用户进行选择。

③ 快捷菜单。选中对象后右击所出现的菜单，将鼠标移到所需的功能项目上，然后单击左键即执行相应的操作。

④ 级联菜单。若下拉菜单或快捷菜单中的某个选择项还包括多项功能，则在选中该项后使它所包含的功能显示在其附近，这被称为级联菜单。

⑤ 菜单树。以树形结构组织菜单，可灵活地对菜单内容展开与折叠。

下拉菜单和快捷菜单是目前常用的菜单形式。下拉菜单一般可令其常驻屏幕中，在整个运行过程中可随时供用户使用，而快捷菜单一般在操作某一对象时提供有针对性的服务。

菜单树在系统菜单结构复杂且功能项很多时使用。在给用户提供菜单时，要注意使与当前操作无关的功能失效，以避免误操作。

（2）填表式

填表式一般用于通过终端向系统输入数据，系统将要输入的项目显示在屏幕上，然后由用户逐项填入有关数据。另外，填表式界面设计也常用于系统的输出。如果要查询系统中的某些数据时，可以将数据的名称按一定的方式排列在屏幕上，然后由计算机将数据的内容自动填写在相应的位置上。由于这种方法简便、清晰、易读，并且不容易出错，因此它是通过屏幕进行输入输出的主要形式。

（3）选择性问答式

当系统运行到某一阶段时，可以通过屏幕向用户提问，系统根据用户选择的结果决定下一步执行什么操作。这种方法通常可以用在提示操作人员确认输入数据的正确性或者询问用户是否继续某项处理等方面。例如，当用户输完一条记录后，可通过屏幕询问“输入是否正确（Y/N）”，计算机根据用户的回答来决定是继续输入数据还是对刚输入的数据进行修改。

（4）按钮式

在界面上用不同的按钮图标表示系统的可执行功能，单击按钮即可执行该操作。按钮的表面可写上功能的名称，也可用能反映该功能的图形加文字说明。使用按钮可使界面显得美观、漂亮，使系统看起来更简单、好用，操作更方便、灵活。

设计用户界面要充分考虑到人的因素（如用户的特点、用户如何学会与系统交互工作、用户怎样理解系统产生的输出信息以及用户对系统有什么期望等），还要考虑界面的风格、可用的软／硬件技术及应用本身产生的影响。要充分考虑用户的心理，尽量使用户界面的设计符合用户的需要。在界面设计时，要考虑系统的响应时间，时间不应过长。在界面操作过程中要为用户提供必要的帮助信息，在用户操作错误时，应能提供简明、清晰的错误提示信息并给出适当的操作建议。

5.6 数据库设计

信息系统在运行时需要存储和管理大量的数据，这些数据是存储在数据库中的。如何让数据库具有合理的结构和使系统能安全、快速、方便、准确地使用与管理数据是数据库设计的任务。

数据库设计是在选定的数据库管理系统基础上建立数据库的过程。数据库设计包括用户需求分析、概念结构设计、逻辑结构设计和物理结构设计四个阶段。

5.6.1 用户需求分析

用户需求分析在系统分析的详细调查阶段完成，其主要目的是确定用户对数据库的使用要求，它的主要内容包括下列三方面。

（1）分析用户对信息的需求。即用户希望从数据库中获得哪些有用的信息，从而可以导出数据库中应该存储哪些信息。

（2）分析对数据的使用要求。即要求对数据做哪些加工处理，有什么查询要求及查询响应时间要求，对数据库的安全、完整性及保密性等方面的要求。

（3）分析系统的约束条件。即分析当前系统的规模、结构、资源和地理分布等对数据的采集及使用等方面的限制条件。

5.6.2 概念结构设计

概念结构设计应在系统分析阶段进行。任务是根据用户需求设计数据库的概念数据模型（简称概念模型）。概念结构是对现实世界的一种抽象，即对实际的人、物、事和概念进行人为处理，抽取人们关心的共同特性，忽略其本质的细节，形成概念模型。概念模型是从用户角度看到的数据库，反映了系统中数据的组成及数据之间的联系。概念模型不依赖于计算机系统和具体的数据库管理系统（DBMS），它可用实体 - 联系方法（entity-relationship，E-R）表示。1976 年，P.P.S.Chen 提出了实体 - 联系方法，E-R 方法是一种借助于 E-R 图描述现实世界实体、属性、联系的语义模型。

1. 实体

实体是指现实中任何可区分、可识别的对象，用矩形框表示，框内写实体名。

2. 属性

属性指实体的特性，用椭圆框表示，框内写属性名，联系也可以有属性。

3. 联系

联系是指实体之间的对应关系，它反映了现实世界事物之间的相互关系，用菱形框表示。菱形内写联系名。联系分三种类型。

（1）一对一联系（1 ∶ 1）

如果对于实体集 *A* 中的每一个实体，实体集 *B* 中至多只有一个实体与之联系，反之亦然，则称实体集 *A* 与实体集 *B* 之间有一对一联系，记为 1 ∶ 1，如图 5–29（a）所示。

（2）一对多联系（1 ∶ *n*）

如果对于实体集 *A* 中的每一个实体，实体集 *B* 中可以有多个实体与之联系；反之，对于实体集 *B* 中的每一个实体，实体集 A 中至多只有一个实体与之联系，则称实体集 *A* 与实体集 *B* 之间有一对多联系，记为 1 ∶ *n*，如图 5–29（b）所示。

（3）多对多联系（m ∶ n）

如果对于实体集 A 中的每一个实体，实体集 B 中可以有多个实体与之联系；反之，对于实体集 B 中的每一个实体，实体集 A 中也可以有多个实体与之联系，则称实体集 A 与实体集 B 之间具有多对多联系，记为 m ∶ n 如图 5-29（c）所示。

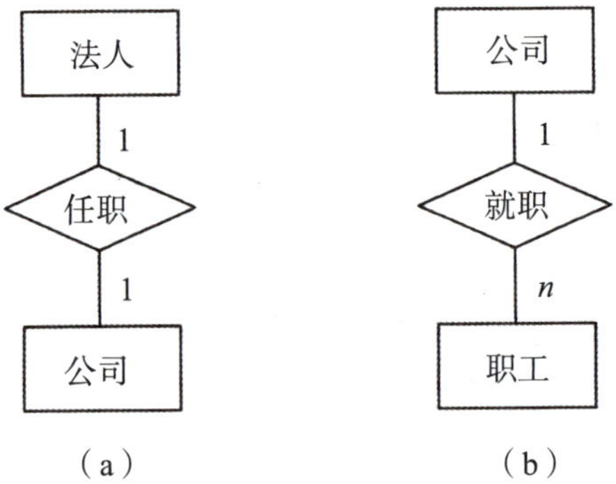

图 5-29　实体间的联系

E-R 图语义表达能力强，为概念性数据模型的绘制提供了有效的工具。E-R 图可为用户提供直观形象的实体、属性及其相互之间的关系，也可为设计人员建立数据模型进而设计数据库提供基础模型，是用户与设计人员探讨数据库设计的桥梁。例如，某材料核算系统中，生产一个产品要用到多种零件，一种零件可用于多种产品的生产，生产每种产品要用到多种材料，一种材料可用于多种零件的生产，零件保存在仓库中，一个仓库可存放多种零件。对于以上内容，可用 E-R 模型表示，如图 5-30 所示。

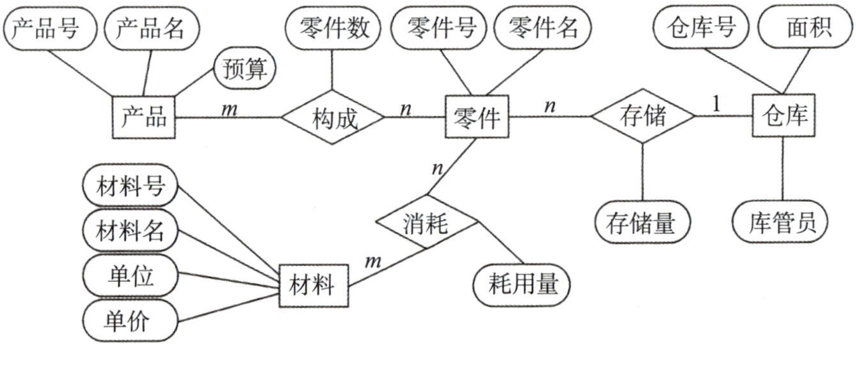

图 5-30　材料核算系统的 E-R 图

概念结构设计的主要步骤是，首先根据系统分析的结果（数据流图、数据字典等）对现实世界的数据进行抽象，设计各个局部视图，即局部 E-R 图，然后将局部 E-R 图合并成全局 E-R 图。

5.6.3　逻辑结构设计

逻辑结构设计的任务是将概念结构设计阶段完成的概念模型转换成能被特定的数据库

管理系统支持的数据模型。这些模型在功能、性能、完整性和一致性约束及数据库可扩充性等方面均应满足用户提出的要求。

由于信息系统领域应用的大多数都是关系数据库，因此下面以关系数据库为例讲解数据库的逻辑结构设计内容。

1. 概念模型向关系数据模型的转换

数据模型可以由实体关系模型转换而来。对于信息系统来说，关系型数据库的应用是最广泛的。由 E-R 模型转换为关系数据模型的规则如下。

（1）每一实体集对应于一个关系模式，其实体名作为对应关系名，实体的属性作为对应关系的属性。

（2）实体间的联系一般对应一个关系，联系名作为对应的关系名，不带有属性的联系可以去掉。

对于每一个 1 ：n 的联系，可将联系归并到联系中的多方并在多方中将一方的关键字作为外部关键字。

对于每一个 1 ：1 的联系，可将联系归并到联系的任一方实体中，并在归并方实体中添加另一方实体的关键字作为外部关键字，不需要单独建立关系。

对于每一个 m ：n 的联系，要为这些联系分别建立一个“关系”，关系中要包含双方的关键字及联系自身的属性。

实体和联系中关键字对应的属性在关系模式中仍作为关键字。

【例 5-6】对于材料核算系统概念模型的转换。

根据这些规则，图 5-30 中的实体和联系很容易转换成对应的关系数据模型。

① 产品（产品号，产品名，预算）。

② 零件（零件号，零件名，仓库号，存储量）。

③ 仓库（仓库号，库管员，面积）。

④ 产品构成（产品号，零件号，零件数）。

⑤ 材料（材料号，材料名，单位，单价）。

⑥ 消耗（零件号，材料号，耗用量）。

2. 数据模型的优化

对于得到的各个关系，还要依据关系规范化理论进行进一步的优化。衡量关系规范化程度的一系列标准称为“范式”。总共有 6 种，一般只要求满足“3 范式”即可。

第一范式（first normal form，1NF）：它是指在同一个关系中消除重复字段，且各字段都是不可分的基本数据项。如果有重复项则应该将重复项去掉。这个分解复合项和去掉重复项的过程称为规范化处理。

第二范式（second normal form，2NF）：关系模型属于第一范式，且所有非主属性都完全依赖于关键字段。

第三范式（third normal form，3NF）：关系模型属于第二范式，且关系中所有非主属性都直接依赖关键字段。它是指关系中的所有数据元素不但要能够唯一地被主关键字所标识，而且它们之间还必须相互独立，不存在其他函数关系。也就是说，在一个满足第二范式的数据结构中，有可能存在某些数据元素依赖于其他非关键字数据元素的现象，必须加以消除。

对于第一范式和第二范式，会存在插入异常、删除异常和修改复杂的问题，不便于数据的修改和维护，因此应进一步分解优化到第三范式。第三范式已基本不存在插入异常和删除异常，数据冗余也很小，已基本能满足处理的需要，如无特殊要求，已不必再进一步分解优化了。

例 5-6 中的 6 个关系均已满足“3 范式”的要求，如无特殊的要求，规范化工作即已完成。若考虑到同一关系中不同的数据项的使用频率、使用场合的差异，也可对其进行进一步的分解。

3. 记录格式设计

经过对数据模型的优化，已经清楚系统应设置多少个数据表。对每个要建立的数据表还要进行记录格式的设计，要结合数据字典中数据项的描述，确定每个数据表中包含的数据项的名称、数据类型、宽度、小数位数等数据项定义信息及数据项的值域。

5.6.4 物理结构设计

物理结构设计是为数据模型在设备上选定合适的存储结构和存取方法，以获得数据库的最佳存取效率。数据库物理结构依赖于给定的计算机系统，而且与具体选用的 DBMS 密切相关。

物理结构设计的主要内容包括如下几个方面。

（1）库文件的组织形式。如选用顺序文件组织形式、索引文件组织形式等。

（2）存储介质的分配。如将易变的、存取频繁的数据存放在高速存储器上；稳定的、存取频度小的数据存放在低速存储器上。

（3）访问方法设计。根据用户的访问要求，为文件设计适当的索引以便于访问。

（4）完整性和安全性考虑。设计相关联的数据在进行插入、修改、删除操作时的关联规则，以保证数据的完整性，设计进入数据库及对数据操作的限制条件，以最大限度地保证数据的安全性。在进行完整性和安全性考虑时，要充分利用所选用数据库管理系统所提供的安全保密手段，以降低程序编制的难度。

（5）数据资源分布考虑。如果系统是在网络环境之下，还要考虑整个数据资源在网络各个节点（包括服务器）上的分配问题。一般来说，同一子系统的数据尽量放在本子系统所使用的机器上，只有需要公用的数据和最后统计汇总类数据才放在服务器上，以避免网络系统通信紧张，导致系统运行效率降低。

5.7 系统安全性与完整性设计

系统的安全性指的是信息系统的各组成部分都处于安全状态，可以安全、准确地运行。系统的完整性泛指与损坏或丢失相对的状态，如果系统是完整的，则表明系统是可靠的与准确的。安全性保护是防止机密数据被泄露，防止无权者使用、改变或有意破坏他们无权使用的数据。完整性保护是保护数据结构不受损害，保证数据的正确性、有效性和一致性。系统的安全性、完整性与系统的环境及系统本身的设计都密切相关，要从多方面多角度考虑系统的安全性与完整性。

5.7.1 影响因素分析

对系统的威胁可能来自系统内部，也可能来自系统外部；有主动的威胁，也有被动的威胁。影响系统安全的因素主要有如下几个方面。

1. 自然灾害或电源不正常引起的软硬件损坏与数据损失

自然灾害主要指地震、水灾、火灾、风暴、雷电等。对于这些不可抗御的自然因素，如果不采取必要的防范措施，造成的软硬件损坏与数据损失往往很难恢复。而电源的不正常也往往造成设备的损坏和数据的丢失，必须建立必要的数据备份与恢复机制。

2. 人为失误导致的数据损失

人为失误导致的数据破坏主要指由于工作人员的操作失误导致数据录入错误、系统出错、数据丢失、篡改、泄露与损坏。原始数据的错误、数据的损坏势必使得信息系统提供错误的信息，而数据的泄露则可能使企业的商业机密完全暴露给竞争对手，给企业带来重大的经济损失。

3. 计算机病毒的侵扰

随着计算机和互联网的日益普及，在感受计算机和网络带给人们的强大功能和效益的同时，也受到计算机病毒的威胁。计算机病毒具有自我繁殖、相互传染、激活再生等特征，借助于网络，其破坏性迅速升级，轻则影响计算机的性能，降低计算机的工作效率，重则危及整个网络系统，造成系统瘫痪、死机，甚至引起设备损毁与数据破坏，严重威胁信息系统的信息安全。

4. 计算机犯罪的日趋严重

计算机犯罪又称信息犯罪，是指针对和利用计算机系统，通过非法操作或其他手段窃取计算机内部的信息，盗用通信线路等其他系统资源，非法修改或破坏系统的程序与信息，制造和传播计算机病毒及色情软件等。它具有作案时间短、隐蔽性强、可异地操作等特点，可在不知不觉中不留痕迹地对信息系统中信息的真实性、完整性和保密性造成威胁。

5. 信息战的严重威胁

未来国家与国家之间的对抗首先是信息技术的较量。所谓信息战是指为国家的军事战略采取行动，保卫自己的信息和信息系统，同时干扰敌方的信息和信息系统，从而取得信息优势。在信息战不断深化的今天，随着政府和企业数字化、网络化程度的不断提高，在提高工作效率的同时，许多机密信息的安全也面临更加严峻的考验。

5.7.2 采取的措施

安全的最高境界不是产品，也不是服务，而是管理。国外权威机构的统计显示，大约有 60% 以上的信息安全问题是由管理方面的原因造成的。因此，解决信息安全问题既要从技术方面着手，在技术和设备上不断加强，确保系统的安全，更重要的是要加强信息安全的管理工作，通过建立正规的信息安全管理体系，以达到系统地解决信息安全问题的目的。建立良好的管理机制是保证系统安全的第一步。

在管理方面，我们应该普遍开展安全教育，以增强每个人的安全防范意识。在信息系统内部，进行安全管理要以国家有关信息安全方面的法律法规和其他有关规定为依据，结合信息系统涉及的业务需要制定相应的安全管理制度；要建立完善的信息系统安全组织机构，明确各级人员的管理职责和权限，并且对安全管理人员进行教育培训，培养其正确的思想素质、职业道德和业务素质，使其自觉、认真参与并承担各自的责任，要为各级各类人员建立相关的运行规程。此外，还要建立起配套的监督机制，层层监督，相互制约，保证安全管理制度的落实。

在技术方面，要从以下几个方面入手提高系统的安全性与完整性。

1. 硬件方面

在硬件方面，要选用可靠性高的硬件设备，选用性能优良的服务器和工作站。服务器应具有完善的容错能力，允许带电热拔插，附带智能 I/O 性能。在设计上要考虑服务器的热备份和冷备份工作方式。要配备不间断电源、稳压器、防火墙等。

2. 软件方面

（1）访问控制：指进入系统的控制，通常工作站或终端上采用凭“用户名”和“口令”进入系统的措施，以防范非法侵入。在口令设计上，要尽量采用长口令和字母与数字、符号的混合口令。口令要定期更换，要限制登录次数与时间并记录登录过程以备核查。

（2）选择性访问控制：指对用户分级，不同级别的用户访问权限不同，不同用户可使用的功能也不同，这样可有效防止误操作。

（3）生物识别技术：指把某些对人而言是唯一的特征，其中包括指纹、声音、图像、笔迹甚至人的视网膜血管图像等识别信息用于满足各种不同要求的安全系统中。这种识别技术只用于控制访问极为重要的信息系统，用于极为仔细地识别人员。

（4）加密：指将原有的可读信息（程序与数据）进行翻译，译成密码或密文的代码形式，以保护信息的安全。解密是加密的逆过程，即把经过加密后的代码形式恢复成原来的可读信息的过程。

3. 网络方面

除采用访问控制与加密等技术外，还可采取以下措施。

（1）调制解调器安全。防止对网络拨号设备的非授权访问，限制只有授权的用户才能对系统进行访问。

（2）传输介质的安全。为防止传输介质受到电磁干扰或被截获窃听，应考虑防电磁泄露的防护措施和利用加密方法对抗截获窃听。

（3）防火墙。防火墙就是网络与网络之间的安全接口。它可以限制他人进入内部网络，过滤不安全的服务和非法用户，防止入侵者接近系统的防御设施，限定人们访问特殊网站。目前基于这方面的产品主要有两大类：一类是安全路由器；另一类是防火墙路由器和软件系统。可在网络中心或关键之处建成专用防火墙以防止非法人员的攻击。

（4）数字签名技术。数字签名技术是解决网络通信中发生否认、伪造、冒充、篡改等问题的安全技术。主要包括接收者能够核实发送者对报文的签名、发送者事后不能抵赖对报文的签名、接收者不能伪造对报文的签名等方面。实现数字签名的方法很多，例如利用公开密钥密码制实现的数字签名方法等。

4. 数据库方面

除前面提到的利用 DBMS 所提供的数据安全保密机制外，还可采取以下措施。

（1）访问限制。设立数据库管理员（DBA），数据库用户及其访问权限应由 DBA 根据 DBMS 所提供的功能进行控制。

（2）数据加密。

（3）跟踪审查。建立监视软件，对某些保密的数据实施跟踪，记录有关数据的访问活动。一旦发现潜在的窃密企图（如重复、相似的查询），则采取相应的措施。

（4）备份。建立相关的备份程序，定期或在一定条件下对系统中数据进行备份。

（5）镜像技术。执行时可用逻辑镜像，也可用物理镜像。

（6）归档。将文件从在线存储器上复制到硬盘或光学介质上，以便长期保存。

5.8　物理配置方案设计

物理配置方案设计是指按照新系统的目标及功能要求，综合考虑环境和资源等实际情况，在总体规划阶段进行的计算机系统软硬件平台选型的基础上，从系统的目标出发，根据信息系统要求的不同处理方式（实时处理、批处理及分布式处理或混合方式的处理方式），进行具体的计算机软硬件系统及其网络系统的选择和配置，并且提交一份详细的计算机物理系统配置方案报告。

由于满足同一企业用户功能要求的不同的计算机物理系统配置，其结构可能存在较大差异，而且计算机物理系统投资较大（少则几十万元、几百万元，多则上千万元），因此选择一个合适的计算机物理系统配置方案是至关重要的。

5.8.1 设计依据

在进行系统物理配置方案设计时，通常要考虑以下几个方面的内容。

（1）系统的吞吐量。系统的吞吐量是指每秒钟执行的作业数。系统的吞吐量与系统硬件、软件的选择有着直接的关系，如果需要系统具有较大的吞吐量，则应当选用性能较高的计算机硬件和网络系统，选用处理速度较快的计算机编程语言。

（2）系统的响应时间。从用户向系统发出一个作业请求开始，经系统处理后，到给出应答结果的时间称为系统的响应时间。如果要求较短的系统响应时间，则就要选用处理速度较快的计算机及较高传递速率的通信线路。

（3）系统的可靠性。系统的可靠性可用系统连续无故障运行的平均时间来表示。如果对系统的可靠性要求较高，则可采用双工结构方式。

（4）总体方案。根据分析的结果确定将要开发的系统是采用集中式的方案，还是分布式，或者分布和集中的混合方案。如果采用集中式，则信息系统既可以是主机系统，也可以是网络系统；如果采用分布式的，则需要采用网络系统。

（5）地域范围。对于分布式系统，要根据系统覆盖的范围决定采用广域网还是局域网。

（6）根据系统分析中所提供的数据存储容量总数，确定所要购置的机器需要配置多大的储存容量。

5.8.2 计算机网络的设计与选择

计算机网络是信息系统进行信息传输的主要载体，是现代信息系统运行的基础。而当前计算机网络类型多样，网络技术多样，要结合业务领域的特点选择合适的网络类型与技术，设计合理的网络拓扑结构。在进行网络的设计与选择时，要重点解决以下几个方面问题。

1. 选择网络的拓扑结构

根据应用系统的地域分布、信息流量选择网络的拓扑结构。适合于小型网络的拓扑结构主要有总线型、星型、环型和树型等类型。适用于大中型网络的拓扑结构有网状型拓扑结构和混合型拓扑结构。

2. 进行网络的逻辑设计

按系统或子系统的划分配备需要的设备，如主服务器、主交换机、通讯服务器、分系统交换机、子系统集线器、中继器、网桥、网关、路由器和调制解调器、网络传输介质、工作站等。

3. 选择网络操作系统

目前，流行的网络操作系统有 Windows 系列、UNIX 系列、Linux 系列等。Windows 系列一般只是用在中低档服务器中，高端服务器通常采用 UNIX、Linux 系列。UNIX 具有多用户、多任务的特点，支持多种处理器架构。Linux 是一种自由和开放源码的类 UNIX 操作系统，可安装在各种计算机硬件设备中，如手机、平板电脑、大型机和超级计算机中。

5.8.3　计算机硬件设备的选择

计算机硬件的选择要依据数据处理方式和要运行的软件。如果数据的处理是集中式的，系统应用的目的主要是利用计算机强大的计算能力，则可以采用主机—终端系统，选用大型机或中小型机作为主机，再加上若干终端设备，这种方式目前在一般信息系统应用项目中比较少见。对于一般面向企业的信息系统，其应用本身一般是分布式的，则可采用微机网络，这样更为灵活、经济。

确定了数据处理方式后，下一步是具体计算机机型的选择，选择时要考虑应用软件对计算机处理能力的要求，一般应考察以下几项指标：主存的大小；主机的处理速度；输入、输出和通信的通道数目；显示方式；外接转储设备及其类型；高速缓存器的大小；向上升级是否方便；计算机设备及其对工作环境的要求；兼容性；可维修性；标准系列性。

在满足业务需要的前提下，只要资金许可，应尽量购置技术上成熟、性能价格比高的计算机系统。由于现在微机在性能上已经有了很大的提高，甚至超出了早期大型机的水平，而价格又相对较低，因此一般企业选择微机作为硬件支撑环境较为适宜。

5.8.4　计算机软件配置的选择

计算机软件配置的选择就是要完成操作系统、数据库管理系统、开发语言、辅助工具或应用软件的选择。选择软件的考虑必须与系统开发所采用的战略和方法学结合起来。在信息系统开发过程中，开发方法以及相应软件工具的选择对系统开发是否顺利乃至能否成功都是至关重要的。软件主要从如下几方面考虑。

（1）中文的使用。能否直接使用汉字？字库、字形和输入方式如何？这对于计算机在我国的应用是十分重要的。

（2）操作系统。要根据实际业务情况选择适当的操作系统，如 Windows 及 UNIX 系列。

（3）数据库 DBS。根据数据的特点选用恰当的数据库产品，如层次型、网状型、关系型。数据库系统选择的原则是：支持先进的处理模式，具有分布处理数据、多线索查询、优化查询数据、联机事务处理功能；具有高性能的数据处理能力；具有良好图形界面的开发工具包；具有较高的性能价格比；具有良好的技术支持与培训。关系型是常用的数据库类型，国际国内的主导关系型数据库管理系统有 Oracle、Sybase、MySQL、SQL Server、DB2 等，这些数据库管理系统均支持客户机 / 服务器模式，具有较高的市场占有率，是开发大型 MIS 的首选。

（4）开发语言。开发语言发展变化速度很快，当前比较流行的开发语言有通用的 C 语言系列、Java 等；适用于系统管理、数据库和网络互联以及 WWW 程序设计的 Perl 语言；适用于 Web 开发领域的 PHP；适合 Web 和 Internet 开发、科学计算和统计、人工智能、教育、软件开发、后端开发等领域的 Python 等。可根据业务处理的特点及开发人员的情况选择恰当的程序设计语言。

（5）辅助软件开发工具。为一些编程语言提供集成开发环境，如 MyEclipse 应用开发平台是 J2EE 集成开发环境，包括了完备的编码、调试、测试和发布功能，完整支持 HTML、Struts、JSF、CSS、JavaScript、SQL、Hibernate；而 Eclipse 和 NetBeans 是目前功能比较强大的 Java 编程软件；Microsoft Visual Studio 是一套完整的开发工具，用于生成 ASP.NET Web 应用程序、XML Web 服务、桌面应用程序和移动应用程序；还有支持移动应用端的软件开发工具，如用来开发 Android 应用程序的插件 Eclipse ADT 等。

（6）各种应用软件包。如统计分析软件包、多元分析软件包、数学规划软件包等。

在具体选择时，软件的功能应能满足应用的需求，各种软件应配套齐全，要尽量选用现成软件，以加速系统开发进度。要选用具有较强的适应性的软件，在与其他软件配套使用时，能满足应用要求。要选用可靠性强、容错能力好的软件，还要满足用户的安全保密要求。要选择主流产品，以便于今后的维护与升级。

5.8.5 计算机物理系统配置方案报告的具体内容

计算机物理系统配置方案报告包括以下内容。

1. 计算机物理系统配置概述

计算机物理系统配置概述主要介绍物理系统总体结构情况，以及选择计算机物理系统的背景、要求、原则、制约因素等。

2. 计算机物理系统选择的依据

计算机物理系统选择的依据主要介绍选择计算机物理系统的依据，它包括功能要求、容量要求、性能要求、硬件设备配置要求、通信与网络要求、应用环境要求等。

3. 计算机物理系统配置

计算机物理系统配置包括以下四个方面内容。

（1）介绍硬件结构情况以及硬件的组成及其连接方式，还要说明硬件所能达到的功能并画出硬件结构配置图。

（2）介绍硬件系统配置的选择情况，列出硬件设备清单，标明设备名称、型号、规格、性能指标、价格、数量、生产厂家等。

（3）介绍通信与网络系统配置的选择情况，列出通信与网络设备清单，标明设备名称、型号、规格、性能指标、价格、数量、生产厂家等。

（4）介绍软件系统配置的选择情况，列出所需软件清单，标明软件名称、来源、特点、适用范围、技术指标和价格等。

4. 指出费用情况

指出费用情况是介绍计算机硬件、软件、机房及其他附属设施、人员培训及计算机维护等所需费用，并给出预算结果。

5. 具体配置方案的评价

具体配置方案的评价是从使用性能和价格等方面进行分析，提供多个物理系统配置方案。对各个配置方案进行评价并给出设计者倾向性的选择方案。

5.8.6　应注意的问题

1. 满足新系统的应用需求

在新系统的设计中，提出了新系统的目标、处理功能、存储客量、信息交互方式等。这就要求所选择的计算机系统能够满足它的需求，同时兼顾购置的设备能被充分地利用，并且留有扩充的余地。在进行计算机物理系统配置时要注意如下倾向。

（1）以价格为依据，认为价格越高性能越好。

（2）以计算机系统性能指标为依据，认为计算机性能指标越高越好。

（3）以计算机类型大小为依据，认为越大越好，外设和系统软件越多越好等。

计算机物理系统配置应该以应用的实际需求为依据，以新系统的处理功能为准则，从而减少不必要的投资。

2. 实用性能强

所选择的计算机物理系统的实用性可从以下几个方面体现。

（1）易于开发，方便使用。根据应用需求，要求计算机系统应用软件丰富，工具齐全，有利于用户的开发和使用，具有较强的汉字处理能力等。

（2）选择的机型具有较强的生命力。尽量优先考虑选用国内外的主流机型，以便于计算机系统的维护。另外，还应考虑所选择的计算机系统尽量与本行业或本系统的机型一致和兼容，这有利于本行业、本系统的信息交换及应用软件的交流和资源的共享。

（3）有较强的通信能力。为达到系统的资源共享和信息交换的目的，所选择的计算机系统要充分考虑新系统内部的联网和通信的要求，还要考虑以系统为公用数据网的交互能力。

（4）性能价格比。选择计算机系统时应提出几种选型方案并进行认真分析比较，选取性能价格比较高的计算机系统。一般情况下，先进的新产品性能价格比较高。

3. 可扩充性

通常新系统采用“统一规划，分步实施”的方案。开始建立的系统规模不可能很大，随着应用需求的扩大，需要逐步增添设备，扩充功能。这就要求所选择的计算机系统具有灵活的扩充能力和升级能力，使得先期购置的设备和开发的应用软件不被浪费。

5.9 系统设计说明书

系统设计阶段的工作成果就是系统设计说明书，它是用于说明系统“怎么做”的物理模型。系统设计说明书是对设计阶段工作成果进行评审的依据，一旦评审通过，就成为下一阶段工作的纲领性文件。

系统设计阶段的最后一项工作是编写系统设计说明书。系统设计说明书既是系统设计阶段工作成果的总结，也是系统实施阶段的重要依据。系统设计人员将设计过程中所形成的各种文档资料进行编辑整理，编写系统设计说明书，其主要内容和格式如下。

1. 引言

（1）摘要。说明新系统的名称、目标和功能以及系统开发的背景。

（2）专门术语定义。

（3）参考和引用的资料。

2. 系统设计方案

（1）系统总体结构设计。系统的模块结构图及其说明。

（2）处理流程设计。包括系统流程图和模块处理过程描述。

（3）代码设计。编码对象的名称、代码的结构以及校验位的设计方法。

（4）输出设计。各输出设计说明书。

（5）输入设计。各输入设计说明书。

（6）数据库设计。说明数据库的名称、包含的数据表的名称、各数据表的结构、表中索引的设置、表间的关联关系。

（7）安全保密设计。安全保密设计方案和主要规章制度。

（8）物理系统设计。物理系统设计总体结构图、物理系统配置清单及费用预算。

（9）系统实施方案及说明。包括系统实施方案和计划及实施方案的审批情况说明。

系统设计说明书编写完成后，交给有关部门和领导审批，并且将审批意见和参加人员附于说明书之后。系统设计说明书获得批准后则进入系统实施阶段。

本章小结

本章主要介绍了信息系统设计的相关知识，内容包括：系统设计概述、系统结构设计、处理流程设计、代码设计、输入 / 输出设计、数据库设计、系统安全性与完整性设计、物理配置方案设计。系统设计是信息系统开发过程中的第二个重要阶段。其任务是要在已经获准的系统分析报告的基础上，设计出新系统的解决方案，并且为系统实施阶段的各项工作准备好必要的技术资料和有关文件。系统设计要遵循系统性、灵活性、可靠性、经济性和管理可接受原则。

思考练习

1. 简述系统设计的原则。
2. 如何进行系统结构设计?
3. 模块处理流程设计的工具有哪些?
4. 什么是代码? 代码有哪些作用?
5. 输入设计的原则是什么?
6. 可以用哪些方法校验输入数据中的错误?
7. 若一元二次方程为 $ax^2+bx+c=0$（$a\neq0$），请用程序流程图表达求解的过程。

第 6 章 信息系统实施

本 章 导 读

系统实施是开发信息系统的最后一个阶段。这一阶段要把物理模型转换为可实际运行的物理系统。一个好的设计方案，只有经过精心实施，才能带来实际效益。因此，系统实施阶段的工作对系统的质量有着十分直接的影响。本章主要介绍了系统实施的策略，并讨论程序设计规范、系统测试、系统部署和系统交付的有关技术。

学习目标

◆ 知识目标

1. 了解系统实施阶段的任务。
2. 掌握程序设计的标准。
3. 了解系统集成与构建。
4. 熟悉系统测试、系统部署、系统迁移的相关知识。

◆ 能力目标

1. 会进行简单的编程操作。
2. 能对系统进行测试。

◆ 素质目标

1. 培养学生主动学习，积极探索的意识。
2. 帮助学生树立正确的信息社会价值观和责任感。

◆ 思政目标

1. 培养学生树立科技报国的使命担当。
2. 培养学生为党、为祖国、为人民鞠躬尽瘁，不懈奋斗的精神。

6.1　系统实施策略

系统实施阶段的主要任务，是实现系统设计阶段提出的物理模型，按实施方案完成一个可以实际运行的信息系统交付用户使用。系统设计说明书详细规定了系统架构和具体结构，规定了软件各组成要素的功能、输入和输出，以及它们之间的关系，规定了用户界面和系统对外接口，规定了数据库的物理结构。这是系统实施的出发点。如果说研制信息系统是盖一幢大楼，那么系统分析与设计就是根据盖楼的要求画出各种蓝图，而系统实施则是调集各种人员、设备、材料，在盖楼的现场，根据图纸按实施方案的要求把大楼盖起来。

与系统分析、系统设计阶段相比，系统实施阶段的特点是工作量大，投入的人力物力多。因此，这一阶段的组织管理工作也很繁重。对于这样一个多工种、多任务的综合项目，合理的调度安排就十分重要。在我国的信息系统建设中，项目负责人往往身兼多种角色。在分析阶段，他是系统分析师；在设计阶段，他是架构师和设计师；在实施阶段，他又是项目经理。在分析阶段，系统分析师的主要任务是调查研究，分析问题，与用户一起充分理解用户要求。在设计阶段，设计师的任务是精心设计，提出合理方案。在实施阶段，他们的任务是组织协调，督促检查。他们要制订逐步实现物理模型的具体计划，协调各方面的任务，检查工作进度和质量，组织全系统的测试和部署，完成旧系统向新系统的迁移。在实际工作中，项目经理往往是这几个阶段的组织者。作为合格的项目经理，不仅要有坚实的计算机科学知识，丰富的管理知识和经验，还要有较强的组织能力。

6.1.1　系统实施阶段的主要活动

1. 硬件准备

根据系统技术架构采购硬件。硬件设备包括计算机主机、输入输出设备、存储设备、辅助设备（UPS 电源、空调设备等）、通信设备等。要购置、安装、调试这些设备。这方面的工作要花费大量的人力、物力，持续相当长的时间。

自从有了云计算模式，系统硬件可以一劳永逸地采用云服务模式，无须购买、安装、部署等复杂环节，一键租用云服务商提供的基础设施就能获得最先进的物理架构和最强大的技术支持。

2. 软件准备

软件包括系统软件、数据库管理系统、网络通信软件以及应用程序。系统软件可以采用开源的产品，或者采购商用产品。应用程序通常需要组织人力编写，这需要相当多的人力、物力和时间。编程和测试是这一阶段的主要任务之一。

同样，开发平台及部分定制化要求不高的应用软件也可以通过云服务方式租用。

3. 人员培训

主要指用户的培训，用户包括主管人员和业务人员。系统投入运行后，他们将在系统中工作。这些人多数来自现行系统，他们精通业务，但往往缺乏计算机知识。为保证系统运行顺利进行，应根据他们的基础提前进行培训，使他们适应并逐步熟悉新的操作方法。有时，改变旧的工作习惯比软件的更换更为困难。

4. 数据准备

数据的收集、整理、录入是一项烦琐且劳动量又大的工作。而没有一定基础数据的准备，系统测试不能很好地进行。一般来说，确定数据库物理模型之后，就应进行数据的整理和录入。这样既分散了工作量，又可以为系统调试、测试提供真实的数据。实践证明，这方面的工作往往容易被人忽视，甚至系统完成后只能作为摆设放在那里而不能真正运行。这等于建好工厂，但缺乏原料而不能投产。这类例子虽然不能说司空见惯，但也不是绝无仅有。因此要特别强调这一点，不能把系统的实现仅仅归结为编程序或买机器。这几方面的任务是相互联系，彼此制约的。

6.1.2 实施策略

系统实施有很多工作要做。就程序的编写和数据库的实现而言，事情也很多。软件系统由很多部件组成，例如结构化方法中的模块，面向对象方法中的类、构件、微服务等，实现部件的先后次序有不同的策略可以选择。结构化方法通常主张自顶向下实现，尽量先实现上层模块，逐步向下，最后实现下层最基本的模块。面向对象方法主张基于接口的编程，尽量先实现构件接口，然后使用该接口的程序和实现接口的程序可以并行开发。如流行的前后端分离的开发模式，将前后端通信接口确定后，前端人机交互界面和后端服务程序分别由不同团队或人员编程实现。

1. 自顶向下的实现策略

自顶向下的实现策略就是根据部件自上而下的依赖关系（或调用关系），先实现上层部件，后实现下层部件。如先实现主界面、菜单、窗口（网站框架），然后编写窗口程序，以及底层业务处理程序和数据库操作程序。这种策略的全局观和整体性好，能及早看到人机交互效果，并尽早地使用和验证下层部件的接口，从而在编程的前期阶段能有效发现和纠正软件结构的设计缺陷。

2. 自底向上的实现策略

自底向上的实现策略正好相反，先实现最底层的公用的较为独立的部件，然后向上逐步实现依赖于底层部件的程序。这种策略可以让具体细节问题和公用模块及早完成和暴露，供上层部件直接调用，获得真实数据。但实现高层部件并进行集成时，可能会发现接口设计缺陷等结构问题，造成低层部件大量返工的恶果。

3. 向中间看齐的实现策略

俗称“三明治”的实现策略，结合了自顶向下和自底向上两种策略，上层部件和下层部件在定义了接口后，可以实现并行开发，最后在中间层完成集成。

4. 多版本迭代的实现策略

实际项目开发中，通常不会单一采用上述某一种实现策略，而是把整个实施方案分成若干个“版本”（version），每个版本在一个或多个迭代周期中完成。

版本的划分需要考虑以下四个方面。

（1）总的原则是先上层后下层

先实现总体框架控制部分，后实现执行部分。尤其是第一个版本具有特别重要的意义。第一个版本应该让系统初步具备轮廓，用户可以使用系统最急需、最主要的业务所需要的功能。一些例外情况的处理留待以后实现。

（2）确定实现需求

每个版本实现多少需求、实现哪些需求要根据开发力量、设备、培训等方面的情况确定。参加系统实施的人多时，同时开发的需求可以多一些，否则就少一些。一般两三个月完成一个版本比较合适。若时间太短，则完成的任务不可能太多，用户看不出有什么进展。若间隔时间太长，则与用户交流的机会少，容易偏离用户的需求，用户对项目的进展容易失去信心。

（3）关注版本的发布节奏

版本的发布节奏可以有三种形式：固定范围和日期；固定范围，日期可变；固定日期，范围可变。第一种最为严格，项目管理和控制难度最大。当日期临近，需求还不能交付时，追加人力投入经常不能达到效果，反而让项目陷入泥潭。因此范围和日期某一方做出让步是较为常见的做法。

（4）复杂的模块分散在几个版本中逐步实现

在版本规划时，应该对需求进行优先级排序。最先处理能带来价值但是实现复杂度高的需求，因为往往这些需求都需要拆解成 2 ~ 4 个版本来解决，所以越早开始规划，开发团队就越有预见性，节奏就越易于控制。

6.2 程序设计

系统功能的实现需要有应用软件的支持，而应用软件的获得可分为两种情况：一种是市面上有能支持用户业务功能所需的现成软件，那么系统的实现既可以购买现成软件，也可以自行开发；另一种情况是市面上没有适合的现成应用软件，则只能由程序开发人员自行编制软件。

程序设计是以程序设计说明书和数据存储结构设计为基础，选择某一种编程工具和方法实现系统功能模块的程序编制工作。

编程的目的是实现开发者在系统分析和系统设计中所提出的管理方法和处理构想，它不是系统开发的目的。在编程实现时，建议尽量利用已有的程序和各种开发工具，以尽快、尽好地实现系统。

6.2.1 好程序的标准

20世纪计算机内存小、速度慢，人们往往把程序的长度和执行速度放在很重要的位置，想方设法缩短程序长度，减少存储量，提高速度。现在情况有了很大的不同，一般认为好程序应具备下列素质。

（1）能够工作。

（2）调试（debug）代价低。

（3）易于维护。

（4）易于修改。

（5）设计不复杂。

（6）效率高。

第（1）条当然是最基本的。一个根本不能工作的程序当然谈不上“好”，即使谈执行速度、程序长度等指标也毫无意义。第（2）条调试代价低，即花在调试上的时间少，遇到错误易于排查和修改。这是衡量程序好坏，也是衡量程序员水平的一个重要标志。国外有人做过试验，选两个题目，找 12 个有经验的程序员来编写和调试程序。结果发现最差的与最好的程序员调试时间之比是 28 ∶ 1。第（3）~（5）条要求程序可读性强，易于理解，这也是达成（2）、（3）条的前提条件。

在相当长的一个时期里，人们认为程序是用于给机器执行而不是给人阅读的。因此，程序员中存在严重的低估编程方法、不注意程序风格的倾向，认为可以随意编写程序，只要结果正确就行。读这种程序像读“天书”。可读性（readability）主张程序应使人们易于阅读，编程的目标是编出逻辑上正确而又易于阅读的程序。程序可读性好，自然易于理解和维护，并将大大降低隐含错误的可能性，从而提高程序的可靠性。

要使程序的可读性好，程序员应有一定的写作能力，应能写出结构良好、层次分明、思路清晰的文章。有人说：“对于程序员来说，最重要的不是学习程序设计语言 C，Java 等，而是英语（汉语）。”程序员在写程序时应该记住：程序不仅是给计算机执行的，还是供人阅读的。

6.2.2　程序的内部文档

程序的“内部文档”，指程序内部带有的说明性材料。内部文档可以用注释语句书写。程序适当加注释后，阅读时就不必再看其他说明材料了。因此，这是提高程序可读性的有力手段。注释可以出现在程序的任何位置，但要与程序结构配合起来，效果才好。并且需要注意以下四点。

（1）每个文件的开始部分应指明程序的主要内容、编写者、最后修改日期等信息，以利于管理。

（2）每个过程或函数前应有简要的接口描述信息，如函数功能、参数要求、返回值或其他特别说明。

（3）注释必须与程序一致，否则它毫无价值，甚至使人感到莫名其妙，所以修改程序时，要注意对注释进行相应的修改。

（4）对程序段作注释，而不是对每个语句作注释，注释不是重复程序语句，而应提供从程序本身难以得到的信息。

如果模型的详细设计是 PDL 描述的，编程时可将 PDL 描述作为注释嵌套在程序中。

以下是一个 C# 子过程的注释实例。

```
/************************************************************
功能：把文件从一个文件夹移动到另一个文件夹
参数：oldFolder：要移动的旧文件夹路径
newFolder：新文件夹路径
返回：无
************************************************************ /
public void moveFolderDocument ( string oldFolder, string newFolder )
{
//获取旧文件夹下的所有文件名
```

```
        string[] names = getDocumentNames ( oldFolder ) ;
        string oldName;
        string newName;
        if ( names != null )
        {
            // 循环将旧文件夹的每个文件移动到新文件夹下，文件名不变
            for ( int i = 0;i < names.Length;i ++ )
            {
                oldName = oldFolder + " \ " + names[i];
                newName = newFolder + " \ " + names[i];
                moveDocument ( oldName,newName ) ;
            }
        }
    }
```

6.2.3　程序结构

程序结构

1. 简单、直接地反映意图

把要说的事情直截了当地说清楚，让人准确明了地知道你说的事情，不需要过多的想象和分析，避免使用过于晦涩的算法。

表达式的书写应一气呵成。引入过多中间变量或中间语句，或将一个表达式折成几行，会造成理解上的困难，而且在将来难以预料的修改中，有可能更动这几行的次序，或者插入其他语句，容易造成逻辑上的错误。另外，在表达式中适当添加括号也可以减少误解。例如 not a > x and a < y 有可能被理解成（not a > x）and a < y，不如写成 not （a > x and a < y）更好。

2. 嵌套不宜过深

注意嵌套不要太深。过深的嵌套使程序变得臃肿难读，实际上这反映设计者思路不清楚，循环、分支层次建议不要超过五层，多路分支使用 SWITCH…CASE 语句实现，不是必要时尽量不采用递归模式。

3. 避免使用 GOTO 语句

按照结构化程序设计的原则，程序中可以不用 GOTO 语句。但是，在某些情况下，使用 GOTO 语句还是更为简便。所谓合理使用，主要注意以下三条原则。

（1）在一个程序中不要多用 GOTO 语句。Dijkstra 有句名言：“程序员的水平同他在程序中使用 GOTO 语句的密度成反比。”因此，一定要避免使用不必要的 GOTO

语句。

（2）在其他结构形式难以控制程序流向的情况下才使用 GOTO 语句。例如，在循环体内遇到例外情况需要跳出时才使用。

（3）不要使 GOTO 语句相互交叉。两个 GOTO 语句互相缠绕，容易引起混乱。

4. 尽量使用局部变量

全局变量会增加模块的耦合度，带来维护的困难，因此不要为了“多快好省”而随意使用全局变量。

6.2.4　编程规范

1. 文件名、过程名、变量名应规范化

理解变量的含义是理解程序逻辑的关键。在一个系统中，涉及的变量、过程、文件很多，编写程序的人也很多。因此，在编写程序之前，应对名字给出统一的规范标准，例如最好使用动宾词组，能够让开发人员见名知义。

糟糕的变量名和函数名。

```
x = x - y;
z = m + tax (m);
x = x + lf (c1, x) + z;
x = x + it (c1, x);
改成如下的名称，可读性将大大提高，这样的代码具有“自注释”能力。
balance = balance - lastPayment;
monthlyTotal = newPurchases + salesTax (newPurchases);
balance = balance + lateFee (customerID, balance) + monthlyTotal;
balance = balance + interest (customerID,balance);
```

常量和宏定义统一大小写模式，如全部以大写字母来撰写，中间可根据意义的连续性用下划线连接。此外每个常量或宏定义的右侧必须有一简单的注释，说明其作用。

2. 变量的用法

变量名应显式说明。同一变量名不要具有多种含义。一个变量在不同程序段中表示不同的含义，即使计算机不混淆，也不便于人的阅读理解，修改程序时也容易造成错误。

变量的初始化尽量与变量声明靠近，变量作用域尽量小，例如尽量使用作用域为函数或代码段的局部变量，并尽量减少中间变量使用。

3. 统一的书写格式

采用缩排式书写程序有助于阅读，下面这段程序语法上没有错，计算机执行没有问题，但读起来就比较困难。

```
for ( i = 1;i < N;i ++ ) {
⋮
for ( j = i + 1; j < N; j ++ ) {
if ( a[j] < a[i] ) …
if flag! = 1{
⋮
}}}
```

显然不如写成锯齿形便于阅读，并且缩进的空格数在一个编程小组中也应该统一起来，这对于组内的代码重用有好处。

此外，虽然很多编程语言允许一行多条语句，但为了方便程序的跟踪调试，提高可读性，最好一行只写一句。

4. 不要直接使用数字

任何程序总是免不了要与数字打交道，尤其像一些上下限数字，在判断条件或循环条件中经常会出现。初学者以为直接书写数字既简洁又易懂，但这种方式会带来变更性的降低，如果多处出现关于某数字的处理，维护也变得烦琐，容易出错。因此不要直接使用数字，取而代之可以使用常量定义，当然在灵活性要求很强的系统中，还可以将它们设置为数据库中的一张参数表，需要时从表中读取或者根据变化重新设定参数值。

6.2.5 程序调试

不论开发人员多么细心、多么严格地遵守各种规范，程序也不可能一次就编写成功，因为编程是一项智力活动，是人就会犯错。程序员更多的时间不是花在书写新代码上，而是耗费在调试过程中。调试来自英文 debug 一词，更准确的说法应该是排错。debug 是一个现代的人造词汇，它的来历有一个小故事：1945 年的一天，一只小虫子（bug）钻进了第一代计算机的一根真空管内，导致整个计算机无法正常工作。工程师格雷丝·霍珀（GraceHopper）发现这是一起虫子引发的故障，于是把虫子和故障原因都记录到事件报告里。后来就用 bug 来比喻计算机系统中的缺陷和漏洞，而 debug 就是要排除缺陷。

调试为什么要耗费大量精力呢？因为定位并修复一个缺陷是一项挑战度极高的工作，困难在于缺陷的重现和精确定位。

（1）错误暴露的地方与原因所处的位置可能相距甚远。

（2）程序中隐含了一些不容易被发现的人为疏忽，如循环条件多写或少写“=”。

（3）复杂的处理逻辑包含太多的输入状态组合和执行路径组合，造成错误难以重现。

（4）当纠正其他错误时，此错误所表现的现象可能会暂时消失，但并未根本排除。

（5）错误不是程序自身原因，而是运行环境中其他软件的干扰作用，不能提前预知。

调试是程序员的工作，是编程工作的一部分。因此程序员尽量借助于集成开发环境提供的调试技术快速定位错误，具体技术有：单步跟踪，设置断点，实时监视和编辑变量，动态改变执行语句等。

此外，程序员也要不断积累经验，善于运用试探法、回溯法、对分查找法、归纳法、演绎法等调试方法。

6.3 系统集成与构建

源代码编写完成后，要成为可以运行的软件，还需要经过编译和链接过程，一般的集成开发环境（IDE）将编译和链接的过程一步完成，形成构建（build）。但项目如果是多人协同，或者包含多个不同来源的组件，还需要集成（integretion）。

6.3.1 集成与构建的关系

集成就是要让整个系统的各个组成部分合成在一起，并保证各部分之间是可以正确连接的过程。构建就是从源代码生产出安装包的过程。它一般包括编译源代码，链接编译结果，产生可以运行的程序，最后把所有资源都打包成为可部署安装的软件包。

集成是一个准备和配置的过程，而构建是要获得最终可交付的成果。构建的输入是产品的全部源文件，可能还有文档、数据等，构建的输出通常是安装包。

复杂系统在构建开始前，应当确定项目初步的基本源码包组织结构，和包之间的依赖关系等，并定义项目统一的构建目录结构，制订集成构建计划，以确定集成的内容、构建周期和日程表。

开发人员可以利用 IDE 在自己本地的工作空间里进行局部构建，以确保个人代码的单元测试成功，程序符合系统集成标准。集成工程师在进行系统集成的时候也需要构建，因为集成的目的就是要得到可运行的软件系统，并确保整体可运行。

系统每个版本的交付周期都包含“编程→单元测试→提交源码→构建→集成→测试→部署”的基本过程。构建在集成工作中占有重要地位，当构建出现在集成工作中的时候，大家特别关注它。出于这个原因，有些时候，构建和集成会放在一起讨论。

6.3.2 系统集成的步骤

对于小型系统，通过复制多人代码，在一台机器上就可以完成系统集成构建。但复杂系统的开发往往涉及一个团队的并行作业，系统集成会有岗位分工和流程。一般情况下，开发人员在自己的计算机上，从代码库下载（签出，check out）最新的源代码到本地，完成个人源码和单元测试代码的编写，并在本地的集成环境进行编译、集成、构建，以验证源代码可用，然后提交（签入，check in）到代码库。

通过编写集成脚本，实现系统的自动化集成。集成步骤如下。

（1）确保开发人员都提交了相关的源代码。

（2）冻结或者标识要集成的源代码。

（3）取出要集成的源代码。

（4）编译链接和制作安装包。

（5）部署环境并粗略测试。

（6）标识和存储集成结果。

（7）将集成结果通知给相关人员。

脚本的编写通常由专门的集成工程师负责。集成工程师可以手动执行脚本，也可以配置操作系统任务，定时执行任务。

6.3.3 持续集成

持续集成（continuous integration，CI）是一种敏捷软件开发实践，即团队开发成员经常集成他们的工作代码。

每日构建（daily build）最早由微软提出来，在规模较大的项目中，一次性集成构建的过程往往相当耗资源，为了避免影响日间工作，很多项目将每日构建放到夜间进行。每日构建是持续集成的基础。借助于协同化工具，每天可以完成多次集成，由每次提交代码触发。其中 Jenkins 是一款用 Java 编写的开源的 CI 工具。

持续集成能够带来明显的效益，具体内容如下。

（1）及早检查缺陷，减少项目风险。

（2）通过自动化减少人工的重复作业，节省时间和成本，让工程师更加专注于代码。

（3）任何时间、任何地点生成可部署的软件，当急于修复缺陷或需求变化时，代码的任何改动都可以及时和其他的代码进行集成。

（4）增强项目的可见性（完成度、缺陷率、构建成功或失败的报告），方便团队成员了解项目的进度和成熟度。

（5）增强开发人员对软件产品的信心，帮助建立更好的工程师文化。

6.4 系统测试

6.4.1 测试的目的

人们常常有一种错觉，认为程序编写出来之后就接近尾声了，或者认为一个程序输入一些数据运行一两次就“通过”了。事情并没有这么简单。据统计，一个较好的程序员，在他交付的程序中，错误率为 1%，而一个水平低的程序员编写的程序，可能每个语句都含有一两个错误。在一个大型的软件系统中，“错误百出”是不必大惊小怪的，这是由于人类本身能力的局限。人免不了要犯错误。当然这并不是说可以姑息系统开发中的错误。恰恰相反，随着信息技术在国民经济一些重要领域的广泛应用，软件系统的任何错误都可能造成生命财产的重要损失。问题的关键是尽早发现和纠正这些错误，减少错误造成的损失，避免重大损失。

根据 GlenMyers 的定义，测试的目的在于以下方面。

（1）测试是指“用意在发现错误而执行一个程序的过程”。

（2）一个好的测试用例是指这个测试用例有很高的概率可以发现一个尚未发现的错误。

（3）一个成功的测试是指它成功地发现了一个尚未发现的错误。

测试的目的是发现程序的错误。因此，测试的关键问题是如何设计测试用例，即设计一批测试数据，通过有限的测试用例，在有限的研制时间、研制经费的约束下，尽可能多地发现程序中的错误。

6.4.2 测试的手段

目前，检验软件有三种手段：正确性证明、静态检查和动态检查。

1. 正确性证明

程序正确性证明技术目前还处于学术研究阶段，有符号执行、定理证明、程序验证等多种方法，虽然有一定成果，但对于大型信息系统并不适用。例如程序验证的基本思路是，在给定源码和属性的基础上，通过验证算法，将我们需要验证的问题转化为逻辑公式，再证明逻辑公式的正确性。这个过程中，设置命题逻辑、转换为谓词逻辑及其证明需要大量的脑力劳动，推导过程冗长。例如，一个 433 行的 ALGOL 程序，其证明长达 46 页。尽管如此，正确性证明仍是一个有吸引力的课题，对未来的软件可能产生深远影响。

2. 静态检查

静态检查指人工评审软件文档或程序，发现其中的错误，具体有走查、同行评审、代码自动检查等方法。静态检查是一种行之有效的成本低廉的检验手段。据统计，30% ~ 70% 的错误是通过评审发现的，而且这些错误往往影响很大。因此，这是开发过程中必不可少的质量保证措施。系统开发的每一个阶段都要对所产生的文档进行评审。这样，错误发现早，纠正早，使开发成本大为降低。评审强调要有局外专家参加，可取各家之长。评审是直接检查软件文档，排除错误也比较容易，也容易发现产生错误的原因。

3. 动态检查

动态检查就是测试，即有控制地运行程序，从多个角度观察程序运行时的行为，发现其中的错误。也就是说，测试是为了发现错误而执行程序。测试只能证明程序有错误，而不可能证明程序没有错误。图 6-1 为一个小程序的流程图。这个程序共有五条路径，需循环 20 次，则共有 5^{20}（约 100 万亿）条路径。显然，不可能通过遍历所有这些路径来说明程序没有错误。认为测试能说明程序没有错误的想法是十分有害的。在这种认识指导下，人们往往会潜意识地寻找那些容易使程序通过的测试数据，忽视那些容易暴露程序错误的数据，使隐藏的错误不被发现，而不能达到测试的目的。

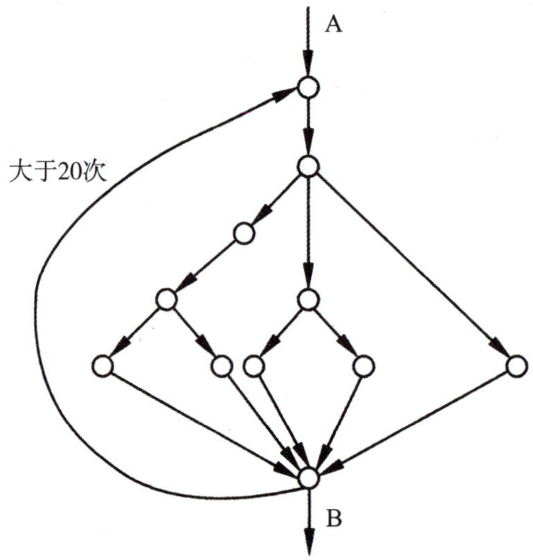

图 6-1　程序流程图

6.4.3　测试级别

测试有单元测试、接口测试、集成测试、验收测试、系统测试等测试级别。

1. 单元测试

单元测试是对最小的程序单元——模块（类的方法）进行测试，也称为模块测试。根据模块的功能说明，检验模块是否有错误。这种测试在各模块编程后进行。

模块测试一般由编程人员自己进行，模块测试有以下项目。

（1）模块接口。调用参数（流入数据）数目、顺序、类型。

（2）内部数据结构。如初始值对不对，变量名称是否一致，共用数据是否有误。

（3）独立路径。是否存在不正确的计算、不正确的循环及判断控制。

（4）错误和异常处理。错误的产生及处理，异常的捕获处理，是否和预期一致。

（5）边界条件。对数据大小界限和判断条件的边界进行跟踪运行。

单元测试需要编写大量测试代码，采用单元测试框架可以减少编程量，提高测试效率。如 Java 平台一般选择 JUnit 框架，Python 平台有 unittest、pytest 等。

2. 接口测试

接口测试是测试系统组件间接口的一种测试，主要用于测试系统与外部其他系统之间的接口，以及系统内部各个子模块之间的接口。测试的重点是要检查接口参数传递的正确性，接口功能实现的正确性，输出结果的正确性，以及对各种异常情况的容错处理的完整性和合理性。具体包含以下五个方面。

（1）接口访问限制。仅受限的账号或程序可以对接口进行访问和修改。

（2）数据正确性。测试数据是否完整准确地从源系统传输到了目标系统。

（3）重复传输验证。测试以相同数据重复调用接口是否依然能保证逻辑正确。

（4）传输时效。检测是否在正确的时间区间传输了数据。对于不成功的数据传输，及时进行补传直至成功为止，或者返回失败等待重传，不会发生数据丢失。

（5）异常处理。数据在传输过程中的任何问题及时发现和跟进。

同样，接口测试也有很多成熟的测试工具，采用 http 编写的接口一般可以使用 postman、jmeter 等工具。

3. 集成测试

集成测试也称联合测试。各个模块、构件接口单独测试执行可能无误，但组合起来相互产生影响就可能会出现意想不到的错误，因此要将整个系统作为一个整体进行联调。集成测试有两种方法，可以根据模块结构图由上到下或由下到上进行测试，也可以顺着服务接口的链条由前向后或由后向前进行集成。集成测试可以发现总体设计中的错误，例如接口问题。

（1）由上到下 / 由前向后

设置下层（后继）模块为桩模块，检查控制流，较早发现错误，而不至于影响到下层模块。但这种方法要制作的桩模块太多，而且不能送回真实数据，可能发现不了内在的错误。

（2）由下到上 / 由后向前

先设置上层（前驱）模块为驱动模块，测试下层模块执行的正确性，然后逐步向上推广。这种方法方便易行，设计简单，但要到最后才能窥得全貌，有一定的风险。

敏捷过程常常采用开发运维一体化的开发模式，程序编写提交后，集成、构建、自动化单元测试、功能测试、部署实现了自动化流水线作业，这种情况下等同一次性集成测试，或持续集成模式。

4. 验收测试

验收测试检验系统说明书的各项功能与性能是否实现，是否满足要求，也称确认测试。

验收测试的方法一般是列出一张清单，左边是需求的功能，右边是发现的错误或缺陷。常见的验收测试有 α 测试和 β 测试，这两种测试都是由用户进行的。但前者由使用者在应用系统开发所在地与开发者一同进行观察记录，后者由用户在使用环境中独立进行。

5. 系统测试

系统测试是对整个系统的测试，将硬件、软件、操作人员看作一个整体，检验它是否有不符合系统说明书的地方。

系统测试包含功能测试和非功能性测试，非功能性测试包括性能测试、压力测试、安全测试、兼容性测试、安装测试、可靠性测试等。这些测试可以发现架构选型或设计中的缺陷。如安全测试是测试安全措施是否完善. 能不能保证系统不受非法侵入。压力测试就是测试系统在正常数据量以及超负荷量（如多个用户同时存取）等情况下是否还能正常地工作。

6.4.4 测试用例设计

既然测试工作不可能采用穷举测试方法，那么测试用例的选择就是测试的关键问题。好的测试用例应以尽量少的测试数据发现尽可能多的错误。

传统的测试方法分为“白盒测试”和“黑盒测试”。

白盒测试是根据一个软件部件的内部控制结构，测试是否依据设计正确地执行。有语句覆盖、判断覆盖、条件覆盖、路径覆盖等方法。

黑盒测试是根据一个软件部件由外部界面所能观察到的功能效果，测试它是否与其他部件正确地沟通，一般指输入正确时，看是否有正确的输出。有等价点划分、边界值分析等方法。

1. 语句覆盖法

一般来讲，程序的某次运行并不一定执行其中的所有语句。因此，如果某个含有错误的语句在测试中并没有被执行，这个错误便不可能发现。为了提高发现错误的可能性，应在测试中执行程序中的每条语句。语句覆盖法就是要选择这样的测试用例，使程序中的每条语句至少能执行一次。

图 6-2 为一个被测试的程序，程序代码如下。

```
proc（int A,int B,double X）{
        if（A > 1） and （B == 0）
```

```
    X = X/A;
    if (A == 2) or (X > 1)
    X = X + 1;
}
```

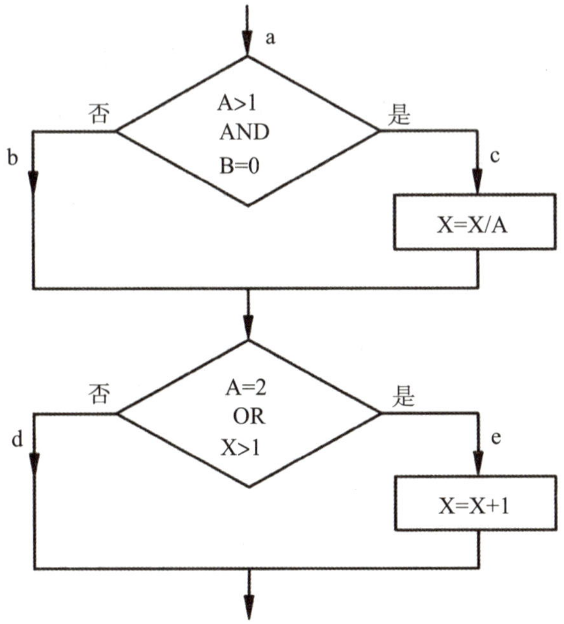

图 6-2　被测试程序的流程图

若选择测试用例为 A = 2，B = 0，X = 3，则程序通过路径 ace，程序中的每个语句都执行了一次，达到了语句覆盖的要求。如果程序中第一个条件语句中的 AND 错误地写成 OR，或者第二个条件语句中的 X > 1 写成 X > 0，这个测试用例都不能发现这些错误，可见语句覆盖发现错误的能力较弱。

2. 判断覆盖

判断覆盖是指设计测试用例使程序中的每个判断的取“真”值和取“假”值的每一个分支至少通过一次。

在上面例子中，若取测试用例为 A = 3，B = 0，X = 1 和 A = 2，B = 1，X = 3，则可以分别执行路径 acd 和 abe，使得两个判断语句的四个分支都得到覆盖。既然每个分支都执行了，当然程序中的每条语句也就被执行了。可见判断覆盖比语句覆盖更严格一些。但是，判断覆盖还是很不够的。例如，当程序沿路径 abd 执行时，X 的值应保持不变。若发生了这方面的错误，上面的测试用例都发现不了。

3. 条件覆盖

条件覆盖是指执行足够的测试用例，使判断中的每个条件获得各种可能的结果。

图 6-2 的程序有四个条件：$A > 1$，$B = 0$，$A = 2$，$X > 1$。

为满足条件覆盖的要求，需要执行足够多的例子，使第一个判断条件有 $A > 1$，$A \leqslant 1$，$B = 0$，$B \neq 0$ 等各种结果出现。而在第二个判断条件有 $A = 2$，$A \neq 2$，$X > 1$，$X \leqslant 1$ 等各种结果出现。设计以下两个测试用例可以满足要求。

（1）$A = 2$，$B = 0$，$X = 4$。

（2）$A = 1$，$B = 1$，$X = 1$。

一般来说，条件覆盖比判断覆盖要求严格，因为判断覆盖的对象是每个判断结果，而条件覆盖考虑每个判断中的每个条件。但是，因为条件覆盖分别考虑每个条件而不管同一判断中诸条件的组合情况，所以测试用例有可能满足条件覆盖的要求，但不满足判断覆盖的要求。不难验证，测试用例 $A = 1$，$B = 0$，$X = 3$ 和 $A = 2$，$B = 1$，$X = 1$ 就属这种情况。

4. 条件组合覆盖

设计测试用例时，要使判断中每个条件的所有可能取值至少出现一次，并且每个判断本身的判定结果也至少出现一次。上述例子中，两个判断分别包含两个条件，可以形成以下八种组合。

（1）$A > 1$，$B = 0$。

（2）$A > 1$，$B \neq 0$。

（3）$A \leqslant 1$，$B = 0$。

（4）$A \leqslant 1$，$B \neq 0$。

（5）$A = 2$，$X > 1$。

（6）$A = 2$，$X \leqslant 1$。

（7）$A \neq 2$，$X > 1$。

（8）$A \neq 2$，$X \leqslant 1$。

下面的四个测试用例可以满足条件组合覆盖的要求。

（1）$A = 2$，$B = 0$，$X = 4$，使（1）和（5）两种情况出现。

（2）$A = 2$，$B = 1$，$X = 1$，使（2）和（6）两种情况出现。

（3）$A = 1$，$B = 0$，$X = 2$，使（3）和（7）两种情况出现。

（4）$A = 1$，$B = 1$，$X = 1$，使（4）和（8）两种情况出现。

条件组合覆盖综合了判断覆盖、条件覆盖的要求，因此，比单纯的判断覆盖或条件覆盖都要强。但是，上面的四个测试用例虽然满足了条件组合覆盖的要求，却没有覆盖路径 acd。

5. 路径覆盖

设计测试用例，使它覆盖程序中所有可能的路径。在图 6-2 的例子中，有四条可能的路径：abd，ace，abe，acd。下面的测试用例可以满足路径覆盖的要求。

（1）A = 2，B = 0，X = 3（沿路径 ace）。

（2）A = 1，B = 0，X = 1（沿路径 abd）。

（3）A = 2，B = 1，X = 1（沿路径 abe）。

（4）A = 3，B = 0，X = 1（沿路径 acd）。

路径覆盖的测试功能很强。但对于实际问题，一个不太复杂的程序，其路径数可能相当庞大而且不可能完全覆盖。

以上这五种测试均属于“白盒测试”，下面是“黑盒测试”的例子，介绍设计测试用例的另两种技术——等价类划分和边界值测试。

6. 等价类划分

对于某个输入域的子集合，如果该集合中的各个输入数据对于揭露程序中的错误都是等效的，则称这个集合为等价类。测试某等价类的代表值就等价于对这一类其他值的测试。

等价类划分是一种典型的黑盒测试方法，使用这一方法时，完全不考虑程序的内部结构，只依据程序的规格说明来设计测试用例。等价类划分方法把所有可能的输入数据，即程序的输入域划分成若干部分，然后从每一部分中选取少数有代表性的数据作为测试用例。使用这一方法设计测试用例要经历划分等价类（列出等价类表）和选取测试用例两步。

等价类的划分有两种不同的情况。

（1）有效等价类。是指对于程序的规格说明来说是合理的、有意义的输入数据构成的集合。

（2）无效等价类。是指对于程序的规格说明来说是不合理的、无意义的输入数据构成的集合。

在设计测试用例时，要同时考虑有效等价类和无效等价类的设计。以下根据输入数据的不同类别，给出等价类的划分原则。

（1）如果输入条件规定了取值范围或值的个数，则可以确立一个有效等价类和两个无效等价类。

例如，在程序的规格说明中，对输入条件有一句话：“一次取款不得少于 50 元，最多可取 2 000 元……”，则有效等价类是“50 ≤所得额≤ 2 000”，两个无效等价类是“所得额< 50”或“所得额> 2 000”。

（2）如果输入条件是一个布尔量，则可以确定一个有效等价类和一个无效等价类。

（3）如果规定了输入数据的一组值，而且程序要对每个输入值分别进行处理，这时可为每一个输入值确立一个有效等价类，此外针对这组值确立一个无效等价类，它是所有不允许的输入值的集合。

例如，在教师奖酬金方案中规定对教授、副教授、讲师和助教的课时分别折算工作量。因此可以确定教授、副教授、讲师和助教四个有效等价类，一个无效等价类是所有不符合以上身份人员的输入值的集合。

（4）如果规定了输入数据必须遵守的规则，就可以确立一个有效等价类（符合规则）和若干个无效等价类（从不同角度违反规则）。例如，在用户注册时对用户名规定为“以字母打头的，必须至少包含1位数字的，最大长度为20的串”，那么所有符合规定的构成有效等价类，而不在此集合内（不以字母打头、没有数字、超过20位）的归于三个无效等价类。

在确立了等价类之后，建立等价类表，列出所有划分出的等价类。然后从每个等价类中选择一个代表值作为输入数据，并确定期望值，从而构造全部测试用例。

7. 边界值测试

经验证明，程序往往在处理边缘情况时犯错误，因此检查边缘情况的测试用例效率是比较高的。例如某个输入条件说明了值的范围是－1.0～1.0，则可以选－1.0，1.0，－1.001和1.001为测试用例，边界值是对等价类的补充。再如一个输入文件可以有1～255个记录，则分别设计有0个、1个、255个、256个记录的输入文件等。

把边界值的概念扩大，可以设计出种种的测试用例。例如对文件只处理第一个记录、中间一个记录、最后一个记录、不存在的记录等。

6.4.5　自动化测试

自动化测试是用软件代替人工完成测试的一种过程，在预设条件下运行程序或系统，执行测试并评估测试结果。

1. 自动化测试的效益

自动化测试可以带来以下效益。

（1）程序的回归测试更方便，可以运行更多更烦琐的测试。

（2）执行某些人工很难或不可能进行的测试。

（3）测试具有一致性和可重复性。

（4）节约人力，提高测试工作效率，让产品更快交付。

2. 自动化测试的阶段

自动化测试包含大量测试脚本或测试代码，与信息系统开发生命周期类似，自动化测试包含测试计划、测试设计、测试开发、测试执行和测试评估五个阶段。

（1）测试计划

测试计划包括确定测试的范围和风险，明确测试的目标，选择测试工具，划分测试活动，进度计划，资源分配等内容。

（2）测试设计

针对测试级别中的各种测试类型（单元测试、接口测试、功能测试、性能测试、压力测试等）的自动化，进行测试用例设计和测试软件设计。

（3）测试开发

测试开发是指依据测试设计开发自动化测试脚本，覆盖测试用例。

（4）测试执行

在执行条件和触发机制满足的情况下，执行测试脚本，判断测试用例是否通过，记录测试中发现的缺陷，生成和提交缺陷报告，并将报告及时反馈给开发小组。

（5）测试评估

分析自动化测试执行的结果，生成各种评估度量指标，对测试是否达到退出标准进行评估，并提供更多的反馈信息，用来优化和持续改进自动化测试流程。

知 识 链 接

测试的原则

测试阶段应注意以下一些基本原则。

（1）测试用例应包括输入数据和预期的输出结果。

（2）不但要选用合理的输入数据作为测试用例，而且要选用不合理的输入数据作为测试用例。例如，程序 TRIANGLE 输入表示三角形边长的三个整数，判断是否构成等腰三角形、等边三角形及不等边三角形。测试这个程序时，不仅要选用“5，5，6”和“6，6，6”这样一些“合理”数据作为用例，而且还要选用“1，2，3”和“1，2，4”这样一些“不合理”的输入数据，以便证实程序不会把这些不可能构成三角形的边长错误地认为这是“不等边三角形”。

（3）既要检查程序是否完成了它应做的工作，又要检查它是否还做了它不应做的事情。例如，对于工资管理程序，要检查它是否为每个职工产生了一个正确的工资单，还要检查它是否产生了多余的工资单。

（4）测试用例应长期保留，直到这个程序被废弃。精心编制测试用例会对今后的测试带来方便。因为一旦程序被修改、扩充，需要重新测试。这在很大程度上将重复以前的测试工作。保留测试用例，可以验证发现的错误是否已经改正，也可以易于发现因修改、扩充可能产生的新错误。

6.5 系 统 部 署

6.5.1　部署的概念

系统部署（deployment）是一个复杂的过程，涵盖从开发者完成开发到应用者在计算机上实际安装并维护应用的所有活动，主要包括程序打包、安装、配置、测试、集成和更新等。系统部署过程中需要关注的问题有：安装和系统运行的变更管理，构件之间的相依、协调、内容发放，管理异构平台、部署过程的可变更性，与互联网的集成和安全性。

1. 部署过程

系统部署在集成构建能够交付系统的基础上，执行以下步骤。

（1）测试通过后，开始规划原型系统。

（2）完成原型系统的网络构建、软硬件的安装和配置。

（3）数据备份或做好可以恢复的准备。

（4）将数据从现有应用程序迁移到当前解决方案。

（5）根据培训规划培训部署的管理员和用户。

（6）完成所有的部署。

2. 持续部署

持续部署（continuous deployment，CD）是指在持续集成、自动化测试基础上，每次变更都触发一次自动化生产环境部署的过程。持续部署的核心是打造部署流水线，通过可靠、可重复、可视化的流水线小批次快速交付复杂的软件系统，同时提供快速反馈，在发生问题时可以轻松排除故障。

持续部署从技术上不存在障碍，但可能受限于业务需求。例如某些业务场景里，一种业务需要等待另外的功能特征完成才能上线，这使持续部署成为不可能。

总之，敏捷实践体系下，通过持续构建、持续集成、测试管理、持续部署等一系列的无缝集成的技术活动，最终达成对客户安全快速高质量的持续交付能力，从而帮助企业提升 IT 效能，灵活应对快速变化的业务需求和市场环境。

6.5.2 本地部署

本地部署是指用户将系统内容全部部署在本地，并对接本地数据中心，直接通过调用本地数据执行系统功能。

1. 本地部署的特点

（1）定制化程度高，用户可以完全按照自己的需求定制一个全新的更为匹配的产品。

（2）系统的安全系数较高。

（3）基础投入较大，需要投入一定的人员、资金及硬件。

（4）更新成本较高。

（5）在进行二次开发时具有较高的自主性，不受限于开发者。

（6）实施监督较为容易，用户能够全面控制运行环境。

（7）需要制定长远的规划，并投入相应资源，为规模扩展奠定基础。

2. 本地部署的分类

本地部署通常分为本地集中式部署与本地分布式部署。

（1）本地集中式部署

本地集中式部署是指所有数据、运算、处理任务集中在一台高性能、可扩展的中央计算机上完成，这种部署方式简单且方便管理，稳定性和安全性相对较高，但当计算任务很多时，会导致响应速度变慢；另外，如果用户有不同的需要．要对每个用户的程序和资源做单独的配置，在集中式系统上做起来比较困难，而且效率不高。

（2）本地分布式部署

本地分布式部署是则将数据、运算、处理任务分散于多台独立的机器设备上完成，采用可扩展的系统结构，利用多台存储服务器分担存储计算负荷，利用位置服务器定位存储信息。分布式部署通常适用于以下六种情况。

① 企业有不同分支机构或较小的分散站点，与企业总部的网络连接通常是低带宽、高滞后或不可靠的。

② 企业总部网络无法处理中心位置的服务流量。

③ 分支机构有自己的服务器、企业网络、域控制器和系统管理员，包含数目不定的用户。

④ 用户要求有更快的系统访问速度、更好的用户体验和可用性。

⑤ 系统用户数量大，并发线程多。

⑥ 对于安全要求高，需要把系统不同的功能分开部署。

虽然本地部署存在一系列缺陷，但目前大部分企业依然选择本地部署。这是因为云端部署会涉及大量数据与信息的迁移，这会给 IT 部门造成大量的额外工作。同时，安全性是企业主要关注的云端部署问题，许多企业认为本地部署的安全系数要高于云端部署。总的来说，随着技术发展与安全措施的更新迭代，企业对云端部署尤其是公有云的信任正在提升，开始尝试将一部分或全部敏感数据存储在公有云中。

6.5.3　云端部署

随着企业信息化建设规模不断扩大，企业面临高成本的瓶颈。这些成本包括购买基础设施和相关软件、软件开发的人力投入、日常运维成本、设施环境和场所等。云计算带来的益处显而易见：用户不需要专门的 IT 技术团队，也不需要购买、维护、安放有形的硬件设备和软件产品，云计算服务提供商可以极大地提高计算资源的利用率和业务响应速度，用户按需使用提供商的各种服务。云计算模式更能适应数据快速增长和用户对个性化信息服务的需求。因此，越来越多的企业选择将系统部署在云端。

1. 云计算的概念

云计算中的“云”，其实是一种对计算资源（硬件和软件）的比喻说法，这种资源使企业和个人在使用的时候无须知道硬件或软件的具体物理位置，即采用“云”来描述隐藏的各种硬件基础设施和软件服务。中国云计算专家委员会认为：云计算是一种基于互联网的、大众参与的计算模式，其计算资源（计算能力、存储能力、交互能力）是动态的、可伸缩且被虚拟化的，以服务的方式提供。这种新型的计算资源组织、分配和使用模式，有利于合理配置计算资源并提高其利用率，促进节能减排，实现绿色计算。

云计算是现有 IT、互联网技术以及业务模型逐渐演变的结果，是为信息技术作为服务提供的一种计算供应和消费的方式。这种方式将 IT“为我所有”改变成“为我所用”，这就像水、电、气的供应，消费者只需拧开水龙头或开关即可获得各种服务，而不需要亲自建设庞大而复杂的基础设施和业务系统。

2. 云计算的基本特征

云计算的各种定义都是围绕“一切皆为服务”的核心理念展开，云计算涵盖以下基本特征。

（1）按需自助服务。按需自助服务是消费者无须同服务提供商交互就可以自动得到自助的计算资源能力，如服务器的时间、网络存储等。

（2）无所不在的网络访问。可以借助于不同的客户端（如 PC、手机及各种移动终端）通过标准的应用对网络进行访问。

（3）划分独立资源池。划分独立资源池可以根据消费者的需求来动态地划分或释放不同的物理和虚拟资源，包括存储、计算处理、内存、网络带宽以及虚拟机个数等。这些资源池中的计算资源以多租户的模式提供服务，每个用户通常不需要控制或知晓这些资源池的准确划分，但可以知道这些资源池在哪个行政区域或数据中心。

（4）快速弹性伸缩。快速弹性伸缩是一种对资源快速弹性的提供能力和释放能力。对消费者来讲，云计算所提供的这种能力是无限伸缩的，支持随需应变的，大规模的计算机资源请求，并且可以在任何时间以任何量化方式来购买。

（5）服务可计量。云系统对服务类型通过计量的方法来自动控制和优化资源使用（如存储、处理、带宽以及活动用户数）。资源的使用可被监测和控制，并对提供商和消费者提供透明的报告。

3. 关键技术

云部署和传统分布式部署有相通的地方，但它们的出发点和设计理念却有本质的区别。以往的分布式部署主要用来支撑并行计算框架的实现，即在任务切分的基础上利用分布在各处的计算资源分别完成每个子任务的处理，然后统一整合出最后结果。而云部署则是考虑如何把分散的计算资源整合成高性能的计算资源，然后以统一的界面提供给任何一个任务使用，对每一个任务来说，它面对的是一个完整的计算机系统，而不是分散的零散资源。要达到按需部署这一目标需要以虚拟化技术、高性能存储技术、并行计算技术等为基础。

（1）虚拟化技术

云部署运用虚拟化技术实现了硬件、软件、数据、网络、存储等在内的 IT 全系统虚拟化，打破各种物理设备障碍，将大量分布的计算资源组成统一的 IT 资源池。用户可以使用资源池中的全部资源，而不必关心这些资源如何管理、分配、扩展、升级、故障修复等实现细节，极大简化了使用，提高了系统整体的弹性和灵活性，同时降低了管理成本和风险。

（2）高性能存储技术

云计算存储技术首先要解决分布式存储问题，即采用冗余存储的方式保证存储数据的可靠性和经济性。例如 Google 文件系统（google file system，GFS）支持大型的、分布式的、海量数据访问的应用。它运行于廉价的普通硬件上，每份数据在系统中至少有三个以上的备份，提供了较好的容错功能，以及总体性能较高的数据存储和访问服务。其次还要解决对海量数据的处理和分析。云计算系统中的数据管理技术与传统关系数据库技术不同，它要面对的是大规模数据集的处理和访问，其特点是数据的读操作频率远大于数据的更新频率，因此需要一种读优化的数据管理技术，例如分布式的、面向列的开源数据库 HBase。

（3）并行计算技术

云中的数据是海量的，对计算能力的要求也更高，简单购买多台计算机并不能达成高性能计算的目的，只有设计出完整的并行计算框架，让大规模的服务器集群的不同节点及单个节点不同进程具备协同工作能力，才能完成并行计算任务的分割、调度、执行和数据聚合，从而整合分散的计算资源，实现高可靠、高性能的数据处理和分析。MapReduce、Spark 等就是流行的云计算并行编程模型。

云部署在对资源和服务进行统一调配的基础上，还要满足多用户对数据独立性、可靠性、安全性及个性化定制的要求。多租户技术作为一项云计算平台技术，能使大量的租户共享同一堆栈的软硬件资源，每个租户能够按需使用资源并付费，并能针对软件服务进行客户化配置，而不影响其他租户的使用。

4. 云服务模式

云服务是指通过网络以按需、易扩展的方式获得所需服务。应用软件可以成为服务，支撑应用软件的软件中间件（工具和平台）可以成为服务，支撑软件平台的基础设施也可以成为服务，这三种服务模式分别简称为软件即服务（software as a service，SaaS）、平台即服务（platform as a service，PaaS）和基础设施即服务（infrastructure as a service，IaaS）。

（1）IaaS

IaaS 译作基础设施即服务。这里的基础设施指 IT 基础设施，包括计算机、存储、网络及其他相关设施。IaaS 的服务是指用户通过网络，按照实际需要获得 IaaS 云提供商提供的上述基础设施资源服务，具体来说包括四大类服务：网络和通信系统提供的通信服务；服务器设备提供的计算服务；存储设备提供的存储服务；操作系统、通用中间件和数据库等系统软件服务。

亚马逊 AWS 是 IaaS 服务的先行者，根据 QYResearch（恒州博智）最新调研报告显示，2023 年第四季度，亚马逊 AWS 在全球云基础设施服务市场中占据了 31% 的市场份额，继续保持领先地位。微软 Azure 作为第二大云服务提供商，市场份额增至 26%，展现出强劲的增长势头。谷歌云位列第三，市场份额同比增长 26%，达到了 10%。这三大云服务厂商合计占据了超过三分之二的市场份额，形成了稳定的竞争格局。

2024 年 5 月 13 日，Gartner（高德纳，美国的一家信息技术研究分析公司）发布的《云计算市场追踪数据报告》显示：亚太地区云计算 IaaS 市场前八名分别为：阿里云、亚马逊 AWS、微软 Azure、华为云、腾讯云、谷歌云、浪潮云、天翼云。

（2）SaaS

SaaS 的含义是软件即服务，是一种以互联网为载体，以浏览器为交互方式，把服务器端的应用程序提供给远程用户来使用的应用模式。在服务器端，SaaS 服务提供商为用户搭建应用系统所需要的所有 IT 基础设施及软件运行平台，并负责整个应用系统的设计、实施和维护，而用户只需要向提供商租赁软件服务，就能实现企业业务管理的信息化，无须购买软硬件、建设机房和招聘技术人员。缩短了项目建设周期，降低了项目整体投资的风险。

SaaS 主要适用于那些启动资金要求少、开发周期短、定制化要求不高、业务增长不确定的应用软件项目。如客户关系管理系统、人力资源管理系统、ERP 等普适性软件很早就有成熟的 SaaS 服务。2020 年新冠疫情之后，在线教育、医疗、视频、电商等 SaaS 市场潜力凸显，迎来较大增长。

（3）PaaS

PaaS 的含义是平台即服务。PaaS 面向应用程序开发人员，把软件开发、测试、部署、运行环境通过互联网提供给用户，从而简化应用程序开发和部署工作。PaaS 是 SaaS 发展的一种结果。本质上 PaaS 提供的软件开发环境也是一种软件，但与 SaaS 所强调的应用软件有区别，SaaS 提供的是面向中小企业和个人等最终用户的应用软件服务，而 PaaS 提供的是面向技术开发人员的开发环境服务。

PaaS 是应用软件开发的革命。有了 PaaS 平台的支撑，云计算的开发者就获得了大量的可编程元素和业务功能组件，为开发带来了极大的方便，不但提高了开发效率，还节约了开发成本。

5. 部署模式

云端部署模式主要包括私有云、社区云、公有云和混合云，详细介绍如下。

（1）私有云

私有云（private cloud）是指云的基础设施仅为一个组织或机构拥有和运作，其核心属性是专有资源，能够提供对数据、安全性和服务质量最有效的控制。私有云可部署在企业数据中心的防火墙内，也可以将它们部署在一个安全的主机托管场所。私有云通常构筑在防火墙后，而不是在某个遥远的数据中心，对于企业而言，尤其大型企业，应用私有云能够有效保障数据安全，不影响现有 IT 管理的流程。当企业员工访问基于私有云的应用时，它的服务级别协议（service level agreement，SLA）相对稳定，不会受到网络不稳定的影响。

此外，一些私有云的工具能够利用企业现有的硬件资源来构建云，这样将极大降低企业的成本。一般只有大型企业会采用私有云，因为对于这些企业而言，业务数据这条生命线不能被任何其他的市场主体获取到，与此同时，一个企业尤其是互联网企业发展到一定程度之后，自身的运维人员以及基础设施都已经比较充足完善了，搭建自己的私有云有时候成本反而会比公有云低。

（2）社区云

社区云（community cloud），也称为社群云，是指云基础设施由几个组织拥有，并支持一个指定的社区及其成员共享。社区云是由多个组织共同构建和共享云设施，成员单位往往在安全方面有共同关切或相近的策略，而且社区云资源和服务的集成又会带来不同成员单位之间在安全方面的相互影响。如何解决服务的提供者和用户交织起来的问题，设计好必要的利益机制，协调好多个组织的团队，是社区云发展必须考虑的问题。

（3）公有云

公有云（public cloud）是指云设施面向公众开放，可被一个组织所拥有并出售云服务。公有云的计算模型通常包括三个部分。

（1）公有云接入。负责对接人的个人或企业进行认证，判断权限和服务条件等。

（2）公有云平台。负责组织协调计算资源，并根据用户的需要提供各种计算服务。

（3）公有云管理。负责对“公有云接入”和“公有云平台”进行管理监控，为用户可以获得更优质的服务提供了保障。公有云能够以低廉的价格为最终用户提供有吸引力的服务，创造新的业务价值，公有云作为一个支撑平台，还能够整合上游的服务（如增值业务、广告）提供者和下游最终用户，打造新的价值链和生态系统。

（4）混合云

混合云（hybrid cloud）是指云基础设施是由两个或更多云组成（私有云、公有云、社区云）。如上所述私有云主要是面向企业用户，出于安全考虑，企业更愿意将数据存放在私有云中，但是同时又希望可以获得公有云的计算资源，在这种情况下混合云被越来越多地采用，它将公有云和私有云进行混合和匹配，利用“即用即付”云计算资源来消除购买本地资源的需求，达到了既省钱又安全的目的。

6.6 系统迁移

6.6.1 系统迁移的任务

系统迁移（transition）又称为系统切换，即新系统部署完成后将老系统切换到新系统上来。系统迁移的主要任务包括以下三个方面。

1. 数据资源整合

数据资源整合包含三个步骤。

（1）数据整理。数据整理就是将原系统数据整理为系统转换程序能够识别的数据。

（2）数据转换。数据转换就是将整理完成后的数据按照一定的转换规则转换成新系统要求的数据格式。

（3）数据验证。数据验证就是对转换后的结果进行验证，可以编写验证脚本，最好由两名以上的人员分开来进行验证。

数据的整合是整个系统切换的关键，一定要做好数据备份工作。

2. 新旧系统切换

在数据正确转换的基础上制订一个切实可行的计划，将业务顺利、平稳过渡到新系统中进行。

3. 新系统运行监控

在新系统正常运转后，还需要监控整个新系统运行的有效性和正确性，以便及时对数据转换过程中出现的问题进行纠正。

系统迁移的最后形式是将全部控制权移交给用户单位。

6.6.2 系统切换方式

新旧系统切换有三种方式如图 6-3 所示。

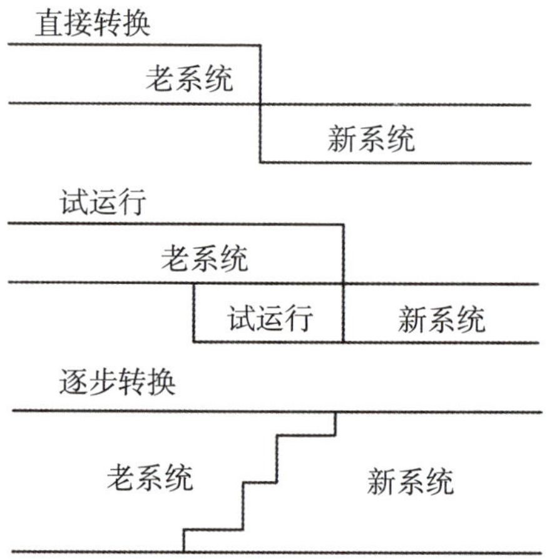

图 6-3 新旧系统切换的三种方式

1. 直接切换方式

直接切换方式是新系统直接替换老系统。这种方式的优点是转换简单、费用最省。但是由于新系统还没有承担过正常的工作，可能出现意想不到的情况，因而风险大。实际应用中，应有一定的措施，一旦新系统出现问题，老系统能顶替工作。

2. 试运行方式

试运行方式类似于平行运行方式。在试运行期间，老系统照常运行，新系统承担部分工作，等试运行感到满意时再全面运行新系统，停止老系统的运行。

3. 逐步切换方式

逐步切换方式是新系统一部分一部分地替代老系统，直到全部代替老系统。这种方式避免了直接转换方式的危险性，费用也比平行方式省。但是这种方式需要编写接口实现新旧系统的连接，必须事先充分考虑。当新、老系统差别太大时，不宜采用这种方式。

实际工作中，这几种方式可以混合使用。例如，系统中不很重要的部分采用直接转换方式，重要部分采用试运行方式。这样，各种方式取长补短，可使旧系统平稳地过渡到新系统。

本章小结

本章主要介绍了信息系统实施的相关知识，包括系统实施策略、程序设计、系统集成与构建、系统测试、系统部署、系统迁移。制定一个好的实施策略对信息系统的成功实施起着决定性的作用。程序设计是进行程序编制工作。选择合适的编程语言及开发工具、养成良好的程序设计风格、采用结构化程序设计方法等有助于提高系统的质量，衡量编程工作质量的指标有可靠性、实用性、规范性、可读性及可维护性。

思考练习

1. 实施阶段的主要任务是什么?
2. 现阶段“好程序”有哪些标准?
3. 什么是持续集成? 持续集成有什么好处?
4. 测试有哪几个级别?
5. 本地部署和云端部署各自特点是什么?
6. 系统迁移包括几个方面的任务?
7. 总结你在编程实践中有哪些好习惯或坏习惯?

第 7 章 数据驱动型系统建设

本章导读

随着现代信息系统的发展，产出的数据量猛增且多样化，囊括了所有结构化、半结构化及非结构化数据类型。无论是日常业务功能需求，或是复杂的数据分析及决策制定过程，对于各项与数据汇集、存储、管理、分析、展示以及使用等环节相关的任务，人们都面临着前所未有的挑战。传统信息系统开发模型和生命周期主要依赖于业务流程驱动，但在处理和应对此类数据驱动的问题时却显得力不从心。因此，为了构建精准适用于数据驱动应用系统的有效途径与方法，与传统软件工程相得益彰的创新框架显得至关重要。本章将大数据、数据科学、数据分析相关知识与信息系统建设有机地结合起来，主要介绍了数据分析相关的概念、技术、工具、平台以及实用方法。

学习目标

◆ 知识目标

1. 了解数据分析与大数据的相关知识。
2. 熟悉数据驱动型系统的开发方法和开发团队。

◆ 能力目标

1. 具备数据分析技能。
2. 会使用 ETL 工具。
3. 能够深入挖掘数据价值，实现数据驱动，为企业决策和业务优化提供支持。

◆ 素质目标

1. 帮助学生具备数据治理和数据安全的意识。
2. 提高学生的数据素养和数据文化。

◆ 思政目标

1. 帮助学生坚持社会主义核心价值体系，自觉培育和践行社会主义核心价值观。
2. 帮助学生树立远大志向，在实现中国梦的伟大实践中创造精彩人生。

7.1　数据分析与大数据

7.1.1　数据分析的概念及发展

数据分析（data analytics）就是找出数据中潜藏规律或得出有关信息结论的过程。数据分析可以用于优化业务流程，提高企业或系统的整体效率。

早期的数据分析是指为企业经营状况生成各类报表，但随着业务规模增大，传统报表的表现力不足以让人们快速获知和理解数据，于是出现了数据仓库和交互性更好的数据可视化技术。一方面利用技术重构数据的组织形式以利于实现实时报表分析，并根据业务需要挖掘数据背后的逻辑；另一方面将数据浓缩为图，可以"一图胜千言"，恰到好处的数据可视化能让决策人员如虎添翼，产生事半功倍的效果。而随着 5G 和物联网应用的快速增长，爆炸性的数据增长催生了大数据技术，人们对于数据分析的需求从辅助决策逐步演化到智能决策和数据驱动的业务变革。

1. 数据仓库阶段

这个阶段是由数据分析需求推动的新技术创新阶段，可以将 1990 年数据仓库之父比尔·恩门（Bill Inmon）提出数据仓库概念作为这一阶段的起点。此外，沃尔玛在 1990 年创建的数据仓库实现了物流优化，名噪一时，使其成为零售业的龙头企业，开启了数据分析的热潮。

早期数据库的主要应用是实现联机事务处理（online transaction processing，OLTP），OLTP 用来记录日常业务事件的发生，如采购、销售等行为，应用系统会记录是谁在何时何地做了何事，这样的一条数据记录（或多条记录）会以增删改的方式在关系型数据库中进行存储更新。OLTP 要求实时性高、稳定性强、确保数据及时更新成功，系统内的数据总是保持在最新状态，例如当前库存量。

当数据积累到一定的程度，需要对过去发生的事情做一个总结分析时，就需要针对大量历史数据进行统计分析，从中获取决策者想要的信息，这就是在做联机分析处理（online analytical processing，OLAP）。因为 OLTP 所需要的业务数据可能分散在不同的应用系统中，这些数据需要集中进行统一综合的分析，例如根据地区维度（省 / 市 / 县）、时间维度（年 / 季 / 月 / 天）、商品类别维度（大类 / 中类 / 小类）等分析库存及销售的变化情况。从分析的角度看，并不需要原始完整业务记录的所有数据项。同时 SQL 技术对大容量数据库的查询模式也不能满足决策者的数据分析需求，因此数据库中的数据需要进行再加工，以形成具有多维视图和多维分析操作的数据集合，这就催生了数据仓库技术。

数据仓库（data warehouse，DW）是一个面向主题的、集成的、相对稳定的、反映历史变化的数据集合，用于支持管理决策。主题是指企业从宏观出发，将数据分析需求划分为诸如客户、商品、财务等不同主题。数据仓库能够创建有助于主题决策的多维数据模型，以及支持钻取、切片、切块、旋转等多维分析操作。

数据仓库用于支持决策，面向分析型数据处理，它不同于OLTP的操作型数据库。其次，数据仓库是对多个异构的数据源有效集成，具体工作就是将数据源数据按照所需要的格式提取出来，再进行必要的转换（如统一数据格式）、清洗（去掉无效或者不需要的数据）等，最后装载进数据仓库，这就是抽取、转换、装载（extract-transform-load，ETL）工具的作用。集成数据按照主题进行了重组，并包含了历史各个时刻的状态，能反映出历史变化，数据装入数据仓库后，一般不再修改。

2. 商业智能阶段

商业智能阶段是数据仓库、OLAP 等技术的综合应用阶段，标志性事件是 1996 年 GartnerGroup 在其发布的一项预测报告中对于商业智能的明确定义，此后商业智能在企业运营中得到广泛采纳。

自从数据仓库出现之后，企业信息化就开始从以关系型数据库为基础的运营式系统慢慢向决策支持系统发展。这个决策支持系统就是商业智能（business intelligence，BI）。BI 又称商业智慧或商务智能，指用数据仓库、OLAP 技术、数据挖掘和数据可视化技术进行数据分析以实现商业价值。从技术层面上讲，商业智能本身不是一种新技术，而是一种面向数据分析的解决方案。通过对商业信息的搜集、管理和分析，使企业的各级决策者获得知识或洞察力，促使他们做出对企业更有利的决策。

数据仓库为 OLAP 解决了数据来源和集成问题，数据仓库和 OLAP 互相促进发展，进一步驱动了商业智能的成熟，但真正将 BI 赋予“智能”的是 BI 中的重要技术——数据挖掘。数据挖掘（data mining，DM）就是从大量的、不完全的、有噪声的、模糊的、随机的实际应用数据中，提取隐含在其中的、人们事先不知道但又是潜在有用的信息和知识的过程。数据挖掘方法包括数据特征化与区分、关联与相关性分析、分类、回归、聚类、离群点分析、序列分析及趋势和演变分析等。

有了数据挖掘技术，BI 从早期的仅使用简单的统计方法对历史数据进行展示和呈现，发展到使用复杂统计方法和数据挖掘技术对数据进行预测和优化分析。通过对数据的智能理解将信息转化为知识，不仅让我们知道过去发生了什么，还能了解未来将要发生什么。

BI 作为一套从数据整合、分析到辅助决策的完整解决方案，BI 系统的核心功能包括：数据 ETL；数据查询和报表；OLAP；数据挖掘和可视化等。

3. 大数据阶段

随着企业信息化的发展，数据源变得越来越丰富，在原来业务数据库的基础上出现了非结构化数据，例如网站日志、物联网设备数据、应用程序埋点数据、社交网络数据等。数据量从 TB 级进入 PB 级，不仅比以往结构化的数据大了几个量级，而且对 ETL 过程和存储都提出了更高的要求。同时源源不断产生的数据也对实时性提出了要求，例如信用卡反欺诈、个性化推荐、实时在线广告等应用，随着用户数量的暴涨，传统数据库、商业智能架构是无法应对的。在此背景下，谷歌公司率先于 2004 年提出一套分布式数据处理的技术体系，即分布式文件系统——谷歌文件系统、分布式计算系统 MapReduce 和分布式数据库 BigTable，以较低成本很好地解决了大数据面临的困境，奠定了大数据分析的基础。

这一阶段主要体现为数据库架构、数据仓库采用了新的大数据技术路线，最早是基于开源大数据 Hadoop 平台的批处理架构。Hadoop 的好处是面对不断增加的数据量，只需要增加低廉服务器就可以扩展存储容量和并行数据处理能力。此外，HBase 这类 NoSQL 数据库能够支持半结构化和非结构化数据的存储与处理。

大数据时代，商务智能的整体架构和方案仍然有效，但数据 ETL 过程为了适应海量实时数据采集，逐步采用大数据技术方案。数据分析则逐步分化为两条路线：结构化数据的挖掘和分析，保留传统 BI 的业务模式来进行；异构多源的非结构化或半结构化的大数据，通过大数据分析平台的方式整合，并加入机器学习算法进行分析挖掘处理。

4. 数据湖（data lake）阶段

数据分析的大数据阶段解决了海量数据存储和并行计算等技术问题，随着数据量的指数级增长，容量从 PB 迈向了 EB 级别，企业积累的数据已成为重要资产，这一阶段不仅仅要面向业务提供快速深度的数据分析，还需要提升数据的管理、治理和资产化能力。

数据资产的有效管理与集中治理让人们对数据有了新的理解。经过预处理的传统数据仓库和大数据都不能准确表达由各种源头汇聚到一起的数据。“如果你把数据集市看作时一家售卖干净的、规整包装的，便于消费的瓶装水的商店，那么数据湖就是更自然状态下的一大片水域。数据的内容从源头流入，各类用户可以前来检查、探索或取样。”这个数据湖的说法是 2010 年首次由 Pentaho 的创始人兼技术总监詹姆斯·迪克逊（James Dixon）在介绍基于 Hadoop 的 BI 分析产品时提出来的。

数据湖是一个以自然格式存储企业的各类原始数据的大型数据仓库。因此，数据湖中被处理的数据可能是任意类型的信息，从结构化数据到完全非结构化数据。数据湖最初是传统基于 RDBMS 的数据仓库的补充，后来逐渐迁移到以 Hadoop 为基础的大数据技术平台。在数据来源、数据格式、数据质量、数据模式（schema）、数据用户、分析能力等方面，数据湖与数据仓库有很大区别。

类似 BI，数据湖也可以理解为一种大数据和云计算公司推出的解决方案。例如亚马逊 AWS 将数据湖解释为："数据湖是一个集中式存储库，允许您以任意规模存储所有结构化和非结构化数据。您可以按原样存储数据（无须先对数据进行结构化处理），并运行不同类型的分析——从控制面板和可视化到大数据处理、实时分析和机器学习，以指导做出更好的决策。"

综上所述，技术与应用亦步亦趋的交错前行构成了数据分析的发展过程。企业对数据分析的需求无法满足，需要新的技术，由此推动技术的发明创新；而新技术成熟后得到大规模应用，促进业务提升，又催生出新需求和新问题，于是带动又一轮的技术更新。

知 识 链 接

数据中台

数据湖与阿里巴巴提出的"数据中台"是同一时期的产物，二者异曲同工。阿里巴巴这样定义数据中台："数据中台是数据＋技术＋产品＋组织的组合，是企业开展新型运营的一个中枢系统。"阿里巴巴的数据中台的核心是 OneData 方法论，其包含了三个方面内容。

（1）OneModel。建立企业统一的数据公共层，从设计、开发、部署和使用上保障了数据口径规范和统一，实现数据资产全链路管理，提供标准数据输出。

（2）OneID。建立业务实体要素资产化为核心，实现全域链接、标签萃取、立体画像，其数据服务理念根植于心，强调业务模式。

（3）OneService。数据被整合和计算好之后，需要提供给产品和应用进行数据消费，为了更好的性能和体验，需要构建数据服务层，通过统一的接口服务化方式对外提供数据服务。

7.1.2 大数据

1. 大数据的概念及特征

云计算与物联网等信息科技的快速发展，有效解决了信息系统中信息存储、信息传输和信息处理等问题。可以说，一个大规模生产、分享和应用数据的时代——大数据时代已经开启。大数据（big data）从字面上看，是指容量非常大的数据集合。然而，容量只是大数据特征的一个方面，大数据共涵盖四个特征（4V）：数据量大（volume）、数据类型繁多（variety）、数据处理快（velocity）和价值密度低（value）。

（1）数据量大

当前数据处于爆发性增长阶段，不再以几个 GB 或 TB 为单位来衡量，而是以 PB（2^{10} TB）、EB（2^{20} TB）或 ZB（2^{30} TB）为计量单位。

（2）数据类型繁多

传统的信息系统中，数据都是以二维表的结构化形式存储，然而大数据中有 70% ~ 85% 的数据是以图片、音频、视频、网络日志、链接信息等半结构化和非结构化形式存储。

（3）数据处理快

数据处理快是大数据区分于传统数据挖掘最显著的特征，大数据对处理数据的响应速度有更严格的要求，要求实时分析而非批量分析，数据输入、处理与丢弃要求立刻见效，几乎无延迟。

（4）价值密度低

通常海量数据中有价值的数据占比很小，如在连续不间断的监控视频中，有用的数据可能仅有一两秒。因此，如何通过机器学习、人工智能等方法完成数据价值的“提纯”是目前亟待解决的难题。

2. 大数据与云计算、物联网的关系

云计算、大数据和物理网三者是信息技术领域最新的技术发展趋势，三者既有区别又有联系，如图 7–1 所示。

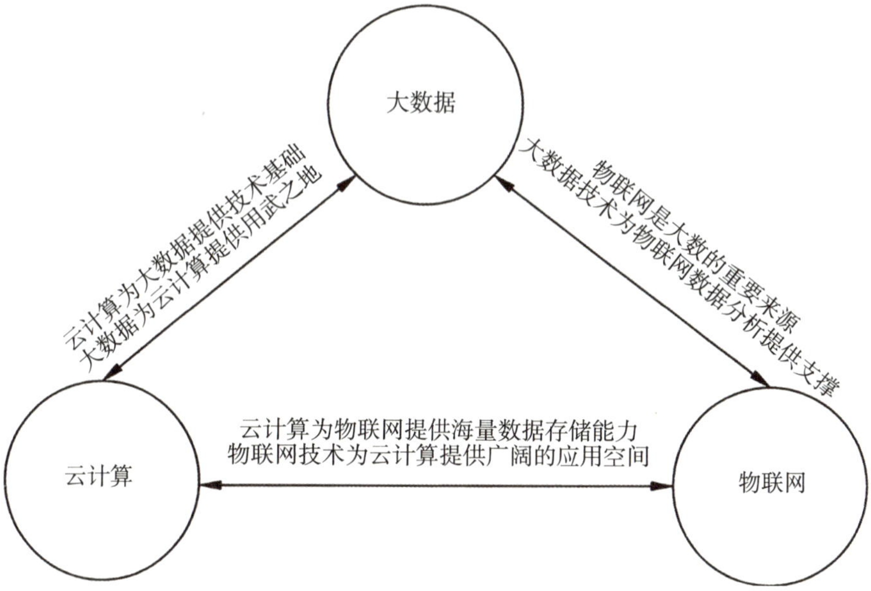

图 7–1　大数据与云计算、物联网的关系

（1）大数据与云计算、物联网的区别

大数据侧重于海量数据的存储、处理与分析，旨在从海量数据中发现价值，服务于生产和生活；云计算本质上旨在融合和优化各类信息技术资源，并通过网络以服务的方式提供给用户；物联网的发展目标是实现物物相连，应用创新是物联网的核心。

（2）大数据与云计算、物联网的联系

大数据根植于云计算，云计算的分布式数据存储和管理系统提供了海量的数据存储和管理能力，分布式并行处理框架提供了海量数据分析能力，没有这些云计算技术作为支撑，大数据分析就无从谈起。反之，大数据为云计算提供了“用武之地”，没有大数据这个“练兵场”，云计算技术再先进也不能发挥它的应用价值。物联网传感器源源不断地接收数据，构成了大数据的重要数据来源，没有物联网的飞速发展，就不会带来数据产生方式的变革，

即由人工产生阶段转向自动产生阶段，大数据时代也不会这么快就到来。同时，物联网需要借助于云计算和大数据技术，实现物联网大数据的存储、分析和处理。

3. 大数据为数据分析带来的变化

大数据为数据分析带来了三个转变，这些转变将改变人们理解和组建社会的方法。

大数据对日常生活的影响

（1）全体数据而非随机样本

在大数据时代，可以分析更多的数据，有时候甚至可以处理和某个特别现象相关的所有数据而不再依赖于随机采样。与随机样本数据相比，使用全量数据带来了更高的精确性，也揭示了随机样本数据无法揭示的细节信息。

（2）混杂性而非精确性

当需要分析的数据量很小时，应该关注最重要的事情和获取最精确地结果，然而当拥有海量即时数据时，一味地追求最精确的结果明显是不可取的。例如，一个小商店在晚上停止营业的时候要把收银台里的每元钱都数清楚，但是我们不会也不可能用“元”这个单位去精确度量国民生产总值。因此，大数据时代允许不精确，不再需要对一个现象刨根究底，只要掌握大体的发展方向即可。当然，这并不意味着完全放弃了精确度，只是不再纠结于此。适当忽略微观层面上的精确度会让宏观层面拥有更好的洞察力。

（3）相关关系而非因果关系

事物的因果关系能揭示科学规律，但在分析因果关系十分困难和不可行的状况下，可以利用大数据寻找事物之间的相关关系。相关关系也许不能准确地揭示某件事情为何会发生，但是它会提醒这件事情正在发生。大数据表达的是“是什么”而不是“为什么”。打个比方，如果数百万条电子医疗记录显示橙汁和阿司匹林的特定组合可以治疗某种疾病，那么直接使用这种治疗方法比找出具体的病理机制来得更加有效。

4. 大数据的应用

大数据在制造、金融、交通、餐饮、电信、能源、医疗、安全、娱乐等行业中得到了广泛的应用，有力地促进了信息技术与这些行业的深度融合，尤其是大数据平台的开发，推动了新技术和新应用的不断涌现，具体如下。

（1）制造业，利用工业大数据提升制造业水平，如产品故障诊断与预测。

（2）金融行业，利用大数据开展高频交易、社交情绪分析和信贷风险分析。

（3）交通行业，利用大数据与物联网实现无人驾驶、智能交通等。

（4）餐饮行业，利用大数据实现餐饮 O2O 模式。

（5）电信行业，利用大数据实现客户离网分析，及时掌握客户离网倾向。

（6）能源行业，利用大数据分析用电需求，合理设计电力需求响应系统。

（7）生物医学，利用大数据实现智能医疗、流行病预测等。

（8）安全领域，利用大数据构建国家安全保障体系、抵御网络攻击等。

（9）个人生活，利用大数据分析个人生活行为，提供更周到的定制化服务。

7.2　大数据技术基础

7.2.1　分布式存储

分布式存储（distributed storage）是一种将数据分散存储在多个独立设备上的数据存储技术，主要包括分布式数据库系统（distributed database system，DDBS）和分布式文件系统（distributed file system, DFS）。

1. 分布式数据库系统

DDBS 是使用计算机网络实现数据在物理上分散而在逻辑上集中的数据库系统，如图 7-2 所示，可以看成是计算机网络与数据库系统结合的产物。一个 DDBS 通常包含分布式数据库管理系统和分布式数据库。

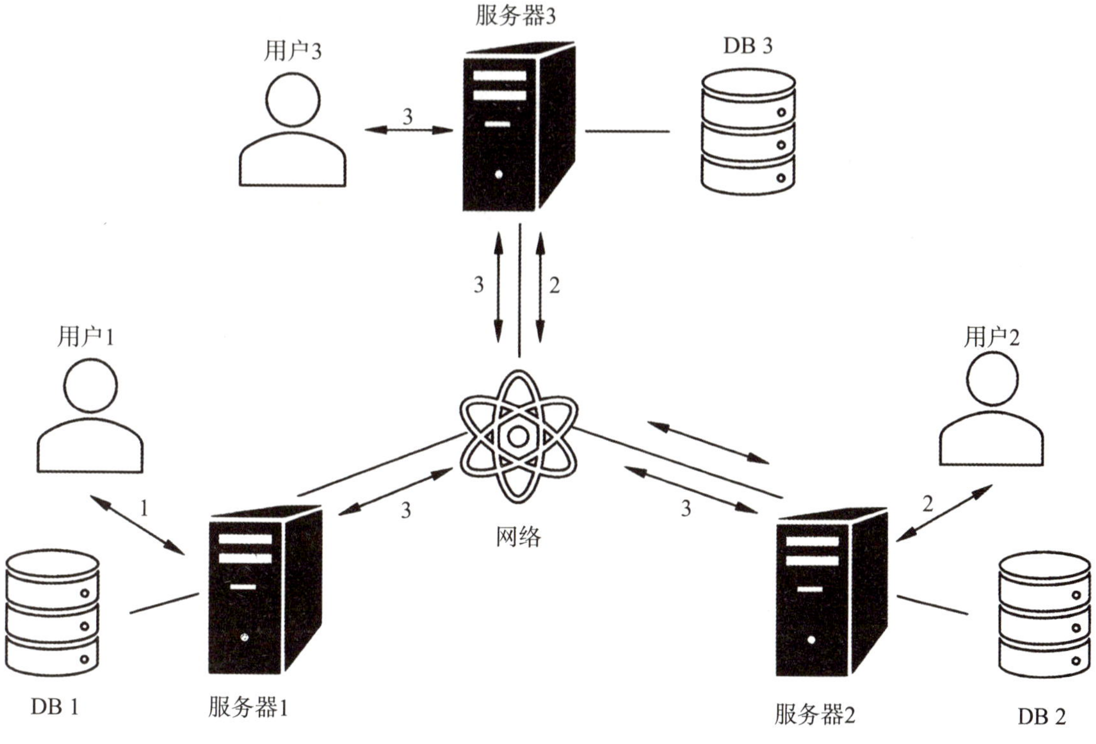

图 7-2　分布式数据库系统结构

DDBS 的研究始于 20 世纪 70 年代中期，我国对 DDBS 的研究大约从 20 世纪 80 年代开始。相对于集中式数据库来说，DDBS 在物理上是分布的。具体分为两种：一种是在物理上分布但逻辑上却是集中的。这种分布式数据库只适宜用途比较单一的、不大的单位或部门；另一种在物理上和逻辑上都是分布的，也就是所谓联邦式分布数据库系统。由于组成联邦的各个子数据库系统是相对“自治”的，这种系统可以容纳多种不同用途的、差异较大的数据库，比较适合于大范围内数据库的集成。目前，DDBS 正朝着面向对象的 DDBS、分布式智能库和知识库系统、数据仓库系统等更广阔的领域发展。

大数据平台中 DDBS 应涉及数据库远程访问技术和分布式事务实现机制，重点考虑数据的一致性、完整性和安全性，以及每个节点发出的事务数量，每个节点使用的数据量，网络的性能与可靠性，各个节点的速度和磁盘容量以及数据表的设计等。具体设计目标应包括物理分布性、逻辑整体性、站点自治性、数据分布透明性、适当的数据冗余以及事务管理分布性需求等。

2. 分布式文件系统

DFS 是一种通过计算机网络实现文件在多台设备上进行分布式存储的文件系统。如图 7-3 所示，DFS 在物理结构上是由计算机集群中的多个节点构成的，这些节点分为两类，一类叫“主节点”（Master Node），或者也被称为“名称节点”（Name Node），负责管理文件、数据和操作日志；另一类叫“从节点”（Slave Node），或者也被称为“数据节点”（Data Node），负责文件数据块的存储。客户端程序向主节点提出文件读写需求时，主节点能及时做出响应，提供文件数据块存放的从节点或分配从节点，使客户端程序与从节点之间建立联系，方便统一管理和调度。

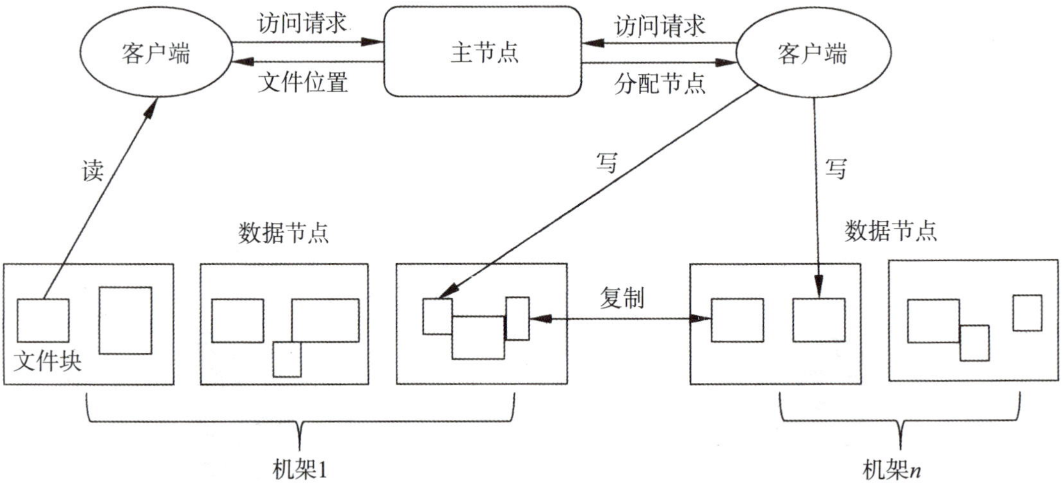

图 7-3　分布式文件系统结构

DFS 的研究始于 20 世纪 80 年代初，卡内基 - 梅隆大学和 IBM 公司于 1983 年共同合作开发了 Andrew 文件系统，能够同时为用户、应用程序和系统管理提供一种合适的共享文件系统。进入大数据时代，谷歌公司为了存储海量搜索数据而设计了一种专用文件系统 GFS，它运行于廉价的普通硬件上，并提供容错功能。GFS 随后被开源实现为 Hadoop 分布式文件系统（hadoop distributed file system，HDFS），因其具备高度容错性，提供高吞吐量的数据访问，又能部署在廉价的机器上，非常适合大规模数据集上的应用，因此广泛应用于业界。

大数据平台中 DFS 的设计一般采用“客户端 / 服务器”模式。具体设计目标应包括透明性、并发控制、文件复制、硬件和操作系统的异构性、可伸缩性、容错以及安全需求等。

（1）透明性。用户不必区分本地文件与远程文件，可以通过相同的操作访问本地文件和远程文件资源；用户不会感受到文件副本数量和存储位置的变化，可以通过使用相同的路径访问同一文件；用户不会感受到系统中节点的增加或减少。

（2）并发控制。一个客户端对文件的读写不应该影响其他客户端对该文件的读写。

（3）文件复制。一个文件在不同位置可以有多个副本。

（4）硬件和操作系统的异构性。同样的客户端和服务器端程序可以在不同操作系统和计算机上实现。

（5）可伸缩性。支持节点动态加入或退出。

（6）容错。保证文件服务在客户端或服务器端出现问题的时候依旧能够正常使用。

（7）安全。保证系统的安全性。

7.2.2　分布式计算

分布式计算通俗来说，就是将大量数据分割成多个小块，分配给多个计算机分别进行计算，各局部运算结果经过汇聚统一合并得出最终结果。在大数据技术出现之前，分布式计算已得到部分科研人员的研究，但一直未得到广泛应用。直到 2004 年，谷歌公司提出了 MapReduce 计算模型才受到广泛关注。大数据技术、分布式计算和 MapReduce 的关系如图 7–4 所示，MapReduce 是分布式计算在大数据领域的应用。

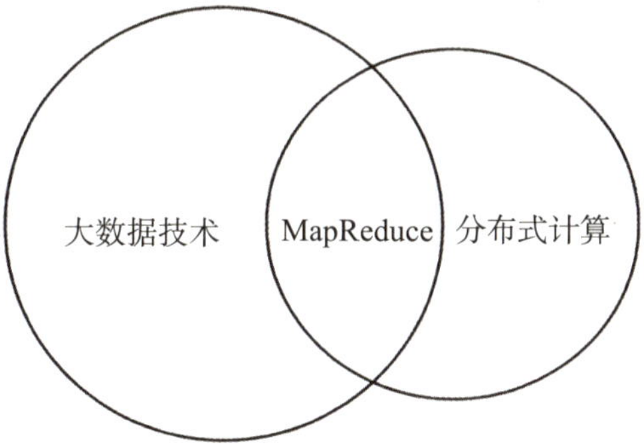

图 7–4　大数据技术、分布式计算和 MapReduce 的关系

1.MapReduce 计算模型

MapReduce 是面向大规模数据集（1 TB 以上）并行处理的计算模型、框架和平台。MapReduce 能自动完成计算任务的并行化处理，自动划分计算数据和计算任务，在集群节点上自动分配和执行任务以及收集计算结果。此外，MapReduce 允许用市场上价格低廉的

商用服务器构成一个包含数十、数百至数千个节点的分布和并行计算集群。

MapReduce 模型的核心是 Map 函数和 Reduce 函数，这两个函数及其核心思想都源自于函数式编程语言。程序员在进行 MapReduce 编程时，只要关注如何实现 Map 和 Reduce 函数，而不需要处理并行编程中的其他复杂问题，如分布式存储、工作调度、负载均衡、容错处理、网络通信等，这些问题由计算框架自动处理。

Map 函数的输入来自于分布式文件系统，并由框架进行了逻辑分片（split），可以是文档格式也可以是二进制格式。这些文件块是由一系列元素组成，Map 函数将输入的元素转换成< key，value >形式的键值对，经过计算，每一个输入的< key，value >经过 Map 函数计算后，会输出一系列$< k_1, v_1 >$、$< k_2, v_2 >$的中间结果。这些结果随后送给 Reduce 函数。

Reduce 函数的任务是接收不同节点的 Map 函数计算结果，然后按照一定规则将具有相同键的键值对进行归并处理，输出结果会合并成一个或多个文件。Reduce 函数的输入形式为$< k_1, < v_1, v_2 \cdots, v_n >>$，经过计算后输出形式为< key，value >。

2.MapReduce 工作流程

MapReduce 的核心思想是“分而治之”，就是将一个存储在分布式文件系统中的大规模数据集切分成若干独立的小数据块，分别进行计算，把各数据块的计算结果组成整个数据集的结果。也就是说，使用 MapReduce 操作海量数据时，我们称为一个 MapReduce 作业，会被分为 Map 和 Reduce 阶段，如图 7–5 所示。

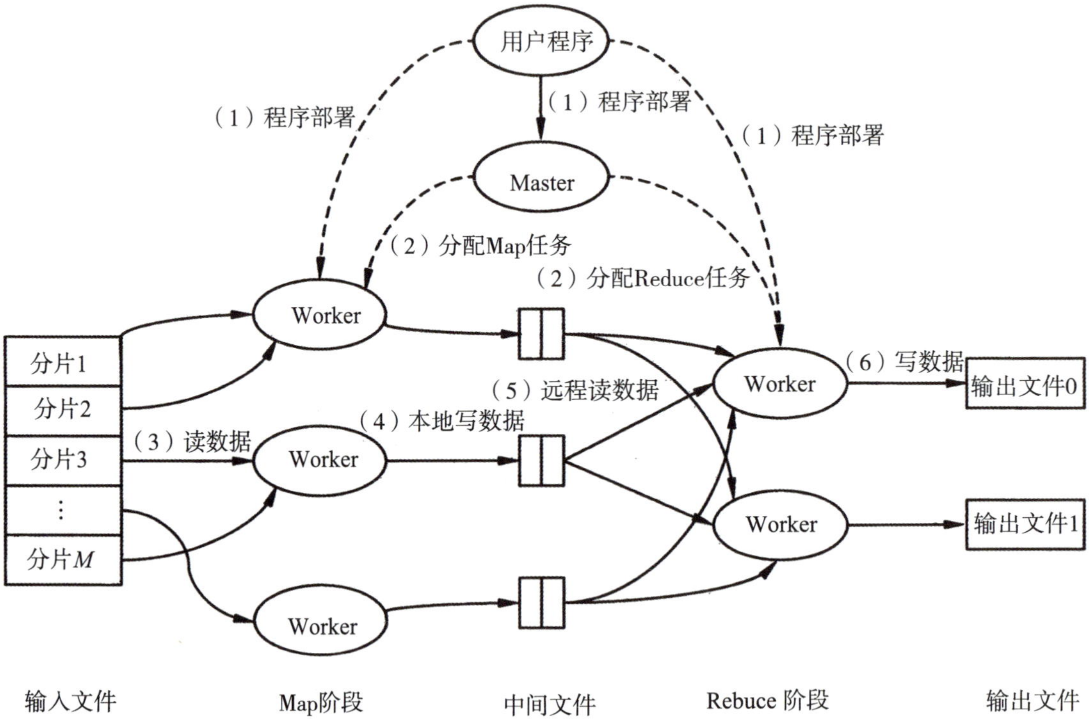

图 7–5　MapReduce 工作流程

Map 阶段负责大数据计算任务的分解，即把复杂的任务分解成若干个“简单的任务”来并行处理，但前提是这些任务没有必然的依赖关系，可以单独执行任务。Reduce 阶段负责将 Map 阶段的计算结果进行归并，具有相同 key 的数据会被发送到同一个 Reduce 任务中，进行汇总计算得到最终结果，并输出到分布式文件系统中。

需要注意的是，不同的 Map 任务之间不会进行通信，不同的 Reduce 任务之间不会发生信息交换，用户不能直接从一台设备向另一台设备发送信息，所有的数据交换都是通过 MapReduce 框架实现的。

3.MapReduce 的实例——WordCount

与“Hello world”程序作为编程语言学习的入门范例相似，WordCount 是 MapReduce 的入门程序。一个 WordCount 程序的输入为一个包含大量单词的文本文件，输出为文件中每个单词及其出现的次数（频数），并按照单词字母顺序排序，每个单词和其频数占一行，单词与频数之间有间隔。其设计思路及执行过程具体如下。

（1）判断 WordCount 程序是否可以采用 MapReduce，即满足条件：待处理的数据集可以分解成许多小的数据集，且每个数据集都可以分配到不同的机器上进行并行处理，然后，多个机器的单词词频再进行合并计算。因此可以应用 MapReduce 来实现词频统计任务。

（2）确定 MapReduce 程序的思路，即将文件拆解成许多个单词，接着将所有相同单词聚集到一起，最后计算出每个单词出现的频次。

（3）根据 MapReduce 程序的执行过程编写 map 函数和 reduce 函数。如图 7–6 所示，将一个大文件切分为若干个分片，每个分片输入给不同机器的 Map 任务，并执行“从文本中解析单词”的任务。Map 任务结束后，会输出一系列中间结果，并在 Shuffle 的阶段对这些中间结果进行排序、分区，并分发给不同的 Reduce 任务。Reduce 任务接收到所有分配给自己的中间结果后，开始执行计算汇总工作，计算得出每个单词频数并将结果输出到分布式文件系统。图 7–6 仅设定了一个 Reduce 任务，最后输出是一个文件。

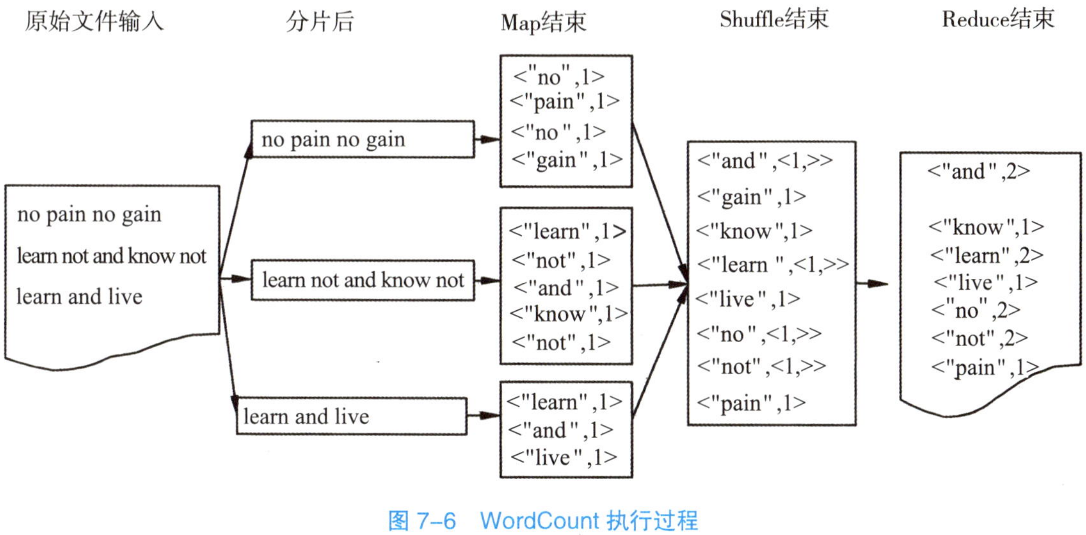

图 7–6　WordCount 执行过程

4. 实时计算模型

MapReduce 是批处理计算框架，批处理工作有开始和结束，计算的是有限数据。而流处理则是指能够连续处理不断到来的无边界数据，需要一种实时计算引擎。

实时大数据处理有 Storm、Spark Streaming、Flink 等开源框架。Spark 是专为大规模数据处理而设计的快速通用的计算引擎，由于启用了内存分布数据集进行计算，具有比 MapReduce 更优越的性能。其中 Spark Streaming 组件可以用于实时计算。基本原理是将流数据分成小的时间片段（几秒），以类似批处理的方式来处理这小部分数据，能同时兼容批量和实时数据处理的逻辑和算法。但 Spark Streaming 不能胜任毫秒级的低延迟计算，真正的流计算框架 Storm 和 Flink 可以支持，计算模型可以使每条数据到达都会触发计算，实现真正的实时响应。

7.2.3 大数据平台

1. 大数据平台的组成

大数据平台由数据应用、数据分析与计算、数据存储、数据处理、数据采集、数据安全六大模块组成，如图 7-7 所示。

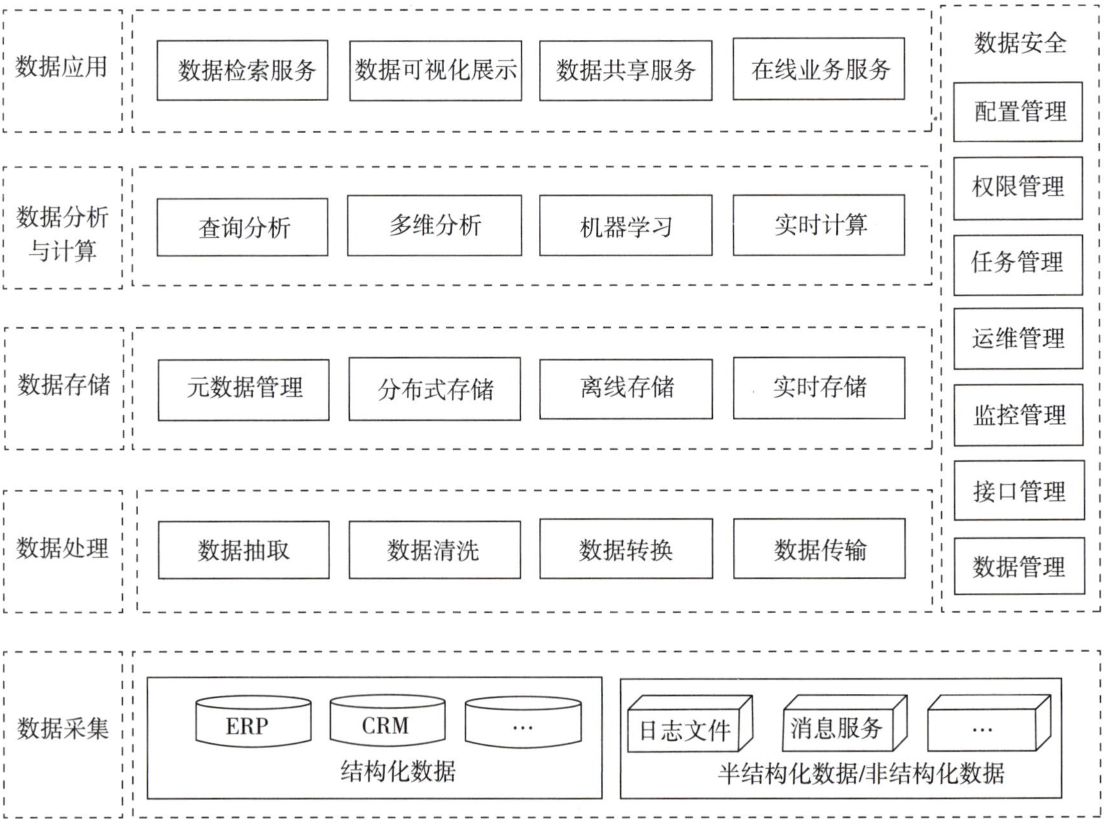

图 7-7 大数据平台的功能模块

（1）数据应用模块

数据应用模块通常包括数据检索服务、数据可视化展示、数据共享服务以及在线业务服务等功能。具体而言，数据分析结果可以通过多种展现形式在数据应用层进行展示，同时，数据应用层实现不同部门、不同格式数据的共享交换，以及异构系统之间、新老系统之间的信息的透明交换。

（2）数据分析与计算模块

数据分析与计算模块是指对接各种业务数据库、数据仓库以及大数据平台，为用户提供从基本数据查询统计、数据交叉汇总、自由钻取分析、多维数据分析等多层次的数据分析功能。通常，用户只需用鼠标拖曳指标和维度，即可产生数据分析结果，同时提供丰富的统计图表用于分析结果的可视化展示；以及提供数据挖掘、机器学习算法，实现更复杂的数据分析。

（3）数据存储模块

数据存储模块对大数据平台采集的原始数据，数据处理过程中的临时文件以及最终数据进行存储。根据不同的数据格式和数据使用需求，采用不同的数据存储方式。无论采用哪种存储方式，首先对元数据（描述数据的数据）进行梳理与存储。

（4）数据预处理模块

数据处理模块通常包括数据抽取、数据清洗、数据转换和数据传输等功能。具体而言，主要是指重复数据的处理、缺失数据的处理、格式不统一数据的处理、检查数据逻辑错误。数据预处理最基本的目的是从大量杂乱无章、难以理解的数据中抽取并推导出对解决问题有价值、有意义的数据。

（5）数据采集模块

数据采集模块提供多种数据接入工具，构建高效、易用、可扩展的数据传输通道，实现结构化、半结构化和非结构化的数据的汇聚接入，并支持数据的预处理，为大数据平台提供原始数据支撑。

（6）数据安全模块

数据安全模块提供一系列数据安全保障功能，包括数据管理、接口管理、监控管理、运维管理、任务管理、权限管理以及配置管理等功能。有效防止硬件故障、断电、死机、人为误操作，以及程序缺陷、病毒或黑客造成的数据泄密或损失问题。

2. 大数据平台技术架构

基于大数据存储与计算的需求，大数据平台架构大致可以分为五类：传统大数据架构、流式架构、Lambda 架构、Kappa 架构、Unifield 架构。

（1）传统大数据架构

传统大数据架构定位于解决传统 BI 的问题，即解决数据分析中业务需求未发生变化，但数据量、性能等需求变化导致系统无法正常使用的问题，如图 7-8 所示。其主要优点是简单易懂，对于 BI 系统来说，基本思想没有发生变化，变化的仅仅是技术选型，用大数据架构替换掉传统 BI 的组件；主要缺点是依旧以批处理为主，缺乏实时的支撑。

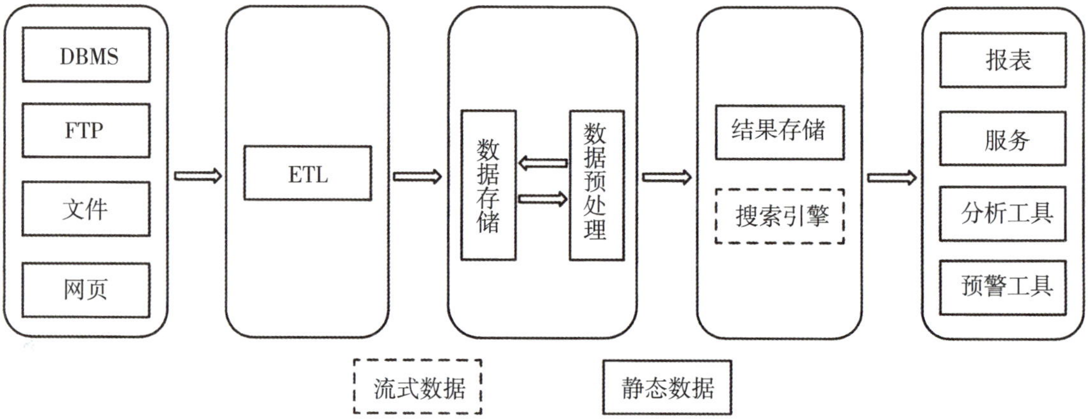

图 7-8　传统大数据架构

（2）流式架构

在传统大数据架构的基础上，流式架构中数据全程以流的形式处理，经过流处理加工后的数据，以消息的形式直接推送给了用户，如图 7-9 所示。流式架构的主要优点是没有臃肿的 ETL 过程，数据的实效性非常高；主要缺点是数据的重播和历史统计能力有限，对于离线分析仅仅支撑窗口之内的分析。

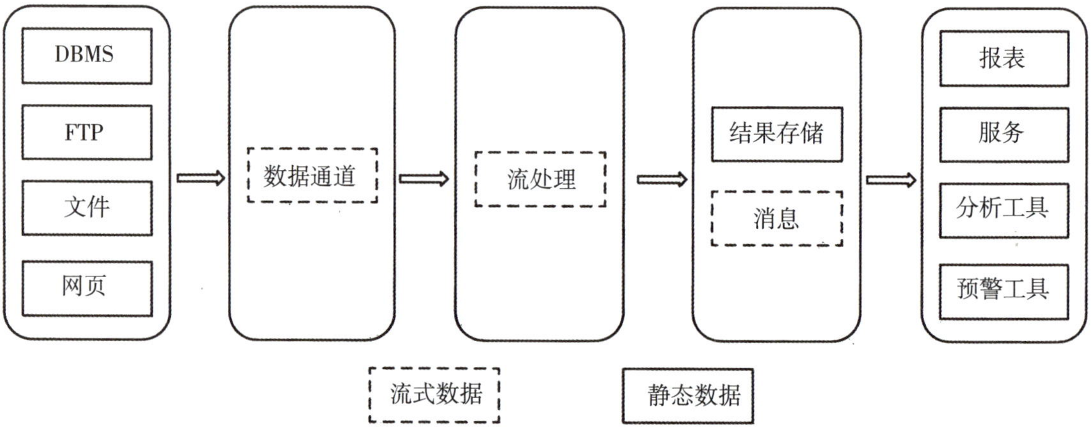

图 7-9　流式架构

（3）Lambda 架构

Lambda 的数据通道分为实时流和离线两条分支，如图 7-10 所示。实时流依照流式架构，保障了其实时性，而离线则以批处理方式为主，保证了最终一致性。Lambda 的主要优点是既有实时又有离线，对于数据分析场景涵盖的非常到位；主要缺点是离线层和实时流虽然面临的场景不同，但是其内部处理的逻辑却相同，因此存在大量冗余模块。

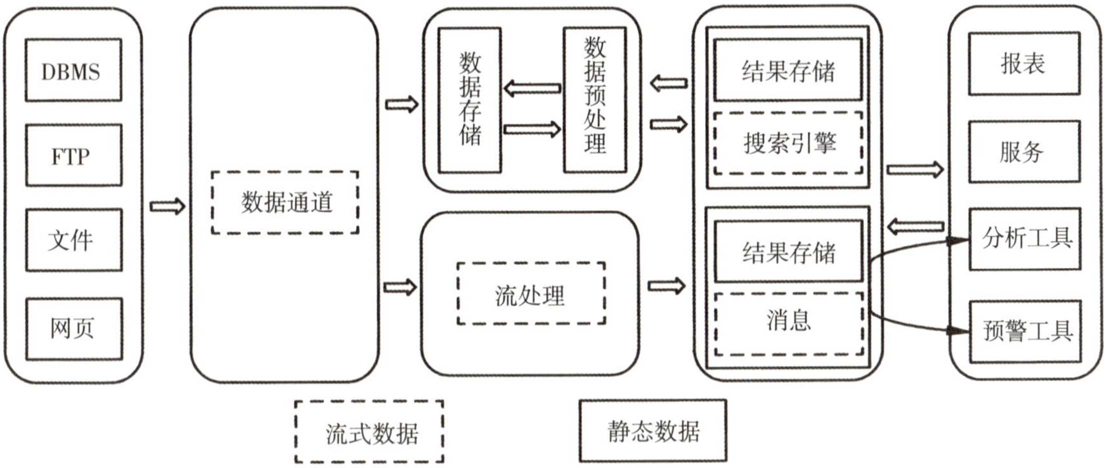

图 7-10 Lamhda 架构

（4）Kappa 架构

在 Lambda 架构的基础上，Kappa 架构将实时和流部分进行了合并，将数据通道以消息队列进行替代，如图 7-11 所示。因此对于 Kappa 架构来说，依旧以流处理为主，但是数据却在数据湖层面进行了存储，当需要进行离线分析或者再次计算的时候，则将数据湖的数据再次经过消息队列重播一次即可。Kappa 架构的主要优点是解决了 Lambda 架构中的冗余问题，整个架构非常简洁；主要缺点是实施难度相对较高，尤其是对于数据重播部分。

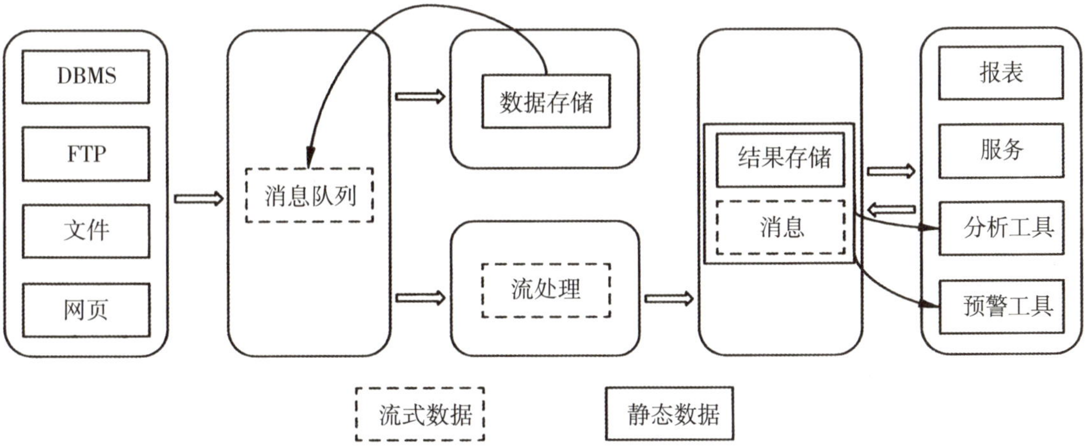

图 7-11 Kappa 架构

（5）Unifield 架构

有效结合了机器学习和数据处理，Unifield 架构依旧以 Lambda 架构为基础，在流处理层新增了机器学习层，如图 7-12 所示的模型预测。可以看到数据在经过数据通道进入数据存储后，新增了模型训练部分，并将其在流式层进行使用。同时流式层在使用模型时，如果发现模型被更新，还会执行模型的实时加载。Unifield 架构的主要优点是提供了一套数据分析和机器学习结合的架构方案，非常好地解决了机器学习如何与数据平台进行结合的问题；主要缺点是实施复杂度高，对于机器学习架构来说，从软件包到硬件部署都和数据分析平台有着非常大的差别，因此在实施过程中的难度系数更高。

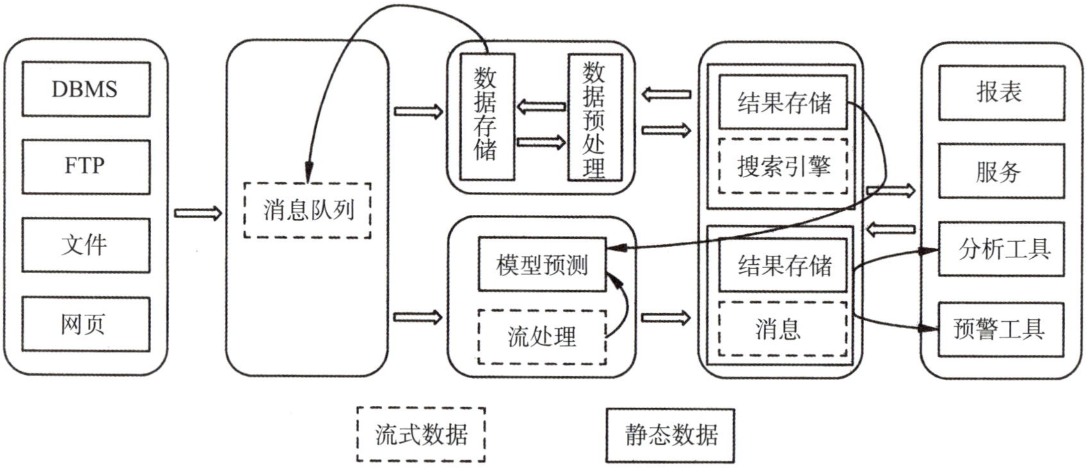

图 7-12 Unified 架构

综上所述，大数据平台架构的演进逐渐囊括了应用所需的各类数据处理能力，大数据平台逐渐演化成了一个企业的全量数据处理平台。当前的企业实践中，除了关系型数据库依托于各个独立的业务系统，其余数据几乎都被考虑纳入大数据平台来进行统一的处理。

3. 大数据平台技术选型

根据数据流向，大数据平台技术架构自底向上依次为数据采集层、数据传输层、数据存储层、数据计算层、数据工具层和数据应用层，如图 7-13 所示。

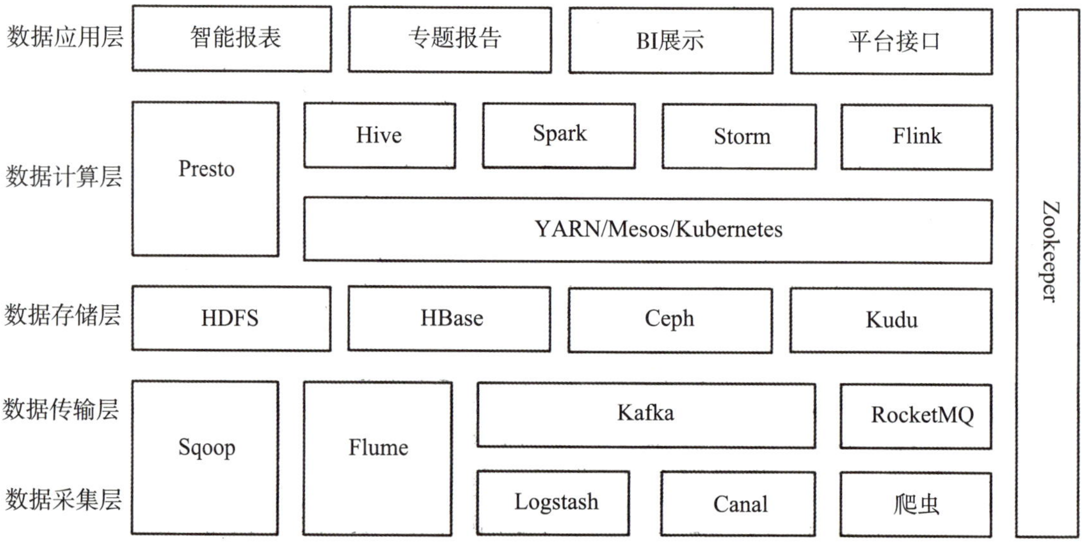

图 7-13 大数据平台技术架构选型

大数据平台产品介绍见表 7-1。

表 7-1 大数据平台产品介绍

层	典型产品	产品特点
数据采集层和传输层	Sqoop	主要用于实现 Hadoop 与关系型数据库间的数据传递。可以将一个关系型数据库中的数据导入 Hadoop 的 HDFS 中，也可以将 HDFS 的数据导入关系型数据库中
	Flume	分布式的海量日志采集、聚合和传输工具，通常用于从其他系统搜集数据，如 Web 服务器产生的日志。同时，Flume 能够对数据进行简单处理，并写到各种数据接受方（可定制）
	Logstash	开源的服务器端数据处理管道，能够同时从多个来源采集数据和转换数据，然后将数据发送到目标数据库中
	Canal	由阿里巴巴开源的工具，用于实现数据从 MySQL 快速地传输到任意目标存储中
	Kafka RocketMQ	分布式消息队列中间件。应用程序之间通过读写消息（数据）互相通信，而无须专用连接来链接它们
数据存储层	HDFS	高容错、高可靠性、高可扩展性、高可用性、高吞吐率的开源分布式文件系统
	HBase	高可靠性、高性能、可伸缩性、列式存储的开源 NoSQL 数据库。HBase 查询数据功能简单，不支持 join 等复杂操作，不支持跨行和跨表事务
	Ceph	开源分布式存储系统，能够提供块储存、分布式文件储存、分布式对象存储三大储存功能
	Kudu	Hadoop 平台上的开源列式存储系统，应对快速变化数据的快速分析型数据仓库，同时满足高吞吐率的顺序和随机读写
数据计算层	Hive	构建在 Hadoop 上的开源数据仓库框架。采用和 RDBMS 相似的表存储模式，支持 SQL 查询
	Spark	快速、通用、可扩展、可容错的、内存迭代式计算的大数据分析引擎。支持批数据处理、SQL 分析、流数据处理、机器学习、图计算、统计分析等多种场景的数据分析，支持 Java、Scala、Python、R 多种数据语言
	Storm	分布式的、高容错的实时计算系统，可用于处理源源不断的数据，并将处理之后的结果保存到持久化介质中，同时也可以作为一个通用的分布式 RPC 框架来使用
	Flink	分布式的大数据实时计算引擎，可以对有限数据流和无限数据流进行有状态的计算。Flink 在设计之初是以流为基础发展的，之后进入批处理领域
	Presto	开源的数据仓库和数据分析工具。Presto 通过使用分布式查询，可以快速高效地完成海量数据的查询，Presto 不仅可以访问 HDFS，也可以操作不同的数据源
	YARN Mesos	集群资源管理系统，将整个数据中心的资源（包括 CPU、内存、存储、网络等）进行抽象和调度，使多个应用同时运行在集群中分享资源，并无须关心资源的物理分布情况
	Kubernetes	容器集群管理系统，基于 Docker 构建一个容器调度服务，为容器化的应用提供资源调度、部署运行、均衡容灾、服务注册、扩容缩容等功能
数据应用层	D3	用于网页作图、生成互动图形的 JavaScript 函数库，能够提供大量线性图和条形图之外的复杂图表样式，如树状图、圆形集群、单词云等
	Tableau	一款简单的桌面系统商务智能工具，实现了数据运算与美观图表的完美结合，适用于企业和部门进行日常数据报表和数据可视化工作
	R	用于统计计算和统计制图，主要功能包括数据存储和处理系统、数组运算工具、完整连贯的统计分析工具、优秀的统计制图功能、简便而强大的编程语言等
	Weka	一款开源的、基于 Java 环境的机器学习及数据挖掘软件，不但可以进行数据分析，还能生成一些简单的图表

续表

层	典型产品	产品特点
协调服务层	Zookeeper	是一个分布式协调服务程序。通过部署奇数台节点，只要有半数以上节点存活，Zookeeper 集群就能正常提供主从协调、服务器节点动态上下线、统一配置管理等服务

7.2.4 数据分析方法

从业务来看，无论数据还是数据分析最终都是要为业务服务，即数据应用层的功能。应用层面需要在系统中把业务 OLAP 和 OLTP 进行集成，二者的衔接不能靠人来完成，要靠智能算法，即数据计算层需要针对业务应用选择合适的数据分析方法。通过智能的数据分析算法为业务层提供所需要的数据服务，将前台的分析需求和交易需求与数据分析平台对接，最终赋能业务功能和目标。

数据分析方法种类很多，具有数学与计算机技术结合的特点。以下从应用统计与数学、预测与时间序列、自然语言理解、文本挖掘、机器学习、数据挖掘等方面对有关方法进行简介。分析的目的不同而使用的方法也不同，需要结合业务场景进行选择。

1. 应用统计与数学

统计涉及数据的收集、组织、分析、解释和展示，数据分析需要使用到统计学的量化分析基础，但关注范围比传统统计更广泛。图 7–14 为统计与其他定量学科之间的关系。

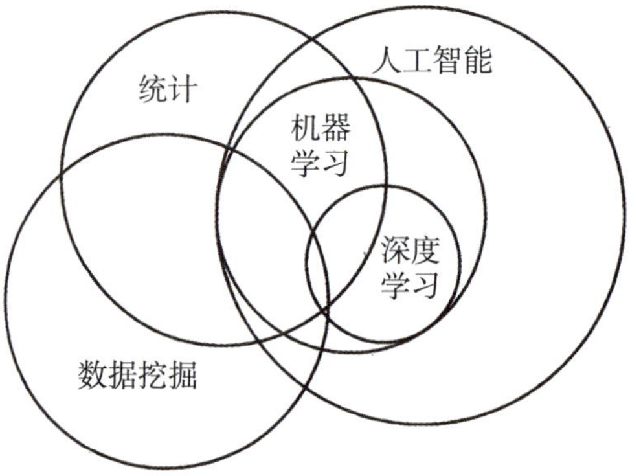

图 7–14　统计与其他定量学科之间的关系

数学思维是演绎性的，即通过应用一般定律或原则来推断某一特定实例，而统计推理是归纳性的，即从具体实例中提炼出一般规律，归纳推理和演绎推理可用来分析解决不同的问题。例如，作为数学方法中的线性规划，可用于分析解决一类特定的优化问题（最优库存和生产计划）。应用统计可以归纳出现象总体的数量特征和数量关系，从而帮助人们对数据的分布状态、数字特征和随机变量之间关系进行估计和描述，例如根据商品销售分布特征进行定价或决定广告投放策略。

2. 预测和时间序列

预测和时间序列分析都能基于历史信息对时间序列数据进行特征提炼和预测。预测通常能透过历史数据分析获得对趋势的判断，并配合可视化手段进行直观展现。

时间序列分析不同于预测，虽然需要时间序列数据来进行预测，但并非所有的时间序列分析都是用来进行预测的。例如，时间序列分析可用于在多个时间序列中发现模式或相似的特征，或执行统计过程控制。类似地，季节性的分析也可以用来识别模式。

时间序列分析采用了多种方法，既有定量的，也有定性的。时间序列分析的目的是在历史数据（或时间序列数据）中找出一种模式，然后推测未来趋势。通常有四大类时间序列分析方法：预测；因果分析法；定性分析方法；决策分析。常用方法有因果分析法的回归分析，决策分析中的概率分析、贝叶斯分析等。

3. 自然语言处理

自然语言处理（natural language process，NLP）是指通过计算机来理解和生成“自然语言”的方法。NLP 是人工智能的一个子领域，专注于人类语言和计算机之间相互交互的研究领域，处于计算机科学、人工智能和计算语言学的交叉领域。

NLP 的应用场景包括语义分类、情绪理解、语法检查、实体提取、翻译、搜索、标准化、回答问题等。文本数据的处理包括自动分词、词性标注、句法分析等，常用算法有多层感知器、卷积神经网络、递归神经网络、长短期记忆网络、序列—序列模型以及浅层神经网络。其中卷积神经网络主要用于文本分类，递归神经网络通常用于自然语言生成或机器翻译。NLP 与机器学习有重叠关系。

自然语言生成（natural language generation，NLG）是人工智能和 NLP 研究的一个子集，它指自动从结构化数据中生成有意义的、可阅读的文本。NLG 已经被广泛应用于从客户服务到疾病诊断的各种聊天机器人。NLG 的其他应用还包括自动创建商业分析报告、财务报表分析、新闻简报等。

4. 文本挖掘与文本分析

文本挖掘与文本分析是试图从文本数据中提取有用的信息，包括发现模式和趋势。文本挖掘和文本分析技术通常可以互换使用，但与 NLP 概念略有区别，NLP 偏向于理论算法研究，而文本挖掘与文本分析是 NLP 的前置文本处理活动，也是 NLP 的工程应用。

简单的文本分析可以通过典型的报表方式（如词云、词频统计等），以一种自动和可视化的方式完成。复杂的文本分析通常会使用到统计分析、机器学习和其他一些高级分析技术，从而为客户提供更加人性化服务。

5. 机器学习

机器学习是使用算法来建立量化分析模型，帮助计算机模型从数据中“学习”。它同以人为中心的处理过程不同，它是由计算机学习和发现隐藏在数据中的模式，而不是由人去直接建立模型。常用的机器学习方法如图 7–15 所示。

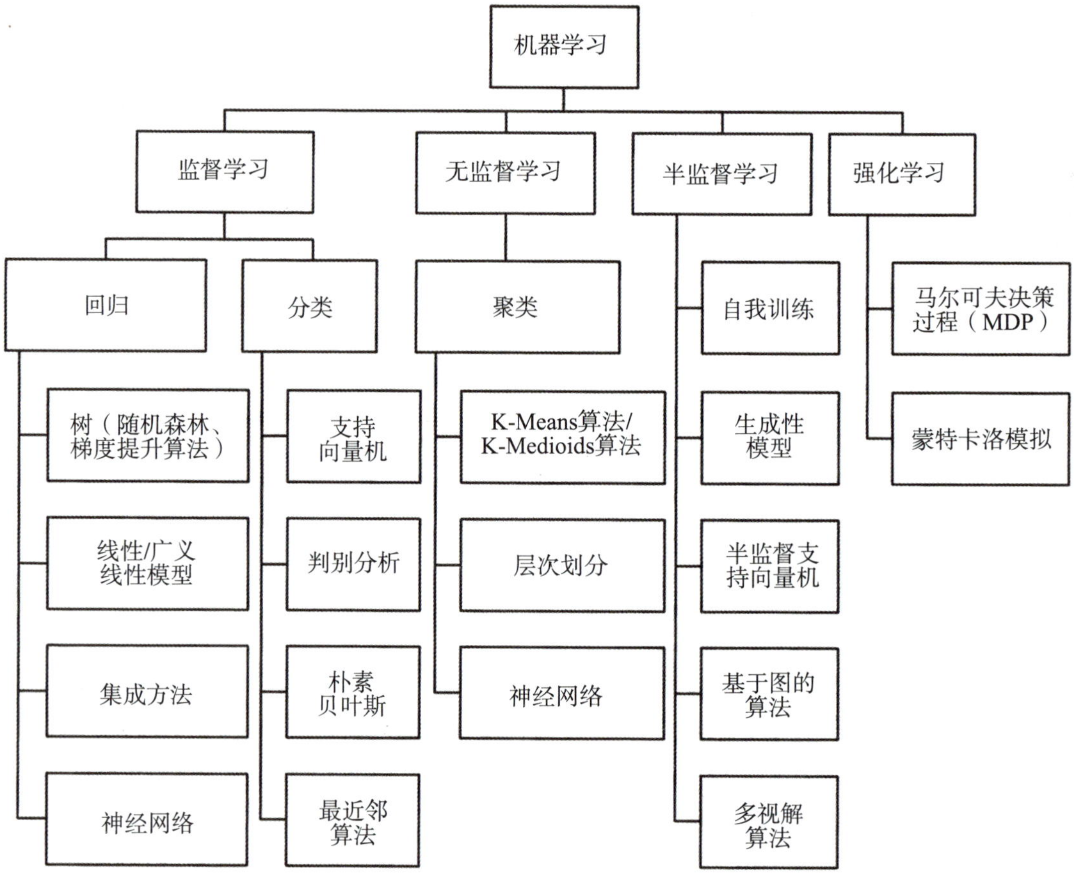

图 7–15　常用的机器学习方法

随着近年来计算能力的进步，不断涌现新的机器学习算法，机器学习越来越多地用来自动地实现针对大数据的复杂数学计算，而这在以前是不可能实现的。

6. 数据挖掘

数据挖掘是在海量数据中发现和解释规律模式，以解决业务问题的过程。数据挖掘与统计学不同，在数据探索之前，不一定有一个先验的理论驱动假说。

数据挖掘采用传统的统计方法以及机器学习技术，目的是在我们拥有的数据中识别出以前未知的模式并进行预测。一般情况下，数据挖掘人员识别出感兴趣的输出变量，然后使用各种技术对数据进行预处理（如聚类、主成分分析和关联规则学习），然后将这些输出变量作为输入应用到数据挖掘算法中，如回归算法、神经网络、决策树或支持向量机。

数据挖掘与机器学习两个概念有重叠部分，例如数据挖掘四大算法：聚类、分类、回归、关联分析，前三种都是机器学习算法。但二者也有所区分，机器学习偏向算法的理论研究，而数据挖掘更多偏向工程应用与业务洞察，其中 70% 的工作是在做数据的清洗、探索和分析，采用多种算法尝试解决同一个问题，然后找到最适合的解。机器学习为数据挖掘提供了理论方法，数据挖掘为机器学习提供了用武之地。

7.3　数据驱动型系统的开发

7.3.1　开发方法

1. 数据挖掘方法论

数据分析发展走过了将近 30 年的历程，其中不乏优秀的方法论，其中最具代表性的是 CRISP-DM 模型和 SEMMA 模型。

跨行业数据挖掘标准流程（cross-industry standard process for data mining，CRISP-DM）是 20 世纪 90 年代中后期提出来的一套用于开放的数据挖掘项目的标准化方法，也是业内公认的数据挖掘与分析的通用方法论。它将数据挖掘项目的过程总结为六个标准阶段（图 7–16），分别是：商业理解、数据理解、数据准备、建立模型、模型评估、发布模型。

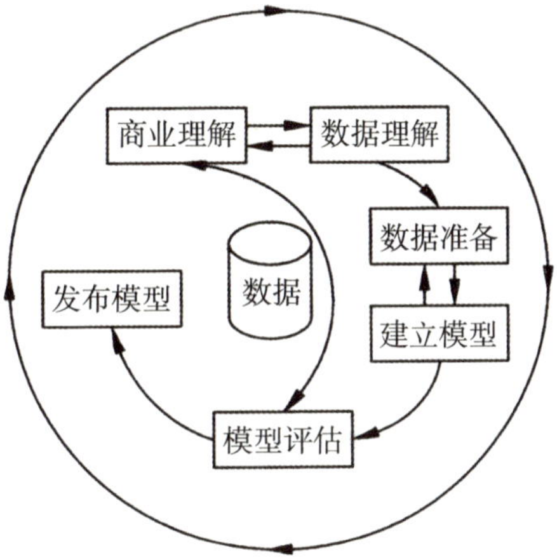

图 7–16　CRISP–DM 模型

SEMMA 模型是由 SAS 研究院开发的一款非常著名的数据挖掘与分析方法。SEMMA 是抽样（sample）、探索（explore）、修订（modify），建模（model）和评估（assess）的英文首字母缩写，其基本思想是从样本数据开始，通过统计分析与可视化技术，发现并转换最有价值的预测变量，根据变量进行构建模型，并检验模型的可用性和准确性。

此外，SPSS 公司（后被 IBM 收购）曾提出 5A 模型，即将数据挖掘过程分为五个 A：

assess、access、analyze、act、automate，分别对应五个阶段：评估需求、存取数据、完备分析、模型演示、结果展现。

2. 数据分析生命周期

大数据、数据湖、机器学习等技术涌现后，数据分析的手段更加丰富，但分析的本质和核心流程未发生根本变化，因此 CRISP-DM 和 SEMMA 模型仍然值得借鉴。

本节从信息系统整体建设出发，强调数据分析与业务系统的深度融合，将项目从开始到结束的整个分析流程的最佳实践总结为：问题理解；数据感知与探索；分析模型开发；成果应用四个阶段，如图 7–17 所示。

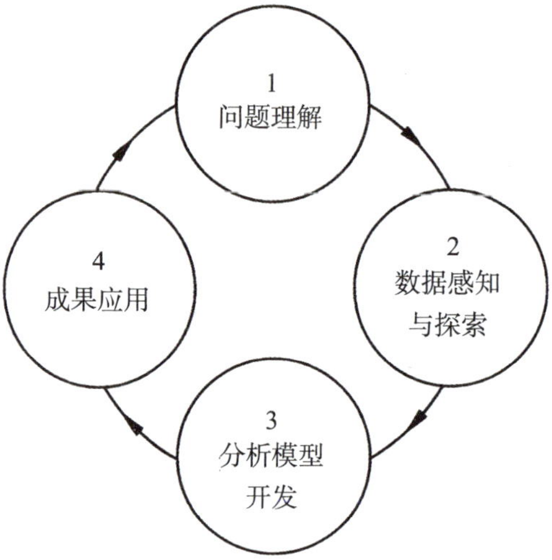

图 7–17　大数据分析生命周期

因为数据分析项目的不确定因素很多，所以这 4 个阶段并不是一个僵化的固定顺序的瀑布流程。问题定义、数据搜集和模型开发本身就是一个反复迭代探索的过程，即使基于样本数据开发了合适的模型，在应用到实际数据中也可能预期效果不好，还会重新寻找可用数据并开发模型。成果应用的过程中，随着业务和数据的变化，数据分析也随之不断维护，因此分析项目适合采纳敏捷方法。

（1）问题理解

问题理解是基于对业务需求的理解，识别那些能够由数据驱动的能够帮助组织实现其目标的机会。

问题有很多种，需要结合业务来研究，例如推出一款新产品，但销量不好。再如外卖订单的配送调度不合理，造成骑手取餐、送餐任务的地理位置分散而不顺路，无效跑动多，难以预估送达时间。为了定义问题并寻找可能的解决方案，需要学习业务领域的相关知识，以及了解该组织类似的历史项目，从而借鉴相关经验。

在问题得到定义后，还需要对问题的潜在原因进行初步分析，提出假设和推测，例如，造成商品销售收入低的初步推测是因为销售人员不足、广告投放地区和对象针对性不强、产品设计缺陷等。一旦有了假设，后续就需要设计实验、收集相关数据进行测试，于是成功地将一个业务问题转化为可以用数据回答的问题。

（2）数据感知与探索

数据感知是指寻找与问题相关的数据，通过定量研究和统计方法理解并感知数据的特征，确保所收集的数据对解决问题是有价值的。数据感知包括对单个变量的类型、分布情况、无效或缺失数据、离群值等方面的剖析。

数据探索是指探索变量之间的关系，以便发现潜在的模式和解决方案。评估两个离散型变量之间的关系可以使用卡方检验方法，评估两个连续型变量的关系可以使用相关性分析或回归分析。

在这个阶段需要使用数据沙盒（sandbox）。沙盒是针对特定项目抽取、转换和存储数据的地方。数据通过执行提取、加载和转换（ELT）或者提取、转换和加载（ETL）来将数据导入沙盘。ELT 和 ETL 有时被缩写为 ETLT。数据应在 ETLT 过程中被转换成可以被团队使用和分析的格式，这是数据分析中最烦琐耗时的阶段，一般占项目总工作量的 50% 以上，在缺乏数据治理的环境下可以高达 70%。

贯穿整个阶段，都会用到可视化工具，不仅可以直观地描述单个变量的分布，还能有助于发现数据中的关系。

（3）分析模型开发

分析模型能够帮助我们解释一个系统，研究系统中不同组件的影响，并对系统行为做出预测。可以将模型简单地理解为数学公式，数据输入到公式，经过计算后获得预测结果。分析模型开发就是对前一阶段选取的数据进一步探究，找到合适的分析方法，创建能够验证假设和推测的数学模型，这是数据分析最具挑战的阶段。

数据分析一般有假设驱动型和发现驱动型两种类型。前者从一个假设或推测出发，然后试图验证假设的真实性；后者试图发现数据之间的模式、关联和关系，以揭示一个未曾发现的事实。这个过程中会使用统计、数据挖掘、机器学习、运筹学、时间序列分析、文本分析等高级方法，从而能够进行差异分析、度量关联、做出预测、识别模式。

分析模型的开发需要考虑现有的工具能否满足模型的运行需求，还是需要一个更强大的模型和工作流的运行环境（例如，更快的硬件和并行处理）。此外还需要注意的是，并非每个问题都需要机器学习等高级技术，有时候简单的模型却有效，分析的关注点在于更好地理解和解决问题。

（4）成果应用

成果应用是将上一阶段开发的分析模型付诸投产的过程。由于模型开发使用的数据一般滞后于业务实时数据，因此在投产应用之前，还需在内部完成验证和评估，并考虑对业务流程、组织和人员的影响，形成可行的解决方案。

这一阶段分析团队首先需要与高层管理人员沟通，将数据分析的洞察能力和能够带来的商业价值传达给高层，以获得他们的支持。其次分析团队需要与业务系统的开发团队进行密切合作，实施并部署一个包含分析模型应用的业务系统，最终解决问题理解阶段所提出的问题，实现预期效果。

7.3.2　开发团队

数据分析师是数据分析型项目的主要角色，但要构建一个与组织业务紧密工作的数据分析团队，绝不仅仅靠单一角色就能承揽全部工作任务。一个数据分析项目一般包括数据科学家、数据分析师、数据工程师、业务分析师、数据管理员等，见表 7–2。数据分析团队向首席数据官汇报工作。

表 7–2　数据分析相关岗位

岗位名称	岗位描述
首席数据官（chief data officer,CDO）	是一个组织中负责整个组织数据治理的高级执行官。CDO 制定数据管理战略规划，制定数据治理标准、政策和程序，指导、监督数据的使用情况，帮助弥合技术和业务之间的差距，使组织能够利用其数据资产并从中获得竞争优势
数据科学家（data scientist）	是指能采用科学方法、运用数据挖掘工具对复杂多量的数字、符号、文字、网址、音频或视频等信息进行数字化重现与认识，并能寻找新的数据洞察的高级专家
数据分析师（data analyst）	是指进行数据搜集、整理、分析，并依据数据创建或生成具有诊断分析、预测分析和评估等分析模型的专业人员
数据工程师（data engineer）	是指能够根据数据搜集、整理、存储、分析中的需求完成架构设计和程序开发的技术人员。包括 ETL 工程师、大数据开发工程师、可视化开发人员等
业务分析师（business analyst）	是指能够理解和表述业务需求及变更，评估业务变化的影响，根据和相关人员的沟通分析他们的需求，并为他们提供相应数据的专业人员
数据管理员（data administrator）	负责管理、维护和监督企业的数据资源，以确保数据使用者能够以统一、可靠的方式创建、访问和维护高质量数据

本章小结

本章主要介绍了数据驱动型系统建设的相关内容，包括数据分析与大数据、大数据技术基础、数据驱动型系统的开发。数据分析就是找出数据中潜藏规律或得出有关信息结论的过程。数据分析可以用于优化业务流程，提高企业或系统的整体效率。大数据从字面上看，是指容量非常大的数据集合。然而，容量只是大数据特征的一个方面，大数据共涵盖四个特征：数据量大、数据类型繁多、数据处理快和价值密度低。大数据平台由数据应用、数据分析与计算、数据存储、数据处理、数据采集、数据安全六大模块组成。

思考练习

1. 什么是数据分析？数据分析在信息系统建设中的作用。
2. 简述大数据的特征。
3. 简述大数据为数据分析带来的变化。
4. 大数据平台的技术架构有几种类型？各自特点是什么？

第8章　信息系统项目管理

本章导读

信息系统建设具有复杂性，存在着建设超期、支出超预算、数据不准确、系统运行效率低以及用户体验差等一系列问题。这一切都需要对信息系统建设进行有效的项目管理。本章主要介绍了项目管理的定义、特点和项目管理的十个知识领域。

学习目标

◆ 知识目标

1. 掌握项目管理的定义与特点。
2. 熟悉信息系统项目管理的内容。
3. 了解常用的项目管理软件。

◆ 能力目标

1. 会对信息系统建设进行有效的项目管理。
2. 能操作常用的项目管理软件。

◆ 素质目标

1. 培养学生系统的思维和战略规划意识。
2. 培养学生具备持续学习的能力，提高工作热情和职业素养。

◆ 思政目标

1. 培养学生以信息化推进中国式现代化，为中华民族伟大复兴贡献力量。
2. 培养学生的社会责任感、商业伦理和创新精神。

8.1 项目与项目管理

项目是为了创造某一独特产品、提供独特服务、达到独特结果的一项临时性工作。一般来说，项目具有以下特点。

（1）每个项目都有一个明确的目标。

（2）项目完成一个确定的目标需要有相应的资源来支持。

（3）在项目建设之前要有一定的预算。

（4）在项目建设之前必须有进度安排，即有一个从项目开始到项目完成的截止时间。

（5）一个项目完成一个一次性的活动。

8.1.1 项目管理概述

项目和项目管理

1. 项目管理的定义

项目管理是指在项目活动中综合运用知识、技能、工具和技术，并通过过程管理来完成项目的目标，包括项目的启动、制定项目计划、项目的执行、项目进行过程中的控制、项目的收尾工作和项目完成时的评价等。项目管理又分为项目的职能管理和项目的过程管理。

（1）项目的职能管理

项目的职能管理包括项目整体管理、项目范围管理、项目时间管理、项目成本管理、项目质量管理、项目人力资源管理、项目沟通管理、项目风险管理、项目采购管理和项目干系人管理十个知识领域。这十个知识领域又称为项目的职能管理。

（2）项目的过程管理

项目是由许多过程组成的大过程，过程是指产生某种结果的行动序列。项目过程由人执行，主要分为项目管理过程和产品实现过程两类。

① 项目管理过程：主要关注描述和组织项目的各项工作，包括定义项目范围，以及如何组织人力、资金，如何控制进度和质量等各项管理工作。

② 产品实现过程：主要关注具体描述和创造项目产品，包括分析、设计、实施等具体的产品实现工作。

项目管理过程和产品实现过程在项目管理的整个过程中重叠并相互作用。

2. 项目管理的特点

项目管理具有以下特点。

（1）项目管理的普遍性

项目管理的普遍性，是指项目作为一次性和独特性的社会活动而普遍存在于人类社会的各类活动中，人类现有的各种成果最初都是通过项目的方式实现的，因为已有系统运营所依靠的设施与条件最初都是通过项目管理活动建设或开发的。

（2）项目管理的目的性

项目管理的目的性，是指要通过开展项目管理活动，去保证满足或超越项目有关方面明确提出的项目目标或指标，以及项目有关方面未明确规定的潜在需求。

（3）项目管理的独特性

项目管理的独特性，是指项日管理不同于一般的企业生产运营管理，也不同于常规的政府管理，而是一种完全不同的管理活动。

（4）项目管理的集成性

项目管理的集成性，是指要根据项目各个要素之间的配置关系对项目进行集成性管理，而不能孤立地对项目的各个要素进行管理。

（5）项目管理的创新性

项目管理的创新性，是指由于项目管理对象（即每个具体项目）本身具有一定的创新性，所以项目管理也具有创新性。

知识链接

有代表性的项目管理技术

项目管理是第二次世界大战后期发展起来的重大管理技术之一，起源于美国。有代表性的项目管理技术如甘特图（Gantt chart）关键路径法（critical path method，CPM）和计划评审技术（program evaluation and review technique，PERT）等。

（1）甘特图

甘特图又称为横道图、条状图（bar chart），是在第一次世界大战时期发明的，其通过条状图来显示项目、进度，和其他与时间相关的系统进展的内在关系随着时间变化的情况，以提出者亨利·劳伦斯·甘特（Henry Laurence Gantt）的名字命名。

（2）关键路径法

关键路径法是美国杜邦公司和兰德公司于 1957 年联合研究提出，它假设每个活动的作业时间是确定值，重点在于费用和成本的控制。

（3）计划评审技术

计划评审技术出现于 1958 年，是由美国海军特种计划局和洛克希德公司在规划和研究核潜艇上发射“北极星”导弹的计划中首先提出的。与关键路径法不同的是，计划评审技术中的作业时间是不确定的，它用概率的方法计算估算值。另外，它不关心项目费用和成本，而关心时间控制，主要应用于含有大量不确定因素的大规模开发研究项目。在实际的项目管理中，关键路径法和计划评审技术常常被结合使用，以实现对时间和费用的最佳控制。

20 世纪 60 年代，项目管理的应用范围还只是局限于建筑、国防和航天等少数领域。随着国际上越来越多人对项目管理产生浓厚的兴趣，并逐渐形成了两大项目管理研究体系：一是以欧洲为首的体系——国际项目管理协会（International Project Management Association，IPMA）；二是以美国为首的体系——美国项目管理协会（Project Management Institute，PMI）。在过去的几十年中，它们的工作卓有成效，为推动国际项目管理现代化发挥了积极的作用。

8.1.2　项目管理的内容

美国项目管理协会是目前全球影响最大的项目管理机构，其组织的项目管理专家（project management professional，PMP）认证被广泛认同。美国项目管理协会的贡献在于总结了一套项目管理知识体系（project management body of knowledge，PMBOK）。

PMBOK 总结了项目管理实践中成熟的理论、方法、工具和技术，也包括一些富有创造性的新知识。其第 6 版把项目管理知识划分为十个知识领域，即整体、范围、时间、成本、质量、人力资源、沟通、风险、采购和干系人，每个知识领域都包括数量不等的项目管理过程（这里主要是指项目职能管理）。现将每个知识领域中的项目管理过程介绍如下。

1. 项目整体管理

项目整体管理是项目管理中一项综合性和全局性的管理工作，是对项目管理过程中的活动进行识别、定义、组织、统一和协调的过程，主要包括制定项目章程、制定项目管理计划、指导与管理项目工作、监控项目工作、实施整体变更控制以及项目结束收尾管理。项目的整体管理工作实际上是对其他九个知识领域的管理进行权衡和整合。

2. 项目范围管理

项目范围管理包括确保项目做且只做成功完成项目所需的全部工作的一系列过程，由规划范围管理、收集需求、定义范围、创建工作分解结构（work breakdown structure，WBS）、确认范围和控制范围等构成，以便顺利完成项目，实现项目目标。

3. 项目时间管理

项目时间管理由规划进度管理、定义活动、排列活动顺序、估算活动资源、估算活动持续时间、制定进度计划和控制进度等构成。它描述了确保项目按时完成所需要的一系列过程。

4. 项目成本管理

项目成本管理是为了确保项目的实际成本不超过批准的预算而进行的管理过程。它由规划成本管理、估算成本、制定预算和控制成本构成，用以保证项目在批准的预算范围内完成。

5. 项目质量管理

项目质量管理由规划质量管理、实施质量保证和控制质量组成。它描述了确保项目满足其所执行标准的要求所需要的一系列过程。

6. 项目人力资源管理

项目人力资源管理是为了保证所有项目干系人的能力和积极性都得到充分发挥而采取的一系列步骤。它由规划人力资源管理、组建项目团队、建设项目团队和管理项目团队等构成。

7. 项目沟通管理

项目沟通管理由规划沟通管理、管理沟通和控制沟通构成，描述了确保项目信息被及时、准确地产生、收集、发布、存储和最终处理所需要的一系列过程。

8. 项目风险管理

项目风险管理由规划风险管理、识别风险、实施定性风险分析、实施定量风险分析、规划风险应对和控制风险构成。它描述了识别、分析和应对项目风险的一系列过程，涉及项目可能遇到的各种不确定因素，是为了尽量将项目的有利方面扩大并加以利用，而将不利因素所带来的损失降到最低而采取的一系列措施。

9. 项目采购管理

项目采购管理描述了用于从执行机构以外获得物资和服务的一系列过程，由规划采购管理、实施采购、控制采购和结束采购构成。

10. 项目干系人管理

项目干系人管理包括用于开展下列工作的各个过程：识别能影响项目或受项目影响的全部人员、群体或组织，分析干系人对项目的期望和影响，制定合适的管理策略来有效调动干系人参与项目决策和执行。具体包括识别干系人、规划干系人管理、管理干系人参与及控制干系人参与。

上述十个知识领域就是项目职能管理的内容，只有这十个方面都管理好了，项目才有可能取得成功。图 8-1 为项目管理的十个知识领域示意图。

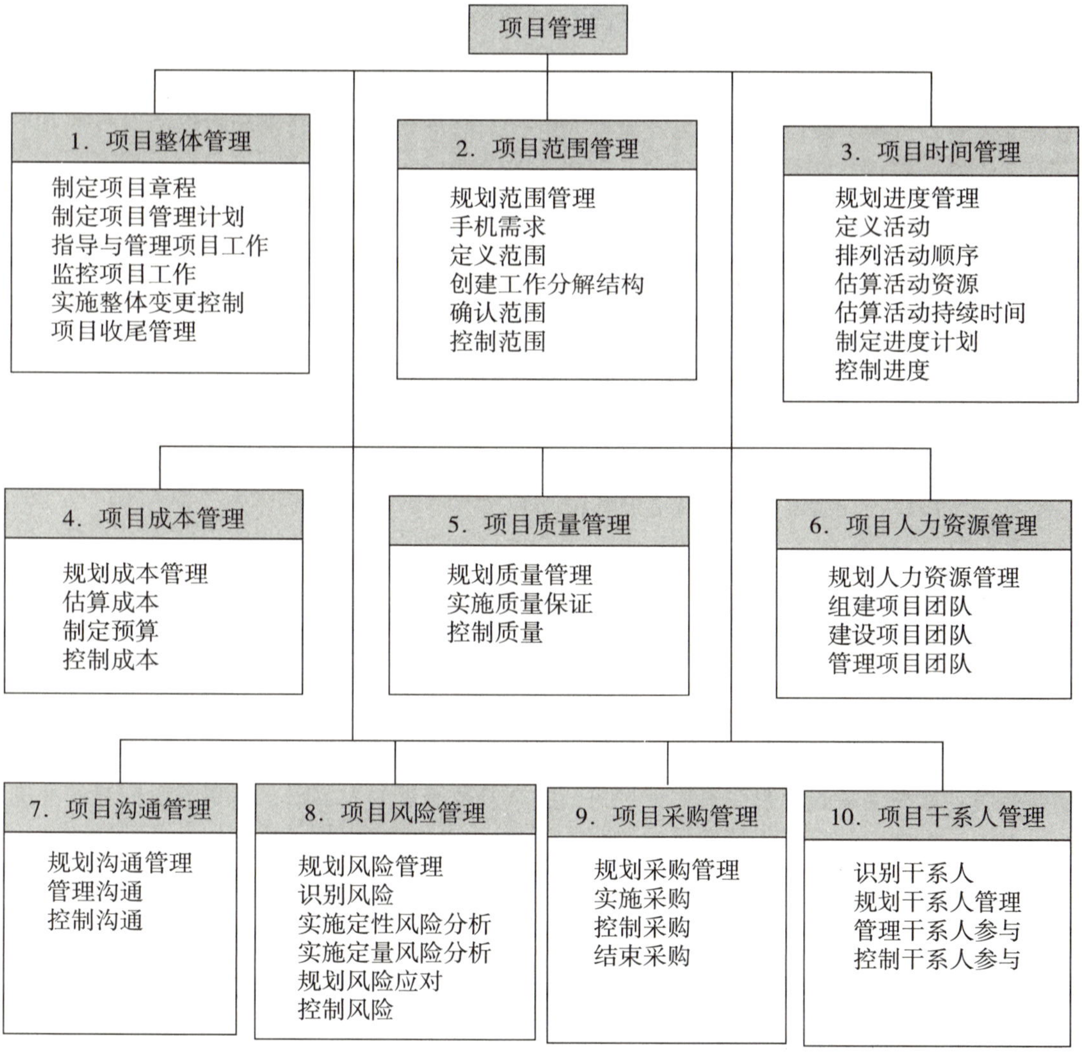

图 8–1　项目管理的十个知识领域示意图

8.2　信息系统与项目管理

信息系统的项目管理是为了使信息系统项目能够按照预定的成本、进度、质量顺利完成，而对成本、人员、进度、质量、风险等进行分析和管理的活动。

8.2.1 信息系统项目管理的内容

正如项目管理的作用是保证项目顺利实施一样，信息系统项目管理的目的也是保证信息系统按质、按量、按需求顺利高效地投入运行。信息系统项目管理的内容包括以下九个方面。

1. 信息系统项目的范围管理

信息系统项目的范围管理包括确保信息系统项目顺利完成所需要的全部活动，其目的是将项目顺利完成所需要的全部活动都控制在需求范围之内，保证对项目资源的充分利用。

信息系统项目的范围管理包括以下四个方面的内容。

（1）项目启动

项目启动是指信息系统项目已获批准，可以开始实施或者允许信息系统项目进入下一个阶段。项目启动是信息系统项目范围管理的开始。

（2）范围计划

范围计划是指将完成信息系统项目所需要的工作的内容逐渐明确和形成项目章程的过程，也是对信息系统项目进行全面描述和边界界定的过程。

（3）范围定义

范围定义是把主要的项目可交付成果，分解成更小的易于管理的单元，其输出是工作分解结构。范围定义的目的是提高对时间、成本以及所需的人、财、物等资源估算的准确性，为绩效测量与控制定义一个基准计划，以便进行明确的职责分配。

（4）范围核实

范围核实是项目用户正式接受项目范围的过程，这是一项里程碑工作。在范围核实的过程中，需要认真审查可交付成果和工作结果等一系列文档及系统原型。

2. 信息系统项目范围变更管理

在信息系统项目建设过程中，几乎没有不变的范围定义，如果管理不当就会导致项目被无限延期甚至夭折。造成信息系统项目范围变更的主要原因如下。

（1）实施信息系统项目的组织外部环境发生了变化。

（2）信息系统需求的调研不周密，有一定的错误和遗漏之处。

（3）实施信息系统的组织内部环境发生了变化。

（4）客户对项目、项目产品和项目服务的要求发生了变化。

信息系统项目范围变更管理对项目的成败有重要影响，建立有效的变更控制机制是范围变更管理的基础和关键。这个变更控制机制具体包括变更的制度、变更的流程、变更的表格、变更的会议等。对于大型信息系统项目还要成立变更控制委员会。

3. 信息系统项目的进度管理

信息系统项目的进度管理是指确保信息系统项目在规定时间内完成的一系列过程。

（1）制定项目计划书

项目计划书是项目进度控制的基准和依据，由项目负责人带领团队集体制作完成。项目管理人员根据项目计划书对项目阶段性成果的完成情况进行监控。

（2）检查并掌握项目的实际进度

对反映项目实际进度的各种数据进行记录并将其作为检查和调整项目计划的依据，应积累资料，进行总结分析，不断提高进度控制水平。

（3）对项目计划的执行情况进行检查与分析

通过检查，分析计划没有按时执行的主要原因。

（4）及时采取调整或补救措施

调整的目的是根据项目的实际进度，对项目进行必要的修正，使之符合变化了的情况，以保证项目目标顺利实现。

4. 信息系统项目的成本管理

信息系统项目的成本管理是指确保项目在预算范围内完成所需要的一系列过程。在很多项目中，成本往往被看作一个最敏感、最关键的因素。对于信息系统项目来说，项目成本不仅包括实施成本，还包括立项阶段的成本和信息系统建成后运行时的维护成本，这些成本统称为总成本。信息系统项目成本管理包括资源计划编制、成本估算、成本预算和成本控制四个方面的内容。

（1）资源计划编制

资源是形成成本的主要因素，资源计划编制是确保信息系统项目中各个活动完成所需要的各种资源（包括人员、计算机软件和硬件、材料等）及其数量的过程。资源计划编制与成本估算是密切相关的。

（2）成本估算

成本估算是指计算出完成项目中的各个活动所需要的各种资源的成本近似值。在成本估算过程中，需要考虑各种成本方案以及这些方案的可行性。

（3）成本预算

成本预算是把估算的项目总成本分配给各个活动或由若干个活动组成的工作包，建立成本基准计划，以度量项目实际绩效的过程。成本预算包括项目支出费用、其他管理费用和不可预算费用。它是开展项目活动时耗费成本资源和费用支出的依据。

（4）成本控制

成本控制是指对成本支出情况进行监督，找出偏差并分析偏差原因，采取有效措施确保在规定的成本预算内完成项目目标的过程。成本控制是微观性投资控制，不是控制信息系统项目的投资方向、投资结构、筹资方式、筹资渠道，而是控制一个具体的信息系统项目的投资。

5. 信息系统项目的质量管理

信息系统项目的质量管理是指确保信息系统项目满足原先规定的各种要求所需要的一系列过程。信息系统项目的质量管理包括以下三个方面。

（1）质量计划

质量计划是指用于实施质量管理的组织结构、责任、程序、过程和资源。在信息系统项目的质量计划阶段应该完成以下活动。

① 为确保信息系统项目质量而进行相应的计划安排。

② 对信息系统项目质量的可测量目标及其优先级进行定义。

③ 明确实现信息系统项目质量目标的过程是可量化的和可管理的。

④ 对信息系统项目组成员进行软件质量管理方面的培训。

⑤ 在信息系统项目生命周期内，确定信息系统开发各阶段的质量目标。

（2）质量因素

信息系统的质量因素主要有正确性、安全性、健壮性、性能效率、可用性、可理解性、可测试性、可维护性、可移植性和可再用性等。

（3）质量控制

质量控制是指在整个信息系统项目建设过程中对项目质量进行监督、评估、验收等。信息系统项目中的质量控制不仅包括软件测试，还包括软件的评审、调试、测试、审计等。

6. 信息系统项目的风险管理

信息系统项目风险是指不确定的事件或环境，包括对项目目标的威胁和改善项目目标的机会。

信息系统项目风险管理，是指信息系统项目管理组织对可能遇到的风险进行计划、识别、分析评估、跟踪控制的全过程，是以科学的管理方法最大限度地保障信息系统项目安全的实践活动的总称。信息系统的风险管理包括以下四个方面。

（1）风险计划

风险计划是指风险管理的整体计划，包括正确定义项目组织及成员风险管理的行动方案，选择合适的风险管理方法，确定风险判断的依据并对风险进行标识，然后进行风险评估和分析。风险计划是整个项目风险管理的战略性、全局性的行动指南。

（2）风险识别

风险识别是指找到与所有项目风险有关的因素，包括确定信息系统项目的风险来源、风险产生的条件，描述风险特征，确定风险事件可能影响的项目内容等。风险识别是一个反复的过程。

（3）风险分析评估

风险分析评估是对风险因素发生的概率、产生的影响、造成的后果进行分析和评估的过程。风险分析评估就是对信息系统项目整体的风险因素进行深入分析和评估，为风险的应对和监控奠定基础。

（4）风险跟踪控制

风险跟踪控制是指对项目风险因素进行监视、检查、测量和分析，对可能发生的风险及时采取相应措施和行动的过程。风险控制可以采用多种策略应对可能发生的风险，这些策略包括减轻、预防、转移、回避、自留和后备等。

① 减轻风险。减轻风险是指降低风险发生的可能性，或者减少后果的不利影响。

② 预防风险。预防风险是指采用各种手段防止风险因素出现，减少已发生的风险因素或隔离风险因素等。

③ 转移风险。转移风险是指借助合同或协议，在风险事故发生时将损失的一部分或全部转移到项目以外的第三方身上。

④ 回避风险。回避风险是指主动放弃项目，或改变项目目标与行动方案的策略。

⑤ 风险自留。风险自留是指主动或被动接受风险的活动。

⑥风险后备。风险后备是指预先制定风险预案，一旦风险发生就启动相应的风险预案。

7. 信息系统项目的人力资源管理

人力资源管理是项目管理的重要组成部分，与其他类型的项目相比，信息系统管理项目受人力资源的影响更大。可以从以下三个方面来分析信息系统项目中人力资源管理的特点。

（1）人员的数量

人员的数量是指项目组所包含的人员的数量。影响项目组人员数量的因素有信息系统建设的任务、项目计划、工作包的划分、人员的分配等。一般来说，在信息系统项目的不同阶段，项目组人员的数量并不是固定不变的。例如，项目前期和收尾阶段的人员的数量要少于项目实施和测试阶段。

（2）人员的质量

人员的质量包括项目组成员所具有的学历、知识储备、专业职称、技能等影响项目实施结果的素质。

（3）人员的结构

不同质量的人员在整个项目组中所占的比例就是人员的结构。项目组成员的质量与结构是密不可分的，不同质量的人员构成了项目组的人力资源结构，共同决定了整个项目组人力资源的质量。项目组人力资源高质量并不一定要求每个成员高质量，而是指项目组中人员的数量、质量和结构对应于项目任务的合理分配。

8. 信息系统项目的沟通管理

信息系统项目的沟通管理是指在项目中建立人与信息之间的关键联系，以保证信息及时、恰当地生成、处理及使用。沟通可以使与项目相关的人员及时掌握项目的有关情况。项目信息为各层管理人员进行科学、全面的决策提供了支撑，涉及信息系统项目的任何人都应该按照项目沟通计划的要求发送和接收信息。

（1）信息系统项目的沟通特点

信息系统项目的特点决定了其沟通有以下特点。

① 沟通的对象。在信息系统开发过程中，与客户沟通、了解客户的需求十分重要。与客户的沟通是指就客户所需要的功能、流程、操作等进行沟通，它是项目中最重要的沟通，直接关系到项目的成败。

② 沟通的重要性。信息系统项目具有集成管理的特点，一个信息系统的开发会涉及不同部门的若干人员，项目组成员之间的协调、沟通工作需要贯穿于系统开发的各个阶段。即便是对系统中一个简单参数的修改，如果没有及时与其他开发人员沟通，也会对系统开发产生很大的影响，甚至造成整个系统功能失效。

③ 沟通的难度。沟通的难度取决于项目的复杂度和耦合度。在估算信息系统项目沟通的工作量时，要充分考虑系统开发任务的类型和复杂程度。抽象的、接口复杂的系统在开发过程中，需要的沟通量很大。另外，如果信息系统开发的行业背景复杂，还要考虑为熟悉行业知识而花费的沟通量。

④ 项目组的规模。项目组规模决定了沟通的效率，信息系统项目组成员必须通过沟通来解决各自承担的任务之间的接口问题。而项目组成员之间的沟通量增长很快，因此每个执行信息系统项目任务的小组都应该尽可能精简，以最少的人员在最可能允许的时间内完成任务是相对高效的。

⑤ 项目组成员间的默契度。项目组成员间的默契度影响着项目实施效率。一个信息系统项目组，应该经过长期磨合，各个成员之间相互信任，配合默契。这一切只有靠项目组成员之间的沟通才能实现。

针对以上信息系统项目的沟通特点，在进行信息系统项目沟通管理时，需要了解信息系统的应用背景、系统开发难度、项目组的人员结构等重要信息。

（2）信息系统项目的沟通内容

在进行信息系统项目管理的过程中，每个阶段、每个细节，以及项目组成员之间、系统开发人员和系统用户之间都需要进行有效的沟通。其沟通内容主要有以下四个方面。

① 项目进展信息。项目进展信息主要包括项目组各成员的工作任务要求、当前的工作进展等信息，如在执行任务过程中出现的问题、解决方法和经验教训的总结，以及下一阶段的工作建议等。

② 项目绩效报告。项目绩效报告主要指向项目的相关人员提供项目状态报告，包括资源投入使用情况、项目范围、进度计划、成本和质量方面的信息等。

③ 项目计划变更。根据当前项目绩效报告，对照信息系统项目的目标，重新对当前状态下的项目进行规划，对项目计划进行调整或变更。

④ 项目文档。项目文档是对信息系统项目各阶段进行描述的信息，包括信息系统开发生命周期内从项目开始到项目结束所有阶段的相关情况报告，如信息系统规划报告、需求规格说明书、系统设计报告、系统测试分析报告等，还包括信息系统项目建设过程中的问题记录、经验教训报告等。

9. 信息系统项目的采购管理

一个信息系统项目要想实施成功，除了以上八个项目管理方面外，采购管理也非常重要，它可以影响项目利润、项目进度以及项目质量。具体来说，在一个项目实施过程中，采购管理所起的作用包括以下三个方面。

（1）保证项目利润

在信息系统项目的报价阶段，供应商往往需要根据项目的成本向客户报价，其中包括信息系统项目实施所需的各种原材料成本（通过科学核算）。项目所需的原材料成本是项目总成本的一个重要组成部分，一个项目原材料的真实价格能够为项目管理人员提供可靠、合理的报价参考，采购人员以较低价格采购到原材料，可以直接降低项目成本，确保项目获得利润。

（2）保证项目进度

在信息系统项目建设过程中，采购部门应该按照项目实施的节奏有计划地进行原材料的采购，确保原材料按时到货。若项目原材料采购不及时，原材料无法按时到货，那么项目的整个进度将会受到影响，无法顺利实施。

（3）保证项目质量

对于整个信息系统项目来说，原材料质量的优劣能够从根本上影响项目的质量。通过采购管理，采购人员可以从优质的供应商处采购到质量好的原材料，这有利于提高信息系统项目的质量，从而赢得客户的青睐。

8.2.2 信息系统项目的特点

1. 信息系统项目的目标不精确

信息系统项目的目标是不精确的，任务的边界是模糊的，其质量要求通常是由项目团队和客户共同确定的。对于信息系统的开发，客户刚开始无法给出明确的想法和确切的需求，信息系统项目的任务范围和技术指标在很大程度上取决于项目组所做的系统规划和需求分析。总之，信息系统项目的目标不像工程项目那样精确。

2. 信息系统项目的需求不稳定

在信息系统项目建设过程中，客户的需求会被不断激发，不断明确，这就可能导致项目的范围、进度和费用等被不断修改。在修改过程中又有可能产生新的问题，而且很可能在短时间内发现不了这些问题的解决办法。这就要求信息系统项目负责人不断监控和调整项目的计划执行情况，具有较强的项目范围变更管理的能力。

3. 信息系统项目是多学科结合的知识体系

信息系统项目与其他工程项目相比，创新成分多，开发工作量大，项目类型多，涉及各行各业，是一个多学科结合的知识体系。实现多学科知识的融合与创新，人力资源的智力和相关能力的充分发挥，多学科人才之间的沟通与协调，是信息系统项目成功实施的关键。

4. 信息系统项目与管理变革密切关联

信息系统的开发，特别是管理信息系统的开发与组织的管理问题密切相关。信息系统要为管理组织战略和目标、优化组织业务流程服务；同时组织也要因信息系统的引入而对组织管理进行变革。只有这样，信息系统才能在组织中更好地发挥作用，体现其价值。

8.3 信息系统项目管理软件

在计算机诞生之时，随着项目管理技术的出现，产生了早期的项目管理软件，但当时其在大型计算机上运行，价格昂贵，主要应用于特定的领域，远不能普遍应用。到了 20 世纪 80 年代，随着计算机的性能提高且成本下降，项目管理技术迅速发展，项目管理软件数量不断增加，功能逐渐强大，操作不断简化，价格也大幅降低。

8.3.1 项目管理软件的发展趋势

项目管理软件的发展离不开项目管理优化技术和计算机技术的发展。而随着企业的发展，项目管理软件成为越来越多企业的信息化管理平台。项目管理软件有以下三个发展趋势。

1. 趋向更专业化

随着项目管理技术越来越成熟，各行各业都开始尝试以项目管理的形式辅助企业管理，项目管理已经走出了工程建筑、金融、信息技术等行业。这也意味着越来越多的行业需要使用项目管理软件。但是，由于行业间在管理理念和管理方法、管理模式上存在着或多或少的差异，现在市场上还没有适用于所有行业、标准统一的项目管理软件。

2. 趋向智力管理

目前，很多项目管理软件能管理的仅仅是事务层面的事项。这对于项目管理来说是远远不够的。项目管理软件要适应项目管理的发展趋势，就要摆脱这一点，向智力型发展。

智力型的项目管理软件不再仅仅管理事务层面的事项，还可以管理协同工作、工作过程监控等类型的问题。

3. 趋向高度集成

现在关注项目管理软件的群体正由个人、项目向企业扩展，未来的项目管理软件不仅要满足单个项目管理需求，还要满足企业级项目管理、项目组合管理的需求。例如，把客户关系管理、供应商管理、人事管理等功能集成在一个系统、一个平台上运作。这对软件供应商的研发能力和知识程度的要求都非常高。

8.3.2　项目管理软件功能及分类

1. 项目管理软件的功能

（1）进度计划及跟踪控制管理

通过定义系统及其子系统之间的逻辑关系，利用计算机技术进行进度计划管理，是项目管理软件最普遍的、技术上最成熟的功能，也是项目管理软件的核心部分。它能够根据各个子系统的信息计算关键路径，进行时间进度分析，实时反映计划的执行状况，并进行相应的调整和控制，输出相关报告等。

（2）项目费用管理

具备基本费用管理功能的项目管理软件，对于系统中所消耗的人员、材料、设备、管理等方面的费用可以按项目一次性计算，也可以分摊到相关的子系统中。而具备很好的费用管理功能的项目管理软件，可以对项目生命周期内的所有费用进行分析和管理，并能将其与合同相关内容联系起来，其具体功能包括投标报价、预算管理、费用预测、绩效检测和差异分析等。

（3）项目资源管理

项目资源管理软件能够为项目中的所有资源建立完善的数据，对资源状况以及资源对各子系统的贡献进行管理，能够根据各子系统的要求自动调配已有的资源，对资源受限或过剩的情况进行均衡。

（4）项目沟通管理

项目管理软件可以在任何时间将在任何地点的所有干系人的信息纳入沟通网络，其功能包括进度报告发布、项目文档管理、项目组成员间及其与外界间的通信与交流、提供项目公告板和触发式的管理交流机制等。

（5）项目风险管理与预测

常见的项目风险管理功能包括综合权重的三点估计法、因果分析法、多分布形式的概率分析法和基于经验的专家系统等。同时，考虑到项目的风险，还要对项目的未来状况进行预测，在预测的基础上提供应对措施。

（6）同时处理多个项目

随着计算机技术的发展，越来越多的项目管理软件为用户提供可以处理多个项目的功能，并且可以在多个项目间进行资源和数据的共享及调配。

项目管理软件虽然功能强大，但也只能在项目管理中起到辅助决策的作用，真正影响项目管理绩效的，是如何利用项目管理软件所提供的信息进行科学决策。

2. 项目管理软件的分类

项目管理软件可以按照软件的适用阶段，以及软件适用的项目对象进行分类。

（1）项目管理不同阶段的适用软件

① 适用于特定阶段的项目管理软件。这类项目管理软件的使用对象和使用范围被限制在一个比较窄的范围内，只能解决项目管理中的某个特定问题，如可行性评估与分析软件、招投标管理软件、快速报价软件等。

② 适用于项目各个阶段的软件，这类项目管理软件能够在项目实施的各个阶段进行相应的管理和分析工作，如进度计划、费用控制、合同与办公事务管理等。

③ 对项目运作进行集成管理的软件。这类项目管理软件能够把项目实施的每个阶段与其上、下游阶段的联系、约束、控制等全面地反映在项目管理的过程中。例如，某些高端软件可以将项目各个阶段的投标预算、核算、结算、费用控制、决算等环节紧密联系起来，对它们进行关联管理。

（2）适用于不同项目对象的项目管理软件

① 适用于大型复杂项目的项目管理软件。这类项目管理软件具有完善的功能，专业性强，提供了丰富的管理方法和工具；但购置费用高，操作复杂。

② 适用于中小型或企业事务处理项目的项目管理软件。这类项目管理软件具备项目管理的基本功能，包括进度管理、资源管理等。通过二次开发或子系统设置，可以很好地满足用户的需求；购置费用低，操作简单、方便。

8.3.3 常用的项目管理软件

目前市场上项目管理软件很多，这些软件中，有些属于高端软件，功能复杂，仅适用于专业项目管理人员对多个超大型项目进行管理；有些则适用于中小型项目管理，其功能完备，操作方便，价格相对便宜。企业在对项目管理软件进行选择时，应重点考虑企业自身需要与软件功能的匹配程序，同时还应该考虑企业的财务状况和操作人员对软件的熟悉程度，以及与组织内现有流程的契合程度。下面介绍八种业内使用比较广泛的项目管理软件。

1.Primavera Project Planner

Primavera Project Planner（简称 P3）是美国 Primavera 公司的一个工程项目计划管理软件。它属于高端的项目管理软件，采用了现代项目管理方法，被称为项目管理的行业标准。

对于项目管理中的进度计划编制、优化以及跟踪反馈、分析、控制等，P3 起着方法论的作用。

P3 的功能非常强大，可以提供 70 多种标准报告，能够对工程进行全面的管理和分析。使用 P3 进行工程项目管理时，可以超前预见工程施工阶段存在的问题，对庞大的工程施工进度进行各方面、各层次的整体协调；可以实现对工程建设的动态管理；可以对项目进度资源进行实时调整与优化。

2.SureTrak

SureTrak 的结构和功能与 P3 相似，是 Primavera 公司专门针对中小型工程项目开发的项目管理软件，可以说是简化的 P3。利用 SureTrak 可以方便地组织丰富的视图与报表，快速地进行工程进度计算等工程方面的操作。

SureTrak 的突出特点在于其能够以图形处理方式简便快速地建立工程进度并实施跟踪。它所特有的“进展骤光灯”功能使得进度采集和分析非常简便。同时，SureTrak 可以利用电子邮件平台来辅助工作，使得与工程有关的人员能够随时了解工程的进展情况。

3.Expedition

Expedition 与 P3 和 SureTrak 同属于 Primavera 公司开发的工程管理软件，它的独特之处在于其以合同为主线，进行工程进度、资源和费用管理。

Expedition 的基本功能包括合同与采购订单管理、工程事务管理、变更事项跟踪、费用分析与预测、项目沟通管理等。

Expedition 从合同的角度审视项目进行过程中发生的诸多事务，在对各项事务进行分类、处理和登记的基础上，与相应的合同进行关联，从而方便了用户处理合同执行中的重要事项，如签订合同、预付款、进度款和工程变更，同时可以管理各种工程进度和资源，有效处理和协调合同各方的事务。Expedition 同时具有很强的扩展能力，用户可以利用该软件本身的工具进行二次开发，从而能够根据工程项目特点更好地利用该软件。

4.CA-SuperProject

CA-SuperProject 属于 Computer Associates International 公司。它提供了大量视图，有助于用户了解、分析和管理项目的进度和资源。CA-SuperProject 能支持有多达 160 000 个任务的大型项目；能够同时管理、创建及合并多个项目，发现和解决资源冲突，在多个项目之间调整资源；能够针对项目的预定计划，实时调整进度计划；能够为网络提供多层密码入口，保证数据安全；能够通过各种平台输入、输出不同类型的数据. 并在项目组成员之间进行信息交流。

5.OpenPlan

Welcom 公司的 OpenPlan 也是一个企业级的项目管理软件。在进度计划管理方面，OpenPlan 拥有无数分解级别的子工程，作业数目不限，可实现项目的多层次、多角度进度管理；在资源管理与优化方面，OpenPlan 拥有资源强度非线性曲线、流动资源计划功能以及独特的资源优化算法，可同时优化无限数目的资源；在风险分析方面，OpenPlan 集成了风险分析和模拟工具功能；同时，OpenPlan 提供了几十种可以满足专业标准的管理模块，帮助用户应用项目标准和规程开展工作；OpenPlan 还具有开放的数据结构，支持与其他应用软件之间的数据传输。

6.Project Scheduler

Scitor 公司的 Project Scheduler 不但具备传统项目管理软件的所有特征，而且具有非常好的图形界面，使用方便。使用该软件对人力和时间资源进行管理时，可以很方便地在人和物之间建立图形连接，并且修改起来也很容易；具备独特的资源配置、平衡和优化算法；可以同时处理多个项目；可以支持多种与外部数据库的连接。Project Scheduler 的另一个特点是报表功能强大，它用任务及资源表管理项目事务，用事项分析和网络流程图表进行项目计划，用资源分布消耗表控制项目执行流程，最后给出反映项目整体情况的效率表。通过这些表图，用户可以方便地对项目的运作过程进行管理、分析、控制和预测。

7.TimeLine

TimeLine 是 Symantec 公司的产品，它除了具备常见的项目管理功能外，还具备先进的图形自动生成、显示、预演、打印和绘制功能；拥有强大的宏命令编程功能，可以编制扩展程序；具备快速、灵活、大容量的资源均衡优化功能；支持多种数据文件的输入／输出转换；能够在计算机网络上供多个用户安全运行；报表功能也很强大。

8.LinkProject

LinkProject 是由多年从事项目管理技术研究的北京梦龙科技公司提出的项目管理平台，它主要包括项目进度动态控制系统、项目合同管理系统、项目成本控制系统、项目物资管理系统、项目流程审批系统和项目设备管理系统六个子系统。

本 章 小 结

本章主要介绍了信息系统项目管理的相关内容，包括项目与项目管理、信息系统与项目管理、信息系统项目管理软件。

项目管理是指在项目活动中综合运用知识、技能、工具和技术，并通过过程管理来完成项目的目标，包括项目的启动、制定项目计划、项目的执行、项目进行过程中的控制、项目的收尾工作和项目完成时的评价等。项目管理又分为项目的职能管理和项目的过程管理。信息系统项目管理的目的也是保证信息系统按质、按量、按需求顺利高效地投入运行。信息系统项目管理的内容包括的九个方面，需要读者重点掌握。

思 考 练 习

1. 什么是项目管理?
2. 信息系统项目管理的内容有哪些?
3. 简述信息系统项目的特点。
4. 项目管理软件一般具有什么功能?

参 考 文 献

[1] 熊伟，陈浩，陈荦 . 信息系统分析与设计 [M]. 北京：清华大学出版社，2024.

[2] 曹杰，刘振，马慧敏 . 信息系统设计与实现 [M]. 北京：科学出版社，2022.

[3] 刘世锋 . 信息系统开发与管理 [M]. 北京：机械工业出版社，2022.

[4] 王晓敏，崔国玺，李楠，等 . 信息系统分析与设计 [M].5 版 . 北京：清华大学出版社，2021.

[5] 杜娟，赵春艳 . 信息系统分析与设计 [M].3 版 . 北京：清华大学出版社，2021.

[6] 王昊，刘友华 . 信息系统分析与设计 [M].4 版 . 南京：南京大学出版社，2021.

[7] 左美云 . 信息系统开发与管理教程 [M].4 版 . 北京：清华大学出版社，2020.

[8] 沈波，张富国，徐升华 . 信息系统分析与设计 [M]. 北京：高等教育出版社，2020.

[9] 孙学波，卢圣凯 . 面向对象分析与设计 [M]. 北京：机械工业出版社，2020.